Petra Pluwatsch

Auf der Spur der Stolpersteine

Elf Wege der Erinnerung durch Köln

NS—
DOK

Petra Pluwatsch

Auf der Spur der Stolpersteine

Elf Wege der Erinnerung durch Köln

METROPOL

Umschlagbild:
Die Familie Markuse, ca. Mitte 1927 (v.l.n.r.):
Herbert, Joseph, Inge und Frida
NS DOK Köln, N 1149,8

Bildredaktion: Ibrahim Basalamah

ISBN: 978-3-86331-817-8

Inh. Friedrich Veitl | Ansbacher Str. 70 | DE–10777 Berlin
veitl@metropol-verlag.de | +49 30 261 84 60
https://metropol-verlag.de/kontakt/

Umschlaggestaltung und Satz: Andreas Hollender, Köln
Druck: AALEXX Druck Produktion, Großburgwedel

Inhalt

Geleitwort

Die Stolpersteine gehören längst zum Kölner Stadtbild – und sind zugleich ein wichtiges Element unserer lokalen Erinnerungskultur. Sie markieren Orte, an denen Menschen lebten, die unter nationalsozialistischer Herrschaft zwischen 1933 und 1945 entrechtet, verfolgt, inhaftiert, zur Flucht getrieben und in vielen Fällen ermordet wurden. Jeder Stein erinnert an ein individuelles Schicksal und ist zugleich ein Zeichen gegen das Vergessen.

Vor genau 30 Jahren verlegte der Künstler Gunter Demnig in Köln die ersten Stolpersteine für einzelne Opfer der nationalsozialistischen Verfolgung und brachte die Erinnerung damit buchstäblich „auf die Straße". Was 1995 begann, entwickelte sich zum größten dezentralen Mahnmal der Welt, das stetig weiterwächst. Heute umfasst es bereits mehr als 110 000 Stolpersteine in über 30 Ländern, darunter mehr als 2800 Steine in Köln. Die Idee ist ebenso schlicht wie kraftvoll: Jeder einzelne Stein erinnert mit einem Namen, dem Geburtsdatum und wenigen biografischen Daten an einen Menschen – direkt vor dem letzten selbst gewählten Wohnort. Die Steine holen die Erinnerung dorthin zurück, wo die Verfolgten gelebt haben. Und sie fordern uns heraus, uns im Alltag mit dieser Geschichte auseinanderzusetzen.

Das NS-Dokumentationszentrum der Stadt Köln koordiniert seit vielen Jahren die Verlegung der Stolpersteine in dieser Stadt. Es plant die Verlegungen in Zusammenarbeit mit Gunter Demnig und seinem Team und dem städtischen Bauhof, vermittelt Pat:innen für die Finanzierung von Steinen, führt Kontakte mit Familienangehörigen, recherchiert historische Hintergründe, informiert die Anwohner:innen und verzeichnet alle verlegten Stolpersteine im Kölner Stadtgebiet in einer Datenbank.[1] Es ist dem NS-DOK ein wichtiges Anliegen, diese Erinnerungszeichen nicht nur mit zu schaffen, sondern die hinter den Steinen stehenden Geschichten durch Recherchen, Bildungsangebote und öffentliche Vermittlungsarbeit möglichst breit zugänglich zu machen.

1 Siehe www.nsdok.de/stolpersteine.

Petra Pluwatsch, die Autorin dieses Buches, engagiert sich ehrenamtlich im NS-DOK. Mit großer Sorgfalt, journalistischem Feingefühl und menschlicher Nähe recherchiert sie Biografien von NS-Verfolgten und fasst sie für Anwohner:innen-Informationen und die Publikation im Internet zusammen. Ihre Mitarbeit ist für das Stolpersteine-Projekt des NS-DOK von unschätzbarem Wert. Bereits 2023 hat sie mit einem eindrucksvollen Buch Lebensgeschichten hinter einzelnen Kölner Stolpersteinen sichtbar gemacht.[2]

Mit dem nun vorliegenden Buch „Auf der Spur der Stolpersteine – Elf Wege der Erinnerung durch Köln" widmet sich Petra Pluwatsch erneut diesem wichtigen Thema. Sie lädt uns dazu ein, Köln zu durchstreifen und die Stadt mit anderen Augen zu sehen: zu Fuß, auf Spurensuche, mit offenem Blick für das, was war – und für das, was fehlt. Denn die Wege führen nicht nur zu Stolpersteinen, sie führen uns auch vor Augen, wo Menschen gewaltsam ihrem Umfeld entrissen wurden, wo sie und ihre Familien in der heutigen Stadtgesellschaft fehlen.

Mit einer Vielzahl an biografischen Miniaturen vermittelt das Buch dabei ebenso eindrucksvoll wie bedrückend die zentrale Stellung der Judenverfolgung und des Holocaust innerhalb der nationalsozialistischen Verfolgungs- und Vernichtungspolitik. Immer wieder bringt es aber auch andere Menschen in Erinnerung, die als politische Gegner:innen, als Sinti:zze und Rom:nja, als Homosexuelle, als ausländische Zwangsarbeiter:innen oder als Opfer der sogenannten Krankenmorde den Terror des NS-Regimes erleiden mussten.

Die allermeisten der in diesem Buch abgebildeten Fotografien stammen, ebenso wie viele Informationen, auf denen die biografischen Beschreibungen basieren, aus dem Privatbesitz von Familienangehörigen der Verfolgten. Es ist alles andere als selbstverständlich, die persönlichen Dokumente und Bilder öffentlich zugänglich zu machen. Ich danke den Familien für ihre Bereitschaft und auch für das große Vertrauen, diese Erinnerungsstücke der Sammlung des NS-Dokumentationszentrums zur Verfügung zu stellen.

Dieses Buch ist weit mehr als ein Stadtführer. Es ist ein Beitrag zu einer lebendigen Erinnerungskultur – offen, zugänglich und nah an

2 Petra Pluwatsch: Verfolgt und nicht vergessen. Geschichten hinter Stolpersteinen (Kleine Reihe des NS-Dokumentationszentrums der Stadt Köln, Band 3), Berlin 2023.

den Menschen. Ich danke Petra Pluwatsch sehr herzlich für ihr langjähriges Engagement und wünsche diesem Buch viele Leser:innen – und noch mehr Menschen, die sich mit dem Buch selbst auf den Weg durch die Stadt machen.

Dr. Henning Borggräfe
Direktor des NS-Dokumentationszentrums der Stadt Köln

Vorwort: Wege in die Vergangenheit und die Zukunft

Den Anfang machte ein Gedenkstein am Kölner Rathaus. Am 16. Dezember 1992 setzte der Künstler Gunter Demnig einen Stein ins Pflaster ein, ohne die Stadt vorher um Erlaubnis gefragt zu haben. Eingraviert war dort noch kein Name, wie dies seit 1995 tausendfach der Fall sein sollte, sondern der sogenannte Auschwitz-Erlass aus dem Jahre 1942. Darin befahl der SS-Führer Heinrich Himmler die Deportation von „Zigeunermischlingen, Rom-Zigeunern und nicht deutschblütigen Angehörigen zigeunerischer Sippen balkanischer Herkunft“ in das Vernichtungslager Auschwitz-Birkenau.

Mittlerweile erinnern rund 110 000 Stolpersteine in mehr als 30 europäischen Ländern an die Opfer des Nationalsozialismus. In der Regel werden sie vor dem letzten freiwilligen Wohnsitz oder der Wirkungsstätte von verfolgten und deportierten Personen verlegt. Auf den Messinghauben der Steine sind – soweit bekannt – die Namen, Schicksale und Lebensdaten vermerkt.

Der erste Stolperstein des Künstlers Gunter Demnig mit dem Deportationserlass von Roma und Sinti vor dem Historischen Rathaus in Köln, Aufnahme 1996 (Foto: Almut Wilms-Schröder)

Almut Wilms-Schröder

Dieses dezentrale Mahnmal ist eine einzigartige Initiative, um die Erinnerung wachzuhalten und das Geschichtsbewusstsein zu pflegen. Beides dient einer freien und demokratischen Gesellschaft, die aus den Fehlern und Erfahrungen der Vergangenheit zu lernen bestrebt ist. Auch wird auf diese Weise der Versuch der Nationalsozialisten zunichte gemacht, die Verfolgten dem Vergessen anheimzugeben.

In Köln, wo dieses Kunst- und Erinnerungsprojekt begann, gibt es derzeit etwa 2800 Stolpersteine. Zu ihnen will dieses Buch einen neuen Zugang eröffnen. Im buchstäblichen Sinn. Einen neuen Zugang zu den Menschen, die während der NS-Diktatur in Köln verhöhnt, gequält, vertrieben, deportiert und ermordet wurden. Auf elf Wegen geht es durch die Stadt. Selbstverständlich sind diese Touren nicht darauf ausgerichtet, die lokalen Attraktionen zu erschließen. Zwar wird zu Beginn eines jeden Kapitels kurz auf Geschichte und Besonderheit des jeweiligen Viertels eingegangen. Gleichwohl sind die Stolpersteine in diesem Buch die wichtigsten Sehenswürdigkeiten.

Wer sich mit uns auf den Weg macht, dem wird da und dort ein Stolperstein auffallen, der in diesem Band nicht erwähnt wird. Das kann leider nicht anders sein, da keine Vollständigkeit angestrebt wird. Sie ist auch gar nicht zu erreichen, denn das Projekt wächst kontinuierlich weiter. Wer über den aktuellen Stand informiert werden möchte, der sollte in die Datenbank „Stolpersteine in Köln" hineinschauen, die das NS-Dokumentationszentrum der Stadt Köln anbietet. Dort werden alle Verlegestellen in Wort und Bild registriert. In zahlreichen Fällen liegen außerdem Kurzbiografien vor, die ich seit einigen Jahren recherchiere und in die Datenbank einpflege.

Die in diesem Band versammelten Geschichten erzählen von Lebensläufen, die alle ihre entscheidende Zäsur in der Verfolgung durch den Nationalsozialismus fanden. Darunter sind Personen, die in der Öffentlichkeit tiefe Spuren hinterlassen haben – wie etwa Erich Klibansky, der Direktor des jüdischen Privatgymnasiums Jawne und Organisator von Kindertransporten nach England; wie Louise Straus-Ernst, die Journalistin, Kunsthistorikerin und erste Ehefrau des Künstlers Max Ernst; wie Julius Simons, der letzte Rabbiner von Deutz; oder wie Bruno Kisch, der renommierte Kardiologe und entfernte Verwandte des „rasenden Reporters" Egon Erwin Kisch.

Aber ebenso geht es hier um Menschen, von denen nur wenige Zeugnisse überliefert sind. Sei es, weil die Quellen versiegt sind, sei es, weil sie ein stilles Leben führten. Oder sei es, dass sie viel zu wenig Zeit auf Erden hatten. So wie dies bei Jona („Johnny") Herz der Fall war: Zwei Jahre, sechs Monate und neun Tage war er alt, als er mit seiner Mutter, seiner Schwester und seinem Bruder in einer der Gaskammern von Auschwitz-Birkenau ermordet wurde.

Lücken tun sich in manchen Lebensläufen auf. Auch haben die Recherchen dazu geführt, dass in Einzelfällen neue Erkenntnisse zutage traten, die in Details von den Inschriften auf den Stolpersteinen abweichen. Auf solche Ausnahmen wird im Text nicht immer ausdrücklich hingewiesen.

Ja, viele Wege führen durch Köln. Dieses Buch macht dazu einige Vorschläge. Die jeweiligen Entfernungsangaben sind als Richtwerte zu verstehen. Meistens handelt es sich um kurze, in einigen wenigen Fällen aber auch um etwas längere Touren. Sie führen zu Orten, an denen der Nachbarinnen und Nachbarn gedacht wird, die in der Diktatur verfolgt wurden. Es ist eine Gelegenheit, den Opfern Respekt zu erweisen und die Erinnerung an sie wachzuhalten. Allerdings werden wir an den einzelnen Stationen nicht nur zurück in die Vergangenheit verwiesen, sondern auch voran in die Zukunft. Denn unterwegs wird uns an jedem Stolperstein vor Augen geführt, was für ein großes Glück es ist, in einer Demokratie zu leben.

Altstadt

Start: Schildergasse 57 | **KVB-Haltestelle:** Neumarkt
Länge: 1,5 Kilometer | **Stationen:** 6
Adressen: Schildergasse 57 – Gürzenichstr. 2 – Gürzenichstr. 24 – Salzgasse 9 – Mühlengasse 7 – Obenmarspforten 13 (Ende)
KVB-Haltestelle: Rathaus

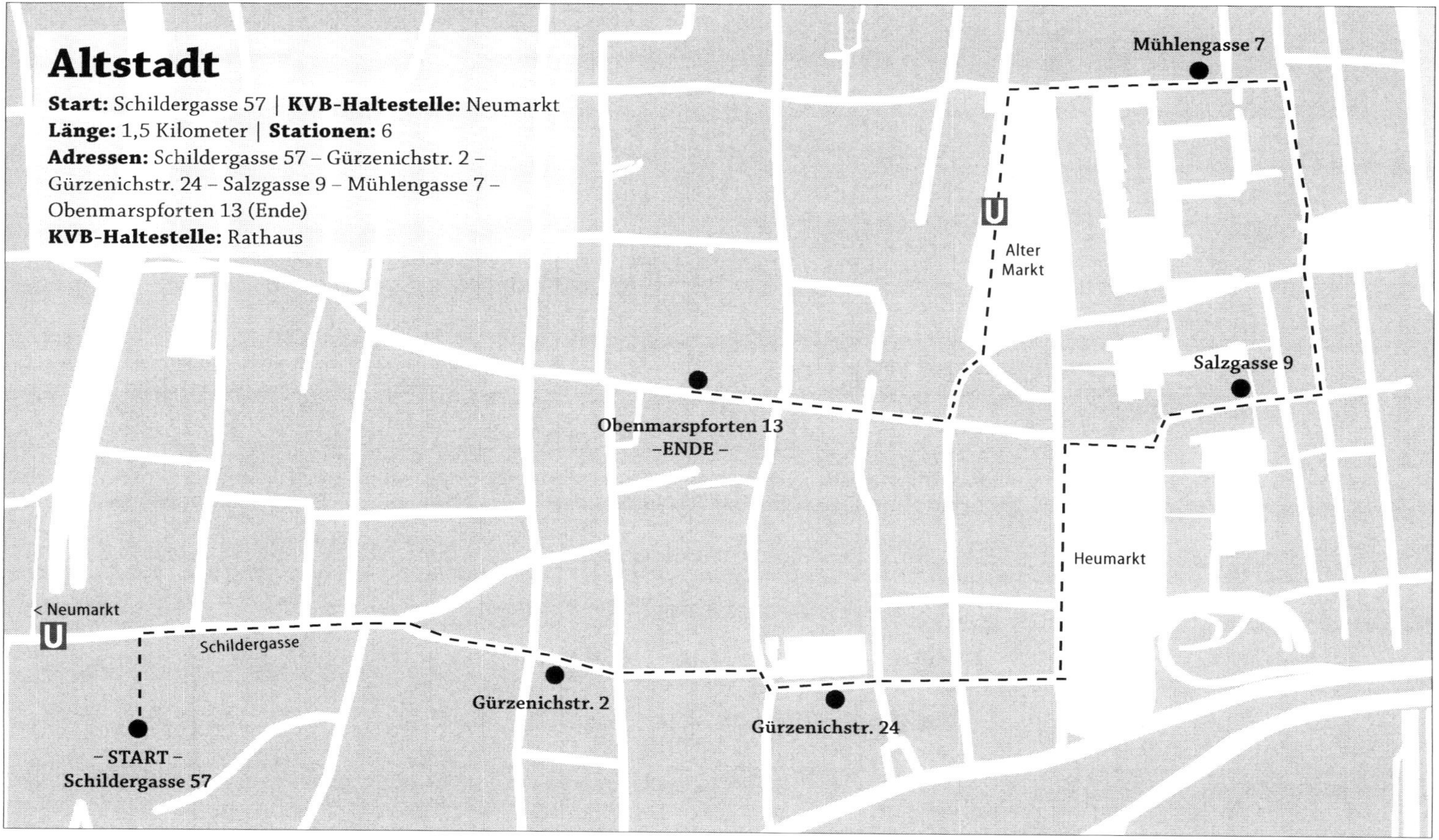

Zahlreiche Sehenswürdigkeiten, Geschäftshäuser, Museen, Brauhäuser und Restaurants prägen die Kölner Altstadt. Hier liegen die römischen Anfänge der Metropole, die auf eine bald 2000 Jahre alte Geschichte zurückblickt. Das markanteste Denkmal aus der Zeit der Colonia Claudia Ara Agrippinensium (CCAA) ist das Praetorium, der ehemalige Amtssitz des Statthalters der römischen Provinz Niedergermanien. Sehenswert zudem ist der Römerturm an der Zeughausstraße und die 33 Meter lange Hafenstraße neben dem Römisch-Germanischen Museum am Roncalli-Platz. Außerdem kann man Reste der antiken Stadtmauer in der Tiefgarage am Dom besichtigen.

Das Mittelalter bescherte Köln eine Vielzahl romanischer Kirchen und den gotischen Dom, der 1880 vollendet wurde. Auch war die Stadt stolz auf ihre mittelalterliche Stadtmauer, die freilich bis auf wenige Reste im 19. Jahrhundert abgerissen wurde. Der Architekt Hermann Josef Stübben plante die von ihrer Umschnürung befreite und um ein Vielfaches erweiterte Stadt anschließend neu.

In unmittelbarer Nähe des Rathauses befand sich im Mittelalter die Mikwe. Rund um das einstige Ritualbad der jüdischen Gemeinde, das 1956 wiederentdeckt wurde, entsteht das Jüdische Museum MiQua (Museum im Quartier). Es wird die archäologische Zone vom Praetorium bis zum jüdischen Areal und dem christlichen Goldschmiedeviertel umfassen. Doch auch die Zeit des Nationalsozialismus hat hier ihre Spuren hinterlassen.

Köln ergab sich sehr schnell der NS-Diktatur. Am 13. März 1933 wehten am Rathaus zum ersten Mal die Hakenkreuzfahnen. Oberbürgermeister Konrad Adenauer, der den neuen Machthabern noch kurz zuvor die Stirn geboten hatte, musste sein Amt aufgeben – erst wurde er suspendiert, dann entlassen. Der Zweite Weltkrieg führte zur fast kompletten Zerstörung des Stadtzentrums. 1945 schien es fast so, als habe allein der Dom den Bombenhagel der Alliierten weitgehend unbeschadet überstanden.

Auf dem Rathausvorplatz findet sich die „Spur der Erinnerung" des Künstlers Gunter Demnig, die an die Deportation von mehr als 1000 Sinti und Roma am 16. Mai 1940 gemahnt. Ebenfalls auf dem Vorplatz zu sehen: der erste Kölner Stolperstein, verlegt am 16. Dezember 1992 und noch nicht der heutigen Norm entsprechend. Zu lesen ist darauf der Anfang von Heinrich Himmlers sogenanntem Auschwitz-Erlass: „Auf Befehl des Reichsführers SS vom 16.12.1942 sind

Machtübernahme in Köln: Die Nationalsozialisten besetzen das Kölner Rathaus, 13. März 1933. (Fotograf: Helmut Koch)
NS-DOK Köln, Bp 7279

Das zerstörte Rathaus und der Dom, Köln um 1945
(Fotograf: Erich Kämmerer)
NS-DOK Köln, Bestand Kämmerer, Bp 14149

Zigeunermischlinge, Rom-Zigeuner und nicht deutschblütige Angehörige zigeunerischer Sippen balkanischer Herkunft nach bestimmten Richtlinien auszuwählen und in einer Aktion von wenigen Wochen in ein Konzentrationslager einzuweisen. Dieser Personenkreis wird im Nachstehenden als ‚zigeunerische Personen' bezeichnet – Die Einweisung erfolgt ohne Rücksicht auf den Mischlingsgrad familienweise in das Konzentrationslager – Zigeunerlager – Auschwitz."

Unterwegs auf unserem etwa 1,5 Kilometer langen Weg durch die Altstadt kann – wer mag – auch die Bekanntschaft mit dem Reitergeneral Jan von Werth auf dem Alter Markt und mit den Lokalhelden Tünnes und Schäl gleich neben der Kirche Groß St. Martin machen. Wir starten in der Schildergasse, die zu den belebtesten Einkaufsstraßen Deutschlands zählt. Dort erinnert ein Stolperstein an Mathilde Joseph, deren Leben eng verknüpft ist mit einem großen jüdischen Unternehmen, das auf Druck der Nationalsozialisten „arisiert" wurde: das „Schuhhaus Joseph". Unsere letzte Station ist die Adresse Obenmarspforten 13. Dort lebte Walther Hannes, Besitzer des Kaufhauses „Hirsch & Cie“, mit seiner Familie. Auch dieses Unternehmen wurde „arisiert“.

Schildergasse 57 (früher 59): Mathilde Joseph

Der Stolperstein für Mathilde Joseph ist nicht leicht zu finden. Ein wenig verloren liegt das verwitterte kleine Messingquadrat zwischen der Antoniter-Kirche und der gläsernen Front eines Kaufhauses. Die Lage des Steins passt zu einer ebenso bescheidenen wie tapferen Frau, die ihr Leben am 15. Juni 1942 von eigener Hand beendete.

Mathilde Joseph, geboren am 6. März 1865, stammt aus Michelstadt im Odenwald und ist das fünfte von sieben Kindern. Einen krummen Rücken habe die Tante gehabt, erinnert sich ihr Neffe Artur Joseph in seiner Autobiografie „Meines Vaters Haus“. Einen krummen Rücken und einen festen Willen. „Tante Mathilde ergab sich nie.“ Mathildes Vater Abraham Moses Joseph ist Viehhändler wie die meisten Juden in Michelstadt. Der abgelegene Ort hat eine große jüdische Gemeinde, die ihre Bekanntheit nicht zuletzt den angeblichen Wundertaten des Rabbi Sekel Loeb Wormser verdankt.

Sieben Jahre verbringt Mathilde in Michelstadt. 1872 zieht die neunköpfige Familie nach Köln, und Abraham Joseph eröffnet in der Breite Straße 1 eine bescheidene Schuhhandlung. Der ehemalige Viehhändler legt damit den Grundstein für Kölns wohl schönstes und größtes Schuhgeschäft: das spätere „Schuhhaus A. M. Joseph“ in der Schildergasse 59 (heute Schildergasse 57).

Der lichtdurchflutete Verkaufspalast wird Anfang der 1890er-Jahre eröffnet und hat sieben Schaufenster – eine Sensation in jenen Tagen. Über dem Eingangsportal glänzt in goldenen Lettern der Firmenname. Perserteppiche bedecken die Böden, und schwere Samtvorhänge schirmen die Kundschaft vor neugierigen Blicken ab, wenn sie das teure Schuhwerk anprobiert. In der dritten Etage, zugänglich über eine separate Treppe, wohnt Mathilde Joseph mit ihrer verwitweten Mutter Betty.

Spätestens Mitte der 1920er-Jahre ist das „Schuhhaus A. M. Joseph“ weit über die Grenzen Kölns hinaus bekannt und hat Filialen in Koblenz, Bonn und Frankfurt. Mathilde Joseph ist fest eingebunden in das Familienunternehmen. „Wenn nur die Mathilde da

Das Schuh-Haus A. M. Joseph, Schildergasse 59
Historisches Archiv der Stadt Köln, Best. 1230 (Joseph, Artur), A 8

ist, kann ich beruhigt abwesend sein“, pflegt ihr Bruder Adolph zu sagen, der das Unternehmen nach dem Tod des Vaters übernommen hat. Jeden Morgen steigt sie aus der dritten Etage hinunter ins Erdgeschoss, um das Hauptportal aufzuschließen. Abends sperrt sie es wieder zu. Beim Verkaufspersonal ist die Schwester des Chefs beliebt wegen ihrer Kompetenz und Freundlichkeit. Sie verstehe zwar nicht viel vom Disponieren, bescheinigt ihr der Bruder. „Aber sie sorgt für Ordnung, und das ist die Hauptsache.“

Auch nach ihrem Ausscheiden aus dem Berufsleben bleibt Mathilde Joseph der „Firma“ eng verbunden. Als ihr Neffe Artur 1928 das Unternehmen in dritter Generation übernimmt, bittet sie ihn regelmäßig in ihre Wohnung, um „Wichtiges zu besprechen und zu berichten“. Mal habe sie in den Auslagen der Konkurrenz interessante Novitäten entdeckt, schreibt Artur Joseph in seinen Erinnerungen. Mal sei ihr im eigenen Geschäft etwas aufgefallen, das ihr Missfallen erregt habe.

Nach der Machtübergabe an die Nationalsozialisten beginnt der Niedergang des Schuhhauses. Am 1. April 1933 werden die Schaufenster mit judenfeindlichen Parolen beschmiert, SA-Männer versuchen, die Kundschaft am Betreten des Geschäfts zu hindern. In den folgenden Jahren sinken die Einnahmen kontinuierlich, die Filialen müssen geschlossen werden. 1938 sieht sich Artur Joseph gezwungen, das Familienunternehmen zu verkaufen. Kurz darauf emigriert er mit seiner Familie nach Palästina.

Mathilde Joseph bleibt allein in Köln zurück. Nach dem Verkauf des Schuhhauses muss sie die Wohnung, in der sie den Großteil ihres Lebens verbracht hat, räumen. Die nächsten vier Jahre verbringt sie im Israelitischen Lehrlingsheim in der Utrechter Straße, das inzwischen als sogenanntes Ghettohaus genutzt wird. Am 14. Juni 1942 wird sie gezwungen, auch diese Unterkunft zu verlassen. Am nächsten Tag soll sie in das Ghetto Theresienstadt deportiert werden. Die letzten Stunden ihres Lebens verbringt Mathilde Joseph in Kölns größtem Ghettohaus in der St.-Apern-Straße 29–31. Dort stürzt sich die 77-Jährige am 15. Juni 1942 gegen drei Uhr morgens aus einem Fenster in den Tod.

Entfernung: 250 Meter
weiter auf der Schildergasse bis Gürzenichstraße

Gürzenichstraße 2: Alfred L. Tietz

„Tout Cologne", ganz Köln, ist an diesem 8. April 1914 in das „Warenhaus Tietz" geladen: „Vertreter der staatlichen, städtischen und sonstigen Behörden, ferner der Handelskammer, der Großindustrie, der Großkaufmannschaft, der Bankwelt, vieler wirtschaftlicher Kooperationen von hier und auswärts", zählt der „Kölner Lokal-Anzeiger" auf. Sie alle sind gekommen, um die Eröffnung des prächtigsten Warenhauses zu feiern, das Köln jemals gesehen hat. 32 von Ebenholz eingefasste Schaufenster habe der Neubau, schwärmt der Reporter, ganz zu schweigen von der reich vergoldeten Kassettendecke des Innenraums, der kunstvoll gestalteten Außenfassade und der Prismen-Decke des Lichthofs.

Für Leonhard Tietz stellt die Einweihung des Prachtbaus in der Hohe Straße 43–53/Ecke Gürzenichstraße den Höhepunkt seiner

Kaufhaus Leonhard Tietz AG, Hauptgebäude Hohe Str. 43–53, um 1920
Rheinisches Bildarchiv, L 2457/39

unternehmerischen Karriere dar. Das Haus ist das Flaggschiff einer Warenhauskette mit mehr als 20 Dependancen in ganz Deutschland und einem Jahresumsatz von rund 100 Millionen Reichsmark. Nur sieben Monate nach der Eröffnungsfeier stirbt Leonhard Tietz im Alter von 65 Jahren an einem Krebsleiden. Seine Nachfolge tritt sein ältester Sohn Alfred an.

Alfred L. Tietz wird am 8. Juni 1883 in Stralsund geboren. Dort haben seine Eltern vier Jahre zuvor in der Ossenreyerstraße 31 ein bescheidenes „Garn-, Knopf-, Posamentier- und Woll-Waren-Geschäft" eröffnet. Alfred wächst mit einem Bruder und zwei Schwestern in Stralsund, Elberfeld und Köln auf. Sein Lebensweg ist – wie auch der seines elf Jahre jüngeren Bruders Gerhard – vorgezeichnet. 1910 wird er in den Vorstand des Unternehmens berufen. Nur vier Jahre später muss der 31-Jährige die Leitung des Konzerns übernehmen.

Für Alfred L. Tietz beginnt mit dem Tod des Vaters im November 1914 eine schwierige Zeit. Wenige Monate zuvor hat der Erste Weltkrieg begonnen. Nach Kriegsende erschüttern politische Unruhen

Dr. Alfred Leonhard Tietz am Schreibtisch, im Hintergrund Porträt des Vaters Leonhard Tietz
Kaufhof-Archiv

und eine schwere Inflation das Land. Dennoch expandiert die Warenhauskette weiter. Ende der 1920er-Jahre ist die Zahl der Standorte auf mehr als 40 angewachsen.

1933 endet die Erfolgsgeschichte des Familienunternehmens Tietz. Schon während der Weimarer Republik war die Warenhauskette wiederholt in den Fokus der Nationalsozialisten geraten. Nach deren Machtübernahme wächst der Druck auf die „Leonhard Tietz AG" weiter. Die Mitglieder der Familie Tietz werden aus dem Vorstand gedrängt und verlieren die Aktienmehrheit. Im Juli 1933 wird die Umbenennung des Warenhauskonzerns Tietz in „Westdeutsche Kaufhof AG" erzwungen.

Noch im selben Jahr flüchten Alfred L. Tietz und seine Ehefrau Margarete Dzialoszynski mit ihren drei Kindern aus Deutschland und lassen sich in Amsterdam nieder. Kurz vor dem Einmarsch der Deutschen Wehrmacht in die Niederlande im Mai 1940 flieht die Familie weiter nach Palästina, wo Alfred L. Tietz am 4. Juli 1941 im Alter von 58 Jahren stirbt.

Ein zweiter Stolperstein für Alfred L. Tietz liegt in der Parkstraße 61 in Köln-Marienburg. Weitere Stolpersteine unter dieser Adresse erinnern an seine Ehefrau Margarete, geborene Dzialoszynski (Jg. 1887), und seine Kinder Wolfgang Leonhard (Jg. 1913), Herta Gabriele (Jg. 1915) und Ulrich Albert (Jg. 1920).

Entfernung: 140 Meter
weiter auf Gürzenichstraße

Gürzenichstraße 24: Frieda Löwenstein

Was genau an jenem Oktobertag im Jahr 1936 geschah, lässt sich heute nicht mehr sagen. Fest steht, dass Frieda Löwenstein und ihr Arbeitgeber Karl Weiss von dessen Ehefrau in einer verfänglichen Situation überrascht werden. „Halb entkleidet und im Bett", wie die empörte Gattin bei der Polizei zu Protokoll gibt. Angeblich haben der nicht-jüdische Generalvertreter der Firma „Karl Hemmes" und seine jüdische Mitarbeiterin seit Jahren ein Liebesverhältnis. Doch beide bestreiten eine intime Beziehung. Man sei lediglich ein paar Mal miteinander ausgegangen und pflege ein rein freundschaftliches Verhältnis, beteuert Frieda Löwenstein gegenüber der Polizei. Und erspart Karl Weiss damit eine mehrjährige Haftstrafe wegen „vollzogener Rassenschande". Im Dezember 1936 wird Karl Weiss lediglich wegen „versuchter Rassenschande" zu einem Jahr Zuchthaus verurteilt. Sie selbst geht straffrei aus, doch die angebliche Affäre kostet sie ihre Arbeitsstelle.

Frieda Löwenstein ist zu diesem Zeitpunkt 54 Jahre alt. Geheiratet hat sie nie, von Kindern ist nichts bekannt. Geboren wird sie am 9. Dezember 1882 in Fischelbach, einem 450 Einwohner zählenden Dorf im heutigen Kreis Siegen-Wittgenstein. Sie ist das fünfte von sieben Kindern. Zwei ihrer Geschwister sterben noch im Kindesalter, und Frieda wächst mit einer älteren Schwester und drei Brüdern in bescheidenen Verhältnissen auf. Ihr Vater Simon ist ein sogenannter Handelsmann wie viele Juden auf dem Land.

Mag sein, dass Frieda Löwenstein nach dem Tod des Vaters erstmals mit dem Gedanken spielt, ihren Heimatort zu verlassen. Da ist ihre Mutter Johanna bereits seit acht Jahren tot. Zwei ihrer Brüder sind nach Hessen gezogen. Ihre Schwester Berta lebt nicht mehr. Viel-

Gürzenichstraße mit Stadthaus, um 1914
NS-DOK Köln, N 2252,22

leicht bricht sie auch erst 1927 auf, als ihr Bruder Moritz, Schwägerin Martha und die drei Nichten und Neffen weggehen aus Fischeldorf und sie allein zurückzubleiben droht.

In Köln arbeitet Frieda Löwenstein zunächst einige Jahre als Vertreterin. Nach ihrer Kündigung bestreitet sie ihren Lebensunterhalt als Näherin und zieht 1938 in die Gürzenichstraße 24. Die schlichte Wohnung in der dritten Etage ist Frieda Löwensteins letzte Adresse in Köln. Im Herbst 1941 erhält die 58-Jährige einen sogenannten Deportationsbescheid. Sie habe sich am 21. Oktober mit maximal zwei Koffern auf dem Messegelände in Köln-Deutz einzufinden, teilt man ihr mit. Einen Tag später wird sie gemeinsam mit rund 1000 Kölner Jüdinnen und Juden in das Ghetto Litzmannstadt deportiert.

Ein halbes Jahr teilt sich Frieda Löwenstein mit sieben Personen ein Zimmer in der Hohensteiner Straße 74/8. Am 9. Mai 1942 wird sie in die Vernichtungsstätte Kulmhof/Chelmno „ausgewiesen“ und dort in einem „Gaswagen“ ermordet.

Entfernung: 330 Meter
weiter auf Gürzenichstraße bis Heumarkt *(110 Meter)*
links abbiegen auf Heumarkt *(130 Meter)*
rechts abbiegen in die Salzgasse *(90 Meter)*

Salzgasse 9: Heinrich Malmedy

„Staatsfeinde“ – so nennt das SS-Blatt „Das schwarze Korps“ Menschen wie ihn. Männer, die mit Männern Sexualverkehr haben und „sich dem natürlichen Fortpflanzungsprozess entziehen“. Heinrich Malmedy, am 9. Februar 1887 im rechtsrheinischen Mülheim geboren, ist homosexuell. Er gehört damit zu den etwa 100 000 Männern, die während der NS-Zeit wegen ihrer sexuellen Orientierung vor Gericht stehen. Etwa die Hälfte von ihnen wird, stigmatisiert als „Asoziale“, „Jugendverderber“ oder „Berufs- und Gewohnheitsverbrecher“, zu mehrjährigen Gefängnis- oder Zuchthausstrafen verurteilt. Andere – Schätzungen sprechen von 10 000 bis 15 000 Opfern – weist man in Konzentrationslager ein, was nicht selten ihren Tod bedeutet.

Heinrich Malmedy, dessen Leben durch Verhörprotokolle und Gerichtsakten höchst einseitig dokumentiert ist, wächst in ärmlichen Verhältnissen auf. Die katholische Arbeiterfamilie ist seit Generationen in Mülheim zu Hause. Zu ihren Vorfahren gehören Tagelöhner und Seidenweber. Heinrichs Malmedys Vater Hubert ist Fabrikarbeiter. Er selbst gibt als Beruf Händler und Hausdiener an.

Eine Polizeiakte aus dem Jahr 1938 erzählt von einem unsteten, von Armut und Kleinkriminalität bestimmten Leben: „1912 bis 1934 in verschiedenen Städten insgesamt 13 Verurteilungen wegen Diebstahls, mehrfach wegen Bettelei, Hehlerei, Betrug und Sachbeschädigung.“ Heinrich Malmedy habe im betrunkenen Zustand eine Fensterscheibe zertrümmert, lautet eine der Anschuldigungen. In einem anderen Fall habe er einen Damenmantel entwendet und gefälschten Schmuck verkauft.

Vermutlich 1935 wird der inzwischen knapp 50-Jährige in Köln sesshaft und mietet sich in der Salzgasse 9 ein. Drei Jahre später gerät er erneut mit dem Gesetz in Konflikt. Zum Verhängnis wird Heinrich Malmedy dieses Mal seine Homosexualität, die er in Parks, Grünanlagen und einschlägig bekannten Toilettenhäuschen auslebt. Seit der Verschärfung des Paragrafen 175 im Juni 1935 werden homosexuelle Handlungen jedweder Art mit Gefängnis bestraft. Der neu eingeführte Paragraf 175a sieht zudem die Bestrafung von sogenannten „Verführern“ und „Strichjungen“ vor, denen Zuchthausstrafen von bis zu zehn Jahren drohen. Allein in Köln finden im Sommer 1938 zwei Großeinsätze gegen die lokale Schwulenszene statt. Etwa 200 Männer

Rheinviertelsanierung in der Salzgasse, Kölner Altstadt 1935 (Fotograf: Helmut Koch) *NS-DOK Köln, Bp 7293*

werden in Gewahrsam genommen, rund 300 Ermittlungsverfahren eröffnet.

Auch Heinrich Malmedy gerät in diesen Wochen ins Visier des Homosexuellen-Dezernats der Kripo Köln. Am 2. August 1938 wird er festgenommen und in das Gefängnis Klingelpütz überführt. Vier Tage später wird ein Haftbefehl gegen ihn erlassen. Er soll Sexualverkehr mit zwei Männern aus der Stricher-Szene gehabt haben. Am 16. September verurteilt ein Kölner Gericht Heinrich Malmedy wegen „widernatürlicher Unzucht" zu einer Gefängnisstrafe von einem Jahr und drei Monaten, die er in der Strafanstalt Wittlich und zwei Arbeitslagern im Emsland absitzt. Nach seiner Entlassung am 1. November 1939 kehrt er – das ist zumindest zu vermuten – zurück nach Köln.

Viereinhalb Jahre später wird Heinrich Malmedy erneut aktenkundig. Am 18. Mai 1944 greift ihn eine Polizeistreife in der Wartehalle des Kölner Hauptbahnhofs auf. Der 57-Jährige, gesundheitlich angeschlagen, ist obdachlos und ohne Arbeit, ein „Asozialer" also, wie

Vorplatz des Kölner Hauptbahnhofs, 1942 (Foto :Ernst Walter Hering)
NS-DOK Köln, N 2904,5

die Beamten in ihrem Protokoll vermerken. Er wird zunächst einige Stunden im Polizeipräsidium in der Krebsgasse festgehalten und gegen Abend in das Polizeihilfsgefängnis in Köln-Deutz überführt. Am 30. Mai ordnet die Kölner Kripo an, ihn in polizeiliche Vorbeugungshaft zu nehmen, was de facto seine Überstellung in ein Konzentrationslager bedeutet.

Anders als bei seiner Verurteilung im Jahr 1938 spielt Heinrich Malmedys Homosexualität in diesem Fall keine Rolle. Ausschlaggebend für seine Inhaftierung ist vielmehr eine Lebensform, die weder in das Weltbild der Nationalsozialisten noch in das der bürgerlichen Gesellschaft passt. Heinrich Malmedy sei „der Typ des ehemaligen Tippelbruders", heißt es in der Begründung der Kriminalpolizei. „Aufgrund seiner charakterlichen Schwäche und arbeitsscheuen Veranlagung ist bei ihm nicht damit zu rechnen, dass er sich in die Front der

Schaffenden eingliedern wird." Durch die Vorbeugungshaft sei ihm begreiflich zu machen, dass für „Drückeberger" und „Schmarotzer" im heutigen Staat kein Platz sei.

Geschwächt durch eine Rippenfellentzündung und eine nicht auskurierte Syphilis wird Heinrich Malmedy am 14. Juni 1944 in das Konzentrationslager Natzweiler-Struthof im Elsass eingeliefert. Am 4. September führt sein Leidensweg ihn in das KZ Dachau. Dort stirbt er am 31. Januar 1945.

Entfernung: 280 Meter
weitergehen Richtung Rhein (55 Meter)
links abbiegen auf Buttermarkt, dem Straßenverlauf bis Mühlengasse folgen (180 Meter)
links abbiegen auf Mühlengasse (50 Meter)
Die Stolpersteine befinden sich gegenüber Hausnummer 7.

Mühlengasse 7 (früher 14): Josef und Rosa Brzezinski

Viel habe die Familie nicht retten können in die USA, erklärt Josef Brzezinski 20 Jahre nach seiner Flucht aus Deutschland im Rahmen eines Wiedergutmachungsverfahrens. „Wir durften nur das Allernotwendigste mitnehmen." Alles Übrige, den Hausrat, die Warenbestände und die Ladeneinrichtung der Kürschnerei in der Mühlengasse, habe man in Stich lassen müssen. „Es wurde wohl eingezogen und versteigert."

Josef Brzezinski, Kürschnermeister und Mützenmacher von Beruf, ist 40 Jahre alt, als er 1938 mit Ehefrau Rosa, geborene Magnes, und zwei kleinen Kindern in den USA einen Neuanfang wagen muss. Geboren wird er am 30. April 1898 in der polnischen Stadt Radom. Das Ende des Ersten Weltkriegs spült ihn nach Köln, wo er als Zuschneider bei der „Stoffhut- und Mützenfabrik Max Freitag" in Nippes arbeitet. Mag sein, dass er dort auf Rosa Magnes trifft. Die gelernte Schneiderin, am 18. Februar 1904 in Köln geboren, hat mit zwei Jahren ihren Vater verloren und lebt zusammen mit ihrer Mutter Ida Magnes am Pantaleonswall. Am 27. August 1929 wird in Köln Hochzeit gefeiert. Ein Jahr später, am 12. August 1930, kommt Tochter Dora zur Welt.

Wenige Monate nach der Machtübernahme der Nationalsozialisten verliert Josef Brzezinski wegen seiner „nicht-arischen Abstammung“ seine gutbezahlte Arbeit in der Stoffhut-Fabrik. Er habe daraufhin in der Mühlengasse 14, der heutigen Mühlengasse 7, eine Kürschnerei und ein Mützenmachergeschäft eröffnet, gibt er 1958 in seiner eidesstattlichen Versicherung an. Trotz der Boykottaufrufe der Nazis sei das Geschäft anfangs „recht gut“ gegangen.

Doch im Laufe der Jahre habe sich das geändert. An der Hauswand der Mühlengasse 14 lehnen Schilder mit judenfeindlichen Parolen, die Kundschaft bleibt weg. Wer noch „zum Juden“ geht, zeigt oft eine schlechte Zahlungsmoral. „Sie bezahlten nicht, da sie sich darauf verließen, dass ein Jude schwerlich gegen Nichtjuden klagen konnte“, schildert Josef Brzezinski die prekäre Lage jüdischer Geschäftsleute.

Seine Familie und er hätten sich immer mehr bedroht gefühlt und versucht, schnellstmöglich auszuwandern, schreibt Josef Brzezinski. Inzwischen ist – am 23. Februar 1936 – ein zweites Kind geboren, Damon, der „Eroberer“. Hilfe kommt schließlich von einem Freund in den USA, der die nötigen Bürgschaften für die jüdische Familie stellt.

Josef, Rosa, Dora und
Damon Brzezinski
NS-DOK Köln, N 2554

Im August 1938 emigrieren Josef und Rosa Brzezinski mit ihren Kindern über die französische Hafenstadt Cherbourg nach New York. Ihre Versuche, zuvor ihr Hab und Gut in Köln zu verkaufen, scheitern; auf seinen Außenständen bleibt der jüdische Geschäftsmann sitzen. „Nur einige fertige Pelzmäntel konnten wir gegen Anzahlungen verkaufen, die Restbeträge konnten wir nicht mehr eintreiben."

Josef, Rosa, Dora und Damon Brzezinski treffen am 16. August in New York ein und lassen sich in Philadelphia nieder. Dort stirbt Rosa im November 1979, Josef im März 1980. Über den weiteren Lebensweg von Dora und Damon Brzezinski ist nach jetziger Quellenlage nichts bekannt.

Entfernung: 460 Meter
weiter auf Mühlengasse (100 Meter)
links abbiegen auf Alter Markt, rechts halten und am Rathaus vorbeigehen (210 Meter)
rechts abbiegen auf Marsplatz und weiter zu Obenmarspforten (150 Meter)
Die Stolpersteine befinden sich vor dem Durchgang An Farina.

Obenmarspforten 13: Walther Hannes

Am 16. Dezember 1932 erscheint in der „Rheinisch-Bergischen Zeitung" eine letzte Zeitungsanzeige von „Hirsch & Cie". Das „führende Haus für Damenkleidung, Mäntel und Kleider, edle Pelze, Füchse, Morgenröcke und Wäsche" lädt zum offenen Sonntag in Köln ein. Nur wenige Wochen später beginnt mit dem Aufruf der Nationalsozialisten zum Boykott jüdischer Geschäfte der schleichende Niedergang des bekannten Kölner Modehauses. Erst Anfang der 1930er-Jahre hatte dessen Besitzer Walther Hannes die Verkaufsräume in der Straße Obenmarspforten 13 aufwendig umgestalten lassen – eine Investition in die Zukunft, an die der versierte Modeexperte zu diesem Zeitpunkt noch glaubte.

Walther Hannes, am 23. Oktober 1876 in Dresden geboren, war fast 30 Jahre Teilhaber des in Brüssel ansässigen Mode-Unternehmens „Hirsch & Cie". Die Firma, 1869 von dem deutschstämmigen Kaufmann Leo Hirsch in der belgischen Hauptstadt gegründet, setzt auf luxuriöse Kleidung für die modebewusste Dame. Zum Angebot gehören Dessous und Nachtwäsche, Handtaschen, Schminkutensilien und Modeschmuck. Seit den 1890er-Jahren hat das Unternehmen Filialen in Paris, Amsterdam, Dresden und Hamburg und beschäftigt rund 500 Mitarbeiter und Mitarbeiterinnen.

1918 eröffnet Walther Hannes in Köln unter der Adresse Obenmarspforten 13 eine weitere Zweigstelle der Warenhauskette. Es ist die erste Filiale im Rheinland. Prokura, die Handelsvollmacht also, erhält seine gleichaltrige Ehefrau Johanna Hannes, geborene Langstadt. Sie ist eine erfahrene Geschäftsfrau, die in der Zentrale des Modeunternehmens eine Lehre absolviert hat. Das Paar hat zwei Söhne: Theodor wird 1908 geboren, Gerald kommt 1911 zur Welt. Auch an sie und Johanna Hannes erinnern Stolpersteine vor dem Haus.

1930 trennt sich Walther Hannes von der Brüsseler Zentrale und führt die Kölner Filiale in Eigenregie weiter. „Die Gesellschaft ist aufgelöst", meldet die „Kölnische Zeitung" am 14. Januar 1931 in ihrem Wirtschaftsteil. „Der bisherige Gesellschafter Walther Hannes ist alleiniger Inhaber. Die Prokura der Frau Walther Hannes, Johanna, geborene Langstadt, bleibt bestehen."

Die Machtübernahme der Nationalsozialisten beendet die Erfolgsgeschichte des Unternehmens. Die neu gestalteten Verkaufsräume

Modegeschäft Hirsch & Cie,
Mitte der 1930er-Jahre
NS-DOK Köln, Bp 30826, 30837

von „Hirsch & Cie" bleiben jetzt häufig leer, die Einnahmen gehen zurück. 1939 verkauft Walther Hannes das Gebäude – wohl weit unter Preis – an einen „arischen" Interessenten. In die Räumlichkeiten des ehemaligen Modehauses ziehen eine Tanzgaststätte und die „Neue Heimat" ein, eine Organisation der Deutschen Arbeiterfront.

Im selben Jahr fliehen Walther und Johanna Hannes mit ihrem Sohn Gerald nach England. Von dort aus emigriert Gerald 1940 in die USA und lässt sich in Philadelphia nieder. Seine Eltern folgen ihm am 21. Dezember 1943. Walther Hannes stirbt am 14. Januar 1955, Johanna am 24. November 1961. Ihr ältester Sohn Theodor Hannes, der nach Frankreich geflüchtet war, wird am 12. August 1942 über das französische Durchgangslager Drancy nach Auschwitz-Birkenau deportiert und dort ermordet.

Ein Stolperstein für Theodor Hannes liegt in der Vogelsanger Straße 1 vor dem Gymnasium Kreuzgasse, an dem er in den 1920er-Jahren sein Abitur machte.

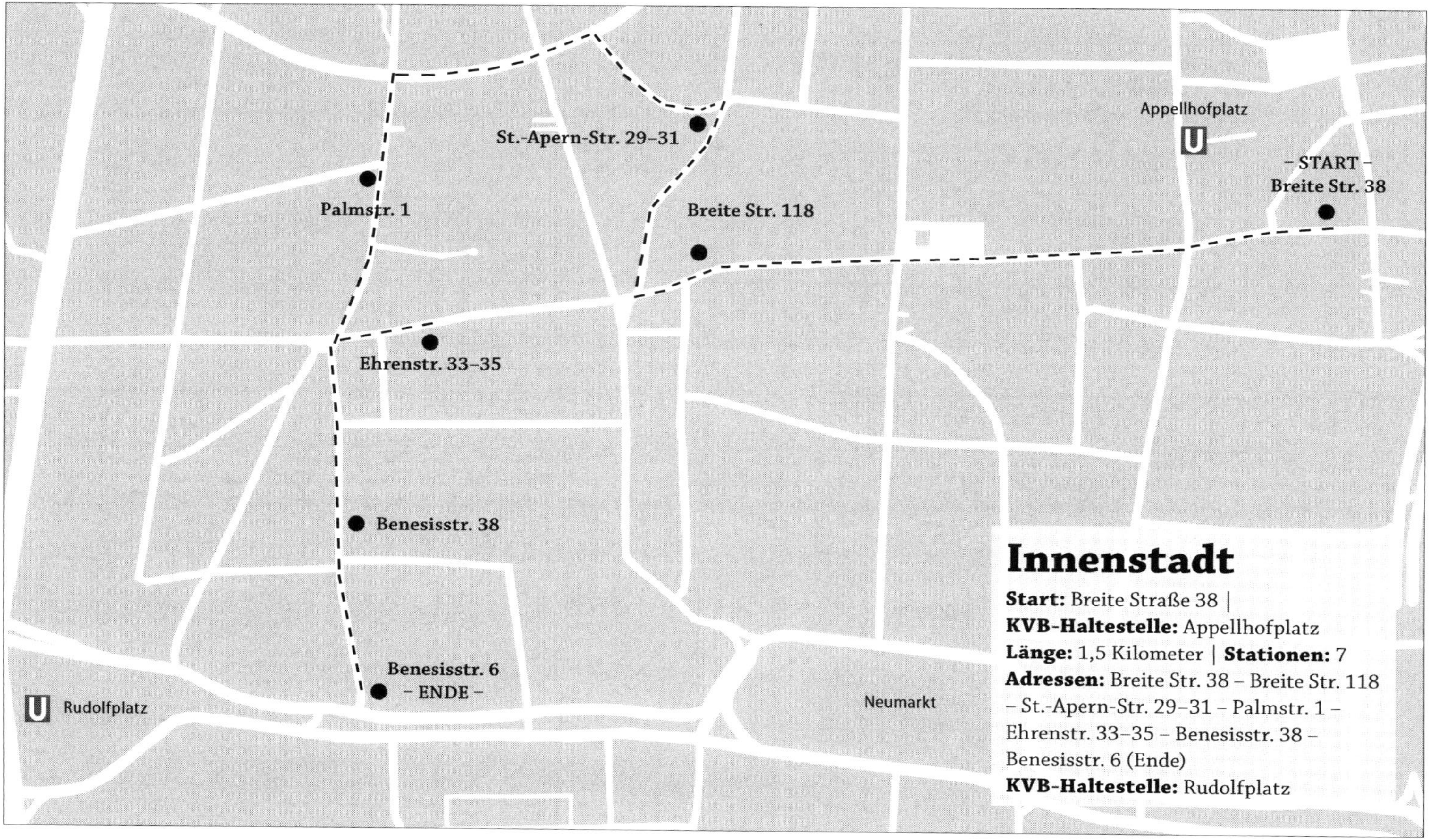

Innenstadt

Start: Breite Straße 38 | **KVB-Haltestelle:** Appellhofplatz
Länge: 1,5 Kilometer | **Stationen:** 7
Adressen: Breite Str. 38 – Breite Str. 118 – St.-Apern-Str. 29–31 – Palmstr. 1 – Ehrenstr. 33–35 – Benesisstr. 38 – Benesisstr. 6 (Ende)
KVB-Haltestelle: Rudolfplatz

Blick auf die Kuppel der Synagoge Glockengasse, fotografiert vom Industriehof Krebsgasse 5, April 1938 (Fotograf: Carl Selby)
NS-DOK Köln, Bp 1474

Unser zweiter Rundgang führt durch das Einkaufsviertel rund um die Breite Straße. Hier finden sich besonders markante Spuren der NS-Zeit. In der Glockengasse 5–7 stand eine prachtvolle Synagoge aus dem 19. Jahrhundert, gestiftet von dem jüdischen Bankier Abraham Freiherr von Oppenheim. Das Gebäude wurde in der Pogromnacht im November 1938 teilweise niedergebrannt und beim sogenannten Peter-und-Paul-Bombenangriff am 29. Juni 1943 vollständig zerstört. Heute erinnert nur noch eine schlichte Gedenktafel an der Oper an das geschändete Gotteshaus.

Das EL-DE-Haus am Appellhofplatz beherbergte bis 1945 die Zentrale der Kölner Gestapo. Heute ist dort das NS-Dokumentationszentrum der Stadt Köln untergebracht. Die nur wenige Quadratmeter großen Zellen im Keller, in denen bis zu zehn Personen gefangen gehalten wurden, sind erhalten und können besichtigt werden. An den Wänden der Kerker sind noch zahlreiche Inschriften von Häftlingen zu sehen. Außerdem bietet die Dauerausstellung in der ersten und zweiten Etage einen wichtigen Einblick in die Schrecken der NS-Zeit in Köln.

Nicht weit davon entfernt, in der Albertus-Straße 26, erinnern der Lern- und Gedenkort Jawne und der Löwenbrunnen an das Schicksal von hunderten jüdischen Kindern und Jugendlichen, die das jüdische Privatgymnasium in der St.-Apern-Straße besuchten. Viele von ihnen wurden von den Nationalsozialisten in den Tod geschickt. Ihre Namen finden sich auf dem Löwenbrunnen vor der Gedenkstätte. Auch Schuldirektor Erich Klibansky und seine Familie – nach ihm ist der Platz vor der Jawne benannt – waren unter den Opfern des Nazi-Terrors.

Unser Rundgang beginnt in der Breite Straße 38, dem letzten Zufluchtsort von Adolf und Amalie Harf aus Elsdorf, die glaubten, in der Großstadt weitgehend sicher zu sein vor den Nazis. Er endet in der Benesisstraße 6. Dort wird an Ruth Gottfried erinnert, die 2021 nur wenige Tage nach der Verlegung des Stolpersteins im Alter von 98 Jahren starb.

Breite Straße 38: Adolf und Amalie Harf

Wirtschaftliche Not und antisemitische Hetze treiben Adolf und Amalie Harf Anfang 1938 in die Großstadt. Zuvor wohnte das Ehepaar viele Jahre in Elsdorf bei Bergheim, wo Amalie Harf, geborene Leiser, am 1. Mai 1876 das Licht der Welt erblickt. Amalie wächst mit neun Geschwistern und Halbgeschwistern in kleinbürgerlichen Verhältnissen auf. Ihr Vater Benjamin Leiser ist Metzger und in zweiter Ehe mit Amalies Mutter Jetta Hermanns verheiratet. Adolf Harf, am 24. Juli 1874 in Eschweiler geboren, stammt ebenfalls aus einer kinderreichen jüdischen Familie. Er ist der Zweitälteste von neun Geschwistern. Sein Vater Moses Harf führt in Eschweiler ein Optikergeschäft, und auch Adolf wird Optiker. Nach der Hochzeit mit Amalie eröffnet er in Elsdorf in der Gladbacher Straße 2 einen Brillenladen.

Mit der Machtübernahme der Nationalsozialisten beginnt für die jüdische Bevölkerung in Elsdorf eine Zeit voller Demütigungen und rassistischer Verfolgung. Auch Adolf und Amalie Harf erfahren die Verachtung von Menschen, mit denen sie bislang problemlos zusammengelebt haben. Nachbarinnen und Nachbarn wenden sich auf

Blick in die Breite Straße, um 1943. Das Haus Nr. 38 befindet sich auf der rechten Straßenseite
NS-DOK Köln, Bp 41769

der Straße von ihnen ab. Die nicht-jüdische Kundschaft meidet das Geschäft des jüdischen Optikers.

1937 verkaufen Adolf und Amalie Harf den Betrieb und ziehen kurz darauf nach Köln. Dort leben bereits mehrere Geschwister von Adolf. Wie viele Landbewohner hoffen auch sie, in der Anonymität der Großstadt sicher zu sein vor Ausgrenzung und Verfolgung. Adolf und Amalie Harf finden eine Unterkunft in der Breite Straße 38. Das Sechs-Parteien-Haus gehört der „Verwaltungsgesellschaft für Haus- und Grundbesitz" und ist überwiegend von Jüdinnen und Juden bewohnt. Im Erdgeschoss ist ein Schokoladengeschäft untergebracht, in der ersten Etage wohnt ein Schneider. Die übrigen Bewohnerinnen und Bewohner sind arbeitslos. Auch Adolf Harf wird im Kölner Adressbuch aus dem Jahr 1938 als Mann „ohne Gewerbe" geführt.

Knapp vier Jahre verbringt das Ehepaar in der Breite Straße 38, ehe es im Herbst 1941 einen Deportationsbescheid erhält. Am 22. Oktober werden Adolf und Amalie Harf in das Ghetto Litzmannstadt verschleppt. Dort wird ihnen ein Zimmer in der Siegfriedstraße 2/18 zugeteilt, das sie sich mit zehn Personen teilen müssen. Am 5. Mai 1942 schließlich wird Amalie Harf abtransportiert in die Vernichtungsstätte Kulmhof/Chelmno und dort sofort nach ihrer Ankunft in einem „Gaswagen“ ermordet. Auch zwei ihrer Schwestern sterben im Holocaust.

Für Adolf Harf vermerken die Unterlagen des Ghettos eine „Abmeldung“ aus der Siegfriedstraße für den 10. Mai 1942. „Ursache: Aussiedlung.“ Es liegt nahe, dass auch er nach Kulmhof/Chelmno transportiert und dort getötet wurde. Von seinen acht Geschwistern überlebt allein ein Bruder. Emil Harf flieht 1941 über Kuba in die USA.

In Elsdorf in der Gladbacher Straße 2, wo sich bis 1937 das Optikergeschäft von Adolf Harf befand, erinnern zwei weitere Stolpersteine an ihn und Ehefrau Amalie.
In Köln erinnert ein Stolperstein in der Brüsseler Straße 17 an Adolf Harfs Bruder Alfred Harf (Jg. 1888), der 1941 in das Ghetto Litzmannstadt deportiert wurde. Sein weiteres Schicksal ist unbekannt.

Entfernung: 450 Meter
weiter auf der Breite Straße stadtauswärts (450 Meter)

Breite Straße 118: Theo Babilon

Der letzte Brief von Theo Babilon ist datiert vom 16. Januar 1945. „Meine Lieben, nun ist eine neue Wendung in meinem Schicksal eingetreten“, schreibt der Geschäftsführer des Kölner Kolpingvereins an seine Familie. „Am Montag dem 8.1. mussten der Präses und ich nochmals zur Vernehmung nach der Gestapo.“ Die Vernehmung sei „ziemlich günstig“ gewesen, und „es wurden uns gute Hoffnungen auf unsere Freilassung in naher Zukunft gemacht“. Einen Monat später ist Theo Babilon tot, gestorben an Entkräftung nach mehrmonatiger Gefangenschaft in der Kölner Gestapozentrale und im Messelager Köln-Deutz.

Theo Babilon, am 26. Februar 1899 in Köln geboren, stammt aus einer tiefgläubigen katholischen Familie und wächst mit mehreren Geschwistern in der Mörsergasse 15 auf. Sein Vater Franz Theodor Babilon ist Schneider, seine Mutter Louise Alwine arbeitet als Köchin. Zwei seiner Schwestern, Wilhelmine und Helene, haben sich in Aachen dem Orden der „Armen-Schwestern vom heiligen Franziskus“ angeschlossen.

Theodor Babilon
Historisches Archiv des Erzbistums Köln / Sammlung Widerstand und Verfolgung

Theo Babilon absolviert nach dem Besuch der Volksschule eine kaufmännische Lehre. Zwei Jahre – 1917 und 1918 – kämpft er als Infanteriesoldat im Ersten Weltkrieg und beginnt nach seiner Rückkehr für den Kölner Kolpingverein zu arbeiten, einen christlich-sozialen Verband, der der Soziallehre von Adolph Kolping verpflichtet ist. 1932 wird er zum Geschäftsführer der Kölner Zentrale berufen. Verheiratet ist Theo Babilon mit Margarete Baur, einer bodenständigen, zwei Jahre jüngeren Kölnerin, mit der er vier Kinder hat. Ein heiterer, sonniger Mensch sei er gewesen, bezeugen Weggefährten: eher Optimist denn Pessimist.

Nach 1933 wird das Kolpinghaus in der Breite Straße 118 zunehmend zu einem Treffpunkt regimekritischer Katholiken. Dazu gehören Priester und gläubige Laien wie der ehemalige Kölner Zentrumspolitiker Leo Schwering. Bei den Treffen sei es um die Vorbereitung religiöser Vorträge gegangen, schreibt Leo Schwering in seinem Tagebuch „In den Klauen der Gestapo". Natürlich seien dabei auch politische Tagesfragen erörtert worden. „Man plauderte zwanglos miteinander, um ebenso zwanglos auseinander zu gehen."

Nach dem gescheiterten Attentat auf Adolf Hitler vom 20. Juli 1944 geraten die Mitglieder des Gesprächskreises zunehmend ins Visier der Gestapo, und am 15. August 1944 werden Theo Babilon, Leo Schwering, der Lokalpräses des Kolpinghauses, Heinz Richter, und der Publizist Karl Zimmermann festgenommen. Allem Anschein nach sind sie von einem Mitarbeiter des Hauses angezeigt worden. In Verdacht, eines der Treffen im Sommer 1944 an die Gestapo verraten zu haben, gerät der Metzgermeister Sebastian Reuther. Der freilich streitet die Vorwürfe vehement ab.

Die Männer werden zunächst in der Kölner Gestapo-Zentrale im EL-DE-Haus am Appellhofplatz festgehalten und verhört. Man habe sie unter anderem gefragt, „was getan werden solle, wenn die Regierung Hitler nicht mehr vorhanden sei", schreibt Leo Schwering. Nach einigen Tagen werden die Häftlinge in das Messelager Köln-Deutz überstellt. Während Karl Zimmermann wenig später fliehen kann und Leo Schwering das Lager im Oktober nach einer Herzattacke verlassen darf, werden Theo Babilon und Heinz Richter am 17. Januar 1945 in das KZ Buchenwald abtransportiert. Am nächsten Tag werden sie in das Nebenlager Ohrdruf eingewiesen.

Da ist Theo Babilon bereits ein schwerkranker Mann. Er klagt über Kopfschmerzen, Schwindelgefühl und zunehmende Kraftlosigkeit. Am 6. Februar wird er in die Krankenstation des Lagers eingeliefert. In den nächsten Tagen verschlimmert sich sein Zustand. „Puls schlecht, Patient antwortet auf Anfragen nur mühsam", lautet am 9. Februar ein Eintrag in seiner Krankenakte. Drei Tage später stirbt Theo Babilon gegen sechs Uhr morgens „an Atem- und Kreislauflähmung".

Ein weiterer Stolperstein in der Breite Straße 118 erinnert an Heinz Richter (Jg. 1898), der am 4. April 1945 im KZ Buchenwald-Ohrdruf starb. Theo Babilon ist in Köln-Deutz die Theodor-Babilon-Straße gewidmet. Ein zweiter Stolperstein für ihn liegt vor seinem Wohnhaus in der Alarichstraße 28 in Köln-Deutz.

Entfernung: 180 Meter
weiter auf Breite Straße (50 Meter)
rechts abbiegen auf St.-Apern-Straße (130 Meter)

Lilly Herz mit ihren Söhnen Carl-Otto, Rudolf, Alfred und Walter (v.l.), um 1934
NS-DOK Köln, Bp 9.

St.-Apern-Straße 29–31: Jona „Johnny" Herz

Jona „Jonny" Herz ist das jüngste Kind von Ernst und Lilly Herz, geborene Jacobsohn, und hat vier Brüder und eine Schwester. Die jüdische Familie lebt seit 1936 in Köln, wo Jona am 2. Januar 1942 geboren wird. Sein Vater hatte zuvor in Rommerskirchen-Eckum als Grundstückmakler gearbeitet, war nach der Machtübernahme jedoch zunehmend in den Fokus der Nazis geraten, die dem jüdischen Kaufmann „betrügerische Geschäftspraktiken" unterstellt hatten.

Im Mai 1933 hatte Ernst Herz zunächst eine Anzeige wegen „unlauterer Manipulationen" erhalten. Angeblich hatte er verkaufswillige Bauern durch „Pfändungen, eigentümliche Verträge und Vertreibungen aus ihrem Eigentum zur Verzweiflung" getrieben. Drei Jahre später habe „ein SS-Häuptling mit Schnürstiefeln und Ehrendolch" dem Vater nahegelegt, das Dorf zu verlassen, erinnert sich Jonas Bruder Rudolf Herz bei einem Deutschlandbesuch im Jahr 2011. Für Juden, habe es damals geheißen, sei kein Platz in Eckum. Kurz darauf war die Familie gemeinsam mit Lillys verwitweter Mutter Henriette Jacobsohn nach Köln gezogen und hatte sich in der Neuen Maastrichter Straße 3 niedergelassen.

In Köln zieht Ernst Herz einen bescheidenen Transporthandel auf. Doch auch in der Großstadt ist die jüdische Familie nicht sicher vor antisemitischen Angriffen und einer Gesetzgebung, die sie zu Menschen zweiter Klasse abstempelt. Als Heinrich Himmler im Dezember 1938 die Führerscheine und Fahrzeugpapiere von Jüdinnen und Juden für ungültig erklärt, muss Ernst Herz sein Fuhrunternehmen aufgeben und wird gemeinsam mit seinem ältesten Sohn Alfred zu Zwangsarbeit bei einer Kölner Straßenbaufirma verpflichtet. Auswanderungspläne der Familie nach Palästina und in die USA haben sich zerschlagen.

Köln hat bereits mehrere schwere Luftangriffe hinter sich, als Jona im Januar 1942 im jüdischen Krankenhaus in Ehrenfeld zur Welt kommt. Am Bahnhof Deutz-Tief haben am 22. Oktober 1941 die Deportationen der jüdischen Bevölkerung in die Konzentrations- und Vernichtungslager im Osten begonnen, und viele Nachbarinnen und Nachbarn aus der Neuen Maastrichter Straße sind schon in die Ghettos Litzmannstadt und Riga abtransportiert worden.

Im Mai 1942 muss auch Familie Herz ihre Wohnung im Hochparterre verlassen und wird in die St.-Apern-Straße 29–31 eingewiesen. Der Gebäudekomplex gehört der Kölner Synagogengemeinde und beherbergt unter anderem das jüdische Privatgymnasium Jawne. Inzwischen wird er als sogenanntes Ghettohaus genutzt. Hunderte Menschen warten in den überfüllten Räumen auf ihre Deportation in die Vernichtungslager in Osteuropa. Zu ihnen gehört auch der Direktor der Jawne, Erich Klibansky. Der Pädagoge wird am 20. Juli 1942 mit Ehefrau Meta und drei Kindern in das Ghetto Minsk deportiert und dort vier Tage später ermordet (siehe Kapitel „Volksgarten").

Wenige Tage später erhält auch Familie Herz einen Deportationsbescheid. Sie habe sich am 26. Juli 1942 auf dem Messegelände in Köln-Deutz einzufinden, heißt es darin. Mitzunehmen seien unter anderem „Bettzeug mit Decke, Essgeschirr und Verpflegung für acht Tage". Am nächsten Tag werden Jona, seine Großmutter, seine Eltern und Geschwister vom Bahnhof Deutz-Tief in das Ghetto Theresienstadt verschleppt.

Blick in die St.-Apern-Straße vom Eingang der Jawne her, Köln 1931
(Foto: Bernhard Valier-Großmann)
NS-DOK Köln, Sammlung Corbach, Bp C 148

In Theresienstadt werden die Familienmitglieder in unterschiedlichen Gebäuden untergebracht. Postkarten aus dem Lager an die Verwandten im Rheinland erzählen von dem Versuch, einen weitgehend normalen Alltag zu leben. „Papa und ich gehen täglich zur Arbeit", schreibt der 19-Jährige Alfred im Juli 1943. „Mama ist mit den beiden Kleinen im Säuglingsheim. Jona kann schon allein laufen." Jona habe Scharlach gehabt, berichtet Lilly Herz auf einer anderen Karte.

Knapp zwei Jahre verbringt die Familie im Ghetto Theresienstadt, ehe man sie im Mai 1944 in das Vernichtungslager Auschwitz-Birkenau abtransportiert. Im Juli 1944 wird sie schließlich endgültig auseinandergerissen. Jonas Vater Ernst Herz und seine Brüder Alfred und Rudolf werden in unterschiedliche Lager abkommandiert. Mutter Lilly Herz bleibt mit den übrigen vier Kindern in Auschwitz-Birkenau zurück. Am 11. Juli 1944 werden sie, Jona, Walter und Johanna mit rund 4000 weiteren Männern, Frauen und Kindern in den Gaskammern des Lagers getötet. Da ist Jona zwei Jahre, sechs Monate und neun Tage alt. Allein Carl-Otto bleibt verschont. Vermutlich braucht man den 16-Jährigen als Arbeitskraft.

Jonas Brüder Carl-Otto und Rudolf überleben als Einzige der achtköpfigen Familie den Holocaust. Beide emigrieren nach Kriegsende in die USA. Jonas Vater wird 1944 im KZ Blechhammer, sein Bruder Alfred 1945 im KZ Bergen-Belsen ermordet.

Zwei weitere Stolpersteine vor der St.-Apern-Straße 29–31 erinnern an Johanna Albrecht (Jg. 1889), die 1943 in Auschwitz ermordet wurde, und an Samuel Kaufmann (Jg. 1868). Er starb am 1. September 1942 im Ghetto Theresienstadt.

In der Neuen Maastrichter Straße 3 erinnern sieben Stolpersteine an die getöteten Mitglieder der Familie Herz sowie an Henriette Jacobsohn, geborene Kappel (Jg. 1864). Die Großmutter von Jona Herz wurde im März 1944 im Ghetto Theresienstadt ermordet.

Entfernung: 320 Meter
links abbiegen auf Helenenstraße (110 Meter)
links abbiegen auf Magnusstraße (140 Meter)
links abbiegen auf Alte Wallgasse (70 Meter)
rechts abbiegen auf Palmstraße

Palmstraße 1: Elsie Berg (Königin-Luise-Schule)

Mehr als 30 Stolpersteine glänzen im Pflaster der Palmstraße/Ecke Alte Wallgasse vor der Königin-Luise-Schule. Und jährlich kommen neue hinzu. Die liebevoll gepflegten Mahnmale erinnern – ebenso wie ein aufwendig recherchiertes Online-Gedenkbuch – an ehemalige jüdische Schülerinnen und Lehrkräfte des Gymnasiums, die von den Nationalsozialisten verfolgt, diskriminiert und schlimmstenfalls getötet wurden.

Wie viele Mädchen jüdischen Glaubens die Schule zwischen 1871 und 1938 besuchen, lässt sich heute nicht mehr feststellen. Bei der Machtübernahme der Nazis hat das Gymnasium 30 jüdische Schülerinnen, so wenige wie wohl nie zuvor in der Geschichte der

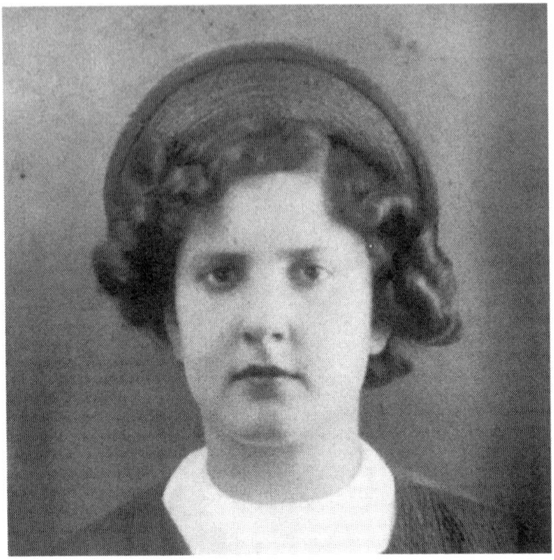

Elsie Berg, Mitte der 1930er-Jahre
NS-DOK Köln, N 2105

Einrichtung. In den folgenden fünf Jahren sinkt die Zahl kontinuierlich, und 1938 werden die letzten jüdischen Mädchen entlassen. Darunter ist auch Elsie Berg, an die an dieser Stelle exemplarisch erinnert werden soll.

Die Kölner Unternehmer-Tochter, geboren am 25. Februar 1923, wächst mit zwei älteren Geschwistern, Lilli und Hans, im Kreis einer jüdischen Großfamilie auf. Ihr Vater Eduard Berg ist Mitinhaber der Brauerei „Apostelnbräu Heinrich Bädorf" in der Dürener Straße. Er stirbt „nach kurzer, schwerer Krankheit", als Elsie vier Jahre alt ist.

Ihre nächsten Lebensjahre verbringt Elsie mit ihrer Mutter und den Geschwistern in einer eleganten Villa in der Joeststraße 2. Im Jahr 1933 vermietet Friederike Berg, geborene Hanf, das Haus und zieht mit den drei Kindern zu ihren Eltern Sara Sofia und Ludwig Hanf an den Pauliplatz 3a. Ostern 1934 wird Elsie auf dem Königin-Luise-Gymnasium eingeschult. Sie ist eine von vier jüdischen Schülerinnen, die in diesem Jahr aufgenommen werden. Doch vier Jahre später muss sie das Gymnasium aus antisemitischen Gründen verlassen: Die Schulleitung hatte Friederike Berg in einem Schreiben vom 27. Januar 1938 die Umschulung ihrer Tochter „auf die jüdische höhere Schule", also die benachbarte Jawne, „nahegelegt".

Hans, Lilli und Elsie Berg um 1926
NS-DOK Köln

Kurz darauf fliehen Elsies Großeltern in die Niederlande. Elsie, ihre Mutter und ihre Schwester Lilli folgen ihnen im Februar 1939 und lassen sich in Amsterdam nieder. Hans hatte zwei Jahre zuvor Selbstmord begangen. Über Elsies Leben im niederländischen Exil ist wenig bekannt. Im Mai 1942 beginnt sie eine Schwesternausbildung an der jüdischen psychiatrischen Klinik „Het Apeldoornse Bosch" in Apeldoorn, wo die Großeltern inzwischen leben, und verbringt dort die nächsten acht Monate. In der Nacht vom 21. auf den 22. Januar 1943 räumen die deutschen Besatzer die Einrichtung, und die mehr als 1000 Patientinnen und Patienten sowie ein Großteil des Personals, darunter auch Elsie, werden in Güterwaggons in das Vernichtungslager Auschwitz-Birkenau deportiert. Dort wird Elsie Berg am 25. Januar 1943, einen Monat vor ihrem 20. Geburtstag, ermordet. Ihre Mutter und ihre Schwester werden am 26. Mai 1943 in Amsterdam festgenommen und in das SS-Sammellager Westerbork verschleppt. Von dort aus werden sie im Januar 1944 in das Konzentrationslager Bergen-Belsen deportiert und am 15. April 1945 von britischen Truppen befreit. Wenige Tage später stirbt Friederike Berg im Alter von 49 Jahren an Entkräftung.

Sechs Stolpersteine am Pauliplatz 3a erinnern an Elsie Bergs Mutter Friederike Berg, geborene Hanf (Jg. 1895), ihre Schwester Lilli Berg (Jg. 1918), ihren Bruder Hans Berg (Jg. 1919) und ihre Großeltern. Sara Sofia Hanf, geborene Spanjaard (Jg. 1874), wurde 1943 im niederländischen SS-Sammellager Westerbork, Ludwig Hanf (Jg. 1863) 1945 im KZ Bergen-Belsen ermordet. Ein weiterer Stein vor dem Haus ist Elsie Berg gewidmet.

Entfernung: 200 Meter
weiter auf Alter Wallgasse (130 Meter)
links abbiegen auf Ehrenstraße (70 Meter)

Ehrenstraße 33–35: Simon, Adele Helene und Esther Mary Heymann

Familie Heymann hat ihre Wurzeln in Wesseling, ist jedoch seit den 1880er-Jahren im rechtsrheinischen Deutz zu Hause. Dort betreibt Simon Heymanns Vater Markus eine Lumpen- und Altmetallhandlung. Und dort, an der Deutzer Freiheit 65, wächst Simon Heymann, geboren am 14. Januar 1879 in Wesseling, mit seiner drei Jahre älteren Schwester Bertha auf. Als sich der Vater 1906 aus dem Geschäft zurückzieht, übernimmt Simon den Betrieb. Kurz darauf heiratet er. Adele Helene Strauss, geboren am 28. November 1886, stammt aus Elberfeld, wo ihr Vater Leo Strauss eine Kurzwaren-Großhandlung betreibt.

Das Ehepaar wohnt zunächst bei Simons Eltern in Deutz und teilt sich mit ihnen das Untergeschoss in der Deutzer Freiheit 65. Dort hat auch die Lumpen- und Metallhandlung ihre Geschäftsräume. In den nächsten Jahren wächst die Familie kontinuierlich. Am 7. Dezember 1909 wird Tochter Ellen geboren. Am 19. April 1911 folgt Esther Mary, am 4. November 1913 schließlich Amalia Helga.

Simon Heymanns Geschäft trotzt den Wirren des Ersten Weltkriegs und den wirtschaftlichen und politischen Turbulenzen der Nachkriegszeit. Das Unternehmen besteht – um eine Sortieranstalt in Langerwehe bei Düren erweitert – bis 1927 oder 1928 fort. Dann verkauft Simon Heymann das Gebäude an der Deutzer Freiheit, und in die Geschäftsräume zieht das „Möbelhaus Hohenzollernbrücke" ein.

Die nächsten Jahre sind geprägt von zahlreichen Umzügen innerhalb Kölns. In den Adressbüchern jener Jahre firmiert der ehemalige Unternehmer zunächst als „Kaufmann", später als „Vertreter". Die Ehrenstraße 33–35 wird die letzte Adresse der Familie in Köln. Simon und Adele Heymann verbringen kaum zwei Jahre in dem schlichten Wohnhaus, das sie sich mit zehn Parteien teilen. Inzwischen lebt nur noch ihre Tochter Esther bei ihnen. Ellen ist in die USA emigriert. Amalia hat geheiratet und lebt mit ihrem Ehemann Alfred Schnog in der Dasselstraße 20.

1938 fliehen Simon, Adele und Esther Heymann nach Belgien. Die nächsten vier Jahre verbringen sie in Brüssel, bis sie im Sommer 1942 – zwei Jahre nach dem Einmarsch der deutschen Wehrmacht und dem Beginn des Westfeldzugs – verhaftet und im SS-Sammellager Mechelen in der Kaserne Dossin interniert werden. Die ehemalige Infanteriekaserne dient als Übergangsstation auf dem Weg in die Vernichtungslager im Osten. In Viehwagen werden von dort aus innerhalb von zwei Jahren mehr als 25 000 Menschen abtransportiert. Auch Familie Heymann gehört zu den Opfern. Am 15. September 1942 werden Simon und Adele Heymann nach Auschwitz-Birkenau deportiert und dort ermordet.

Simon (oben), Adele (Mitte) und Esther Heymann (unten)
Belgisches Staatsarchiv, Ausländerakten, KD 00017 X-1021, KD 0017 X-1022, KD 00017 XXIIA-0357

Esther Mary folgt ihren Eltern am 20. September 1943 mit dem Sammeltransport 22a in den Tod.

Weitere Stolpersteine vor dem Haus erinnern an Berta Holzknecht, geborene Kratz (Jg. 1889), Ernst Löwenberg (Jg. 1891) und Johanette Löwenberg, geborene Simon (Jg. 1893), die 1941 in das Ghetto Litzmannstadt deportiert wurden.

Entfernung: 200 Meter
zurückgehen auf Ehrenstraße Richtung Ringe (70 Meter)
links abbiegen auf Benesisstraße (130 Meter)

Benesisstraße 38: Saare Helmreich

Eine schöne Frau sei ihre Mutter gewesen, erzählt Hilde Khnie, geborene Helmreich, 2020 in einem Telefongespräch mit dem NS-Dokumentationszentrum der Stadt Köln. Schön, klug und zuvorkommend. „Sie war ‚the brain', der Kopf des Geschäfts, und kümmerte sich um die Kundschaft, während mein Vater im Büro arbeitete." 15 Jahre steht Saare Helmreich, geborene Isler, Tag für Tag hinter der Ladentheke des „Herren- und Damenkleidergeschäfts Helmreich" in der Benesisstraße 38, das sie gemeinsam mit Ehemann Benzion betreibt.

Saare und Benzion Helmreich sind sogenannte Ostjuden. Benzion stammt aus Lancut im heutigen Polen, Saare kommt am 24. November 1901 im rund 50 Kilometer entfernten Ropczyce zur Welt. Wie Tausende andere hat es sie nach dem Ersten Weltkrieg aus Galizien nach Deutschland verschlagen. 1923 heiraten sie in Köln und eröffnen ein Jahr später das Kleidergeschäft Helmreich. 1925 wird ihr erstes Kind, Hilde, geboren. Bald folgen drei weitere Kinder: Tochter Erna Eva (Jg. 1926) und die Söhne Josef (Jg. 1927) und Naphtalie Willi (Jg. 1930). Auch an sie und Benzion Helmreich erinnern Stolpersteine vor dem Haus.

Saare und Benzion Helmreich sind Mitglieder der Anfang der 1870er-Jahre gegründeten orthodoxen Gemeinde Adass Jeschurun. Die Religion spielt eine wichtige Rolle in ihrem Leben. „Wir waren eine streng orthodoxe jüdische Mittelstandsfamilie und glaubten

Die Benesisstraße
um 1910
Rheinisches Bildarchiv

fest daran, dass eines Tages der Messias kommt", erinnert sich Hilde Khnie. „Bis all das Schlimme geschah, und wir sahen, dass da niemand war."

Die jüdische Familie bekommt schon bald hautnah die Repressalien der braunen Machthaber zu spüren. Am 1. April 1933 werfen Unbekannte die Scheiben des Bekleidungsgeschäfts ein und verunstalten die Fassade des Gebäudes mit judenfeindlichen Parolen. Im Herbst 1935 muss Saare Helmreich das „arische" Hausmädchen entlassen, das sich bislang um die vier Kinder gekümmert hat. Das „Gesetz zum Schutz des deutschen Blutes und der deutschen Ehre" verbietet Jüdinnen und Juden, „weibliche Staatsangehörige deutschen oder artverwandten Blutes unter 45 Jahren" in ihren Haushalten zu beschäftigen.

Und im gerade eröffneten Café am Flughafen Köln-Butzweiler Hof kommt es an einem Sonntagnachmittag zu einem verstörenden Vorfall, der sich unauslöschlich in Hilde Khnies Gedächtnis eingebrannt hat. Der Kellner, sagt sie, habe sich geweigert, die Mutter, ihre Schwester und sie zu bedienen. „Jemand kam mit einem Schild.

Hilde (links) und Saare Helmreich in New York, ca. Ende der 1940er Jahre

Darauf stand: ‚Juden sind hier nicht erwünscht', und wir mussten das Café verlassen."

Im Herbst 1938 schließlich wird die jüdische Familie brutal auseinandergerissen. Benzion Helmreich wird im Zuge der sogenannten Polenaktion Richtung polnische Grenze abgeschoben und dort mehrere Wochen festgehalten. Kurz nach der Pogromnacht am 9. November schickt Saare Helmreich die vier Kinder zu Verwandten nach Antwerpen. In Belgien, glaubt sie, seien sie sicher vor den Übergriffen der Nationalsozialisten. Ihren Vater werden Hilde, Erna, Josef und Naphtalie Willi nicht wiedersehen.

Benzion Helmreich stirbt am 15. Juni 1940 im Konzentrationslager Buchenwald. Angebliche Todesursache: „Körper- und Kreislaufschwäche". Im selben Jahr muss Saare Helmreich die Wohnung in der Benesisstraße räumen und wird in ein Ghettohaus am Horst-Wessel-Platz eingewiesen, dem heutigen Rathenauplatz. Von dort wird sie am 22. Oktober 1941 zusammen mit ihren beiden Töchtern, die nach dem Beginn des Westfeldzugs im Mai 1940 nach Deutschland zurückgekehrt sind, in das Ghetto Litzmannstadt deportiert. Sie und Hilde überleben – anders als Erna, deren Spur sich in Auschwitz verliert – mehrere Konzentrationslager und einen Todesmarsch. Am 8. Mai 1945 werden Mutter und Tochter im Ghetto Theresienstadt von der Roten Armee befreit.

Ein Jahr später emigriert Saare Helmreich gemeinsam mit Hilde und ihrem zweiten Ehemann Arnold Kirschberg, den sie nach der Befreiung in einem Offizierscamp der US-Armee kennengelernt hat, in die USA und lässt sich in New York nieder. Auch ihre Söhne überleben den Holocaust. Josef und Naphtalie Willi Helmreich wandern 1947 nach Amerika aus. Saare Helmreich, geborene Isler, verheiratete Kirschberg, stirbt 1994 im Alter von 93 Jahren in New York.

Fünf Stolpersteine in der Gladbacher Straße 19 erinnern an Saare Helmreichs Schwager Hermann Helmreich (Jg. 1896), seine Ehefrau Dwerl Deborah, geborene Leisner (Jg. 1896), und an ihre Söhne Josef (Jg. 1922), Willie (Jg. 1925) und Elkan Ernst (Jg. 1929). Die Familie floh im Oktober 1937 in die USA.

Entfernung: 100 Meter
weiter auf Benesisstraße (100 Meter)

Benesisstraße 6: Ruth Gottfried

Vor einigen Jahren, sagt Rachael Shapiro, habe sie angefangen, Deutsch zu lernen. Deutsch, die Sprache ihrer verstorbenen Großmutter Ruth. „Ich wollte mich in ihrer Muttersprache mit ihr unterhalten können." Rachael Shapiro hält einen Strauß mit Frühlingsblumen in der Hand, den sie gleich neben die gerade verlegten Stolpersteine in der Benesisstraße 6 legen wird. Auf einem Zettel hat sie einige Stichwörter für eine kurze Rede notiert.

Seit jenem 22. Februar 2021 erinnern an der Ecke Benesisstraße/Hahnenstraße fünf Gedenksteine an die deutschen Vorfahren der jungen US-Amerikanerin. An die Urgroßeltern Rubin Josef und Zlate „Lotte" Gottfried, geborene Maymann, die im Ghetto Krakau ermordet wurden. An ihren Großonkel Bernd und an Großtante Ingeborg, denen 1939 die Flucht aus Deutschland gelang. Und natürlich an Großmutter Ruth Gottfried, die als knapp 18-Jährige gemeinsam mit ihren Geschwistern in die USA floh.

Ruth Gottfried wird am 19. August 1922 in einen geschäftigen jüdischen Mehrgenerationen-Haushalt hineingeboren. Sie ist das zweite Kind von Rubin Josef und Zlate Gottfried und hat einen zwei Jahre älteren Bruder, Bernd. 1926 kommt eine Schwester dazu, Ingeborg. Die Geschwister wohnen mit den Eltern im Haus der Großeltern Maymann in der Benesisstraße 6, damals Benesisstraße 2, und besuchen das nur wenige hundert Meter entfernte jüdische Privatgymnasium Jawne.

Ruths Großvater Nathan Maymann ist Schrotthändler und hat 1895 zusammen mit seinem Bruder Max in Köln einen Flaschenhandel eröffnet. Inzwischen ist daraus ein prosperierendes Unternehmen mit mehreren Angestellten und einem Lagerplatz mit Gleisanschluss im Westen der Stadt geworden: die „Flaschengroßhandlung Nathan Maymann. Spezialisierung in sämtlichen gebrauchten Flaschen". 1919 steigt Ruths Vater Rubin Josef Gottfried, 1892 in der heutigen Ukraine geboren, als Mitinhaber in den Familienbetrieb ein.

Bis Mitte der 1930er-Jahre scheinen Ruth und ihre Familie weitgehend verschont geblieben zu sein vor antisemitischen Übergriffen. Großvater Nathan Maymann ist bereits 1927 gestorben, doch Großmutter Lea Maymann lebt weiterhin bei ihnen in der Benesisstraße. Spätestens mit dem Inkrafttreten der „Nürnberger Gesetze" im September 1935 verschlechtert sich die Lage für die jüdische Bevölkerung kontinuierlich. Auch die Firma der Familie Gottfried leidet zunehmend unter den Boykottaufrufen der Nazis; die Einnahmen gehen zurück. 1936 verkauft Ruths Vater das Wohn- und Geschäftshaus in der Benesisstraße an die Stadt Köln, und die Familie zieht in ein Mehrparteienhaus in der Maastrichter Straße 43. Die Metallgroßhandlung mit Sitz am Großen Griechenmarkt besteht vorerst weiter.

Im Oktober 1938 wird der dreifache Vater im Zuge der sogenannten Polenaktion aus Deutschland abgeschoben und in einem Barackenlager in der polnischen Stadt Zbaszyn interniert. Ruths Mutter folgt ihrem Ehemann wenig später nach Zbaszyn. 1940 wird das Ehepaar in das Krakauer Ghetto deportiert und dort zu einem unbekannten Zeitpunkt ermordet.

Ruth Gottfried (links) und ihre Cousine Marga Grünberg, Köln 1938
NS-DOK Köln, N 3231,3

Ruth und ihre Geschwister flüchteten im Juli 1939 über England in die USA. Die Visa waren schon Monate zuvor beim US-amerikanischen Konsulat in Stuttgart beantragt worden, die Schiffspassagen hatte noch der Vater bezahlt. Mag sein, dass die Eltern Deutschland zusammen mit ihren Kindern verlassen wollten und Rubin Josef Gottfrieds Abschiebung ihre Pläne zunichte gemacht hatte.

Am 29. Juli 1939 schiffen sich Bernd, Ruth und die 13-jährige Ingrid in Liverpool auf der „SS Samaria" ein und erreichen am 8. August New York. Dort werden sie bereits von Tante Ida und Großonkel Max Maymann erwartet. Bei Ida Merdinger, einer Schwester des Vaters, die seit vielen Jahren in den USA lebt, finden Ruth und ihre Geschwister Aufnahme, bis sie ihre eigenen Familien gründen.

Ruth Gottfried heiratet im August 1948 den bekannten Mathematiker und Universitätsprofessor Harold N. Shapiro und bekommt mit ihm vier Kinder. Am 12. März 2021 stirbt die zehnfache Großmutter in New Jersey im Alter von 98 Jahren – zwei Wochen und fünf Tage, nachdem in der Benesisstraße in Köln Stolpersteine für sie und ihre Familie verlegt worden sind.

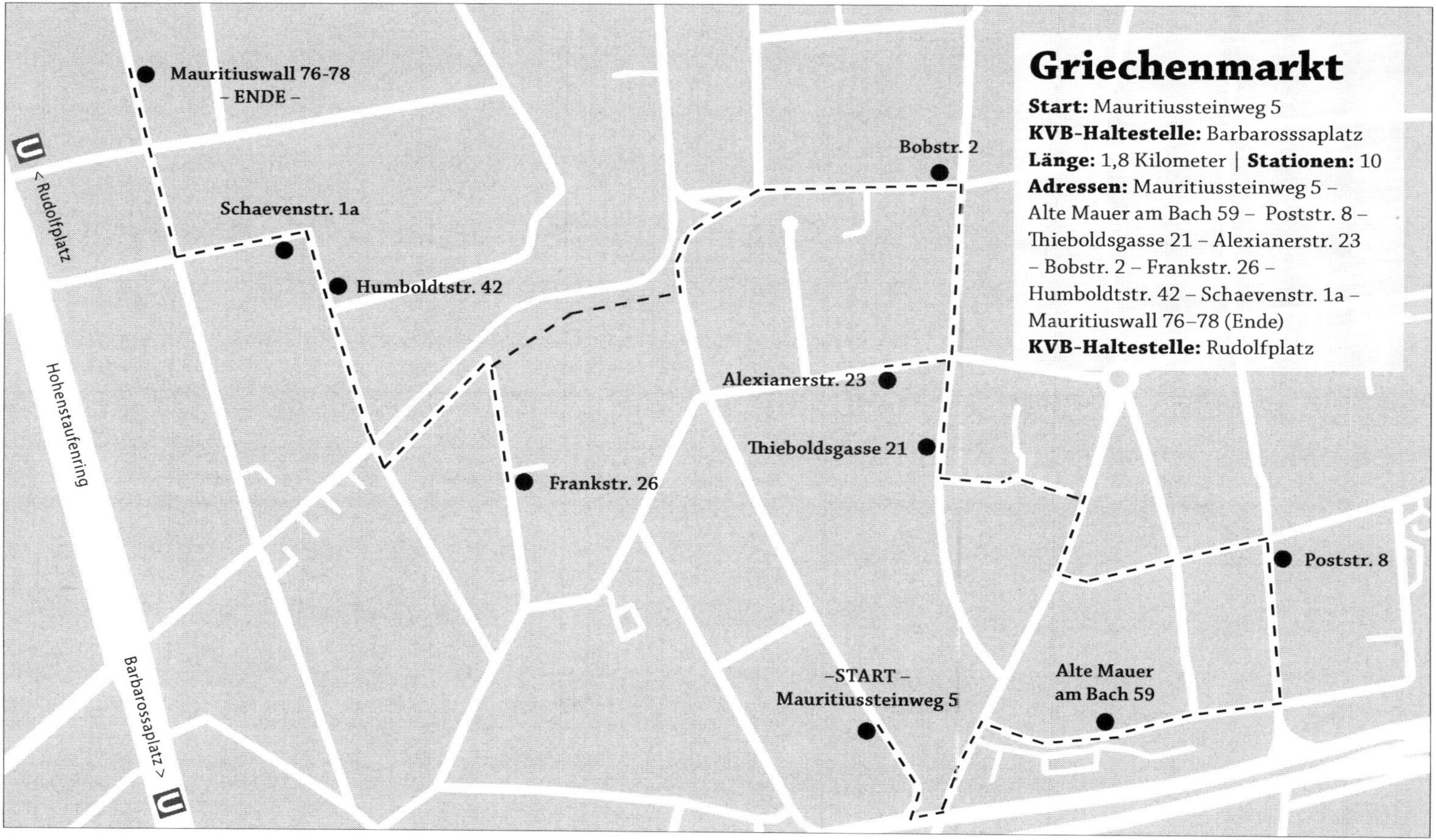
Griechenmarkt
Start: Mauritiussteinweg 5
KVB-Haltestelle: Barbarosssaplatz
Länge: 1,8 Kilometer | Stationen: 10
Adressen: Mauritiussteinweg 5 – Alte Mauer am Bach 59 – Poststr. 8 – Thieboldsgasse 21 – Alexianerstr. 23 – Bobstr. 2 – Frankstr. 26 – Humboldtstr. 42 – Schaevenstr. 1a – Mauritiuswall 76–78 (Ende)
KVB-Haltestelle: Rudolfplatz
Mauritiuswall 76-78
– ENDE –
Schaevenstr. 1a
Humboldtstr. 42
Bobstr. 2
Alexianerstr. 23
Thieboldsgasse 21
Frankstr. 26
Poststr. 8
–START –
Mauritiussteinweg 5
Alte Mauer
am Bach 59
U
< Rudolfplatz
Hohenstaufenring
Barbarossaplatz >
U

Kopfsteingepflasterte Gassen bestimmten vor dem Zweiten Weltkrieg das Viertel südlich des Neumarkts. Bis zu 20000 Menschen wohnten und arbeiteten in den schlichten Gebäuden zwischen Blaubach und Hahnen- bzw. Cäcilienstraße – christliche und jüdische Ladenbesitzer, Handwerker und Arbeiter, einkommensschwache Großfamilien und mittellose Witwen. Ein Großteil der hier lebenden Jüdinnen und Juden stammte aus dem ehemaligen Galizien und gehörte dem orthodoxen Judentum an. Man sprach untereinander Jiddisch, die Sprache der Heimat, und hielt sich streng an die jüdischen Speisegesetze.

In den Straßen rund um den Großen Griechenmarkt gab es zahlreiche koschere Lokale, Metzgereien und Lebensmittelgeschäfte. Das Wohlfahrtsamt der Synagogen-Gemeinde hatte seinen Sitz in der Rubensstraße 33. Im Mauritiussteinweg 11 befand sich das Jüdische Jugendheim.

Viele der jüdischen Anwohnerinnen und Anwohner wurden 1938 Opfer der sogenannten Polenaktion. Bis zu 17000 polnische Staatsangehörige aus ganz Deutschland wurden am 28. und 29. Oktober auf Befehl Heinrich Himmlers verhaftet und in Sonderzügen nach Polen abgeschoben. Diejenigen, die noch einmal für kurze Zeit nach Deutschland zurückkehren durften, mussten sich verpflichten, das Land so schnell wie möglich zu verlassen.

Heute dominieren schmucklose Nachkriegsbauten das Mauritius-, das Cäcilien- und das Griechenmarkt-Viertel. Die Straßenführung ist teilweise eine andere als vor dem Krieg. Das Griechenmarkt-Viertel soll seinen Namen übrigens Kaiserin Theophanu verdanken. Sie wurde im Jahr 960 in Byzanz geboren und war die Ehefrau von Kaiser Otto II. Beigesetzt ist sie in der nahe gelegenen Kirche St. Pantaleon. Eine Informationstafel an der Ecke Großer Griechenmarkt/Schemmergasse zeigt das fiktive Porträt der angeblichen Namensgeberin des Viertels.

Die knapp zwei Kilometer lange Tour führt durch Straßen, in denen kaum noch etwas an das enge und verwinkelte Köln der Vorkriegszeit erinnert. Wir lernen unter anderem Sally Tobar kennen, einen Bruder des jüdischen Kabarettisten und Karnevalisten Hans David Tobar. Neben seinem Haus in der Bobstraße 2 erinnert Gunter Demnigs „Spur der Erinnerungen“ an die Deportation von rund 1000 Sinti und Roma im Mai 1940. Wir hören von Frida Eizenberg, die in die USA floh und als Einzige ihrer Familie überlebte, von Hugo

Mauritiussteinweg und Kunstgewerbeschule, 1906
NS-DOK Köln, N 2252,30

Heydt, der im KZ Groß-Rosen starb, und von Lieber Geppert, den es aus Rawa Ruska nach Köln verschlug. Die Gebäude, in denen sie zu Hause waren, stehen nicht mehr, aber die Erinnerung an all diese Menschen lebt weiter.

Mauritiussteinweg 5: Karl, Elisabeth, Helga und Berthold Schmitz

Karl und Elisabeth Schmitz, geborene Levi, stammen aus dem Landkreis Cochem-Zell und wachsen nicht weit voneinander entfernt auf. Karl Schmitz wird am 9. Dezember 1893 in Alflen geboren, einem 500-Seelen-Dorf mit einer kleinen jüdischen Gemeinde. Großvater Josef Schmitz betreibt in der Dorfstraße 15 einen Krämerladen, sein Vater Bernhard ist Metzger. Er selber wird Viehhändler. Elisabeth Schmitz kommt am 12. März 1893 als Zweitälteste von vier Kindern in Bausendorf zur Welt, wo ihr Vater Salomon Levi einen Gemischtwarenladen führt.

1926 feiern Karl und Elisabeth Schmitz in Bausendorf Hochzeit, und Karl macht sich in der Koblenzer Straße unweit der Synagoge als

Kaufmann selbstständig. Am 4. Dezember 1927 wird Tochter Helga geboren, am 19. März 1931 folgt Sohn Berthold. Auch an sie erinnern Stolpersteine vor dem Haus.

Schon bald nach der Machtübernahme der Nazis wendet sich in dem rund 1200 Einwohner zählenden Dorf die Stimmung gegen die jüdische Bevölkerung. Es kommt zu persönlichen Anfeindungen und zu Boykottmaßnahmen gegen jüdische Geschäfte. Viele Gemeindemitglieder verlassen das Dorf, in dem ihre Familien seit Jahrzehnten zu Hause sind. In der Reichspogromnacht erreichen die antisemitischen Ausschreitungen ihren Höhepunkt. Am Morgen des 10. November 1938 wird die Wohnung von Karl und Elisabeth Schmitz verwüstet, ein Großteil des Mobiliars zerstört. Er habe gesehen, wie SA-Männer mit Beilen in der Hand aus dem Haus gestürmt seien, erzählt Erich Roth, ein ehemaliger Nachbar, im Rahmen einer Zeitzeugenbefragung im Jahr 2018: „Die Männer haben die Fenster zerschmissen und alles in der Wohnung zerschlagen und aus dem Fenster geworfen. Den Volksempfänger, die Nähmaschine, den Schrank." Ein anderer Nachbar, Isidor Mayer, sei mit der Mistgabel angerannt gekommen, um die Schläger aufzuhalten. Vergeblich. Anschließend seien die Juden des Dorfes in ein „Judenheim" in „Sicherheitsverwahrung" gebracht worden. Körperlich seien sie unversehrt geblieben.

Kurz darauf verlassen Karl und Elisabeth Schmitz Bausendorf und ziehen mit ihren Kindern nach Köln in den Mauritiussteinweg 5. Köln soll nur eine Zwischenstation auf dem Weg in die Freiheit sein. Karl habe die Wohnung fast vollständig mit neu gekauften Möbeln eingerichtet, die er zur geplanten Auswanderung habe mitnehmen wollen, gibt sein Bruder Adolf Schmitz 1965 im Rahmen eines Wiedergutmachungsverfahrens zu Protokoll. „Eheschlafzimmer mit Bettzeug und Wäsche, Schlafzimmer für die Kinder mit zwei Couchen. Wohnzimmer mit Bildern. Speisezimmer ebenfalls mit Bildern, Glaswaren, viel Bett-, Küchen- und Tafelwäsche. Alles neu zur Auswanderung."

Doch aus unbekannten Gründen zerschlagen sich die Pläne der Familie. 1940 muss sie in ein überwiegend von Juden bewohntes Haus in der Roonstraße 84 ziehen. Ihre weiteren Stationen sind das Haft- und Deportationslager in Köln-Müngersdorf und das Sammellager Bardenberg-Pley bei Würselen. Am 20. Juli 1942 werden Karl, Elisabeth, Helga und Berthold Schmitz in die Vernichtungsstätte Maly Trostinec deportiert und dort am 24. Juli ermordet. Adolf Schmitz

Mauritiussteinweg 27, Aufnahme um 1933 - 1940. Auf dem rechten Schaukasten steht der Spruch „Wer dem Juden reicht die Hand, schändet sich, und sein Vaterland“ (Fotograf: August Kreyenkamp) *Rheinisches Bildarchiv, 077623*

erhält 1966 für den verlorenen Besitz seines Bruders eine Entschädigung von 1000 D-Mark.

Entfernung: 190 Meter
auf dem Mauritiussteinweg Richtung Neue Weyerstraße (50 Meter)
links abbiegen auf Griechenpforte (65 Meter)
rechts abbiegen auf Alte Mauer am Bach (75 Meter)

Alte Mauer am Bach 59: Faigla Fanny Loebell

Das Leben der Faigla Fanny Loebell erzählt von Verlusten, Brüchen und zahlreichen Ortswechseln. Zur Welt kommt sie am 10. Mai 1894 als Faigla Cymbler im polnischen Bendzin. Die Bergbaustadt liegt in der Nähe von Kattowitz, rund 40 Prozent der Einwohnerschaft sind Juden. Faiglas Vater Majer Cymbler arbeitet als Händler, ihre Mutter Chaja ist mit der Erziehung von sieben Kindern beschäftigt.

Am 4. November 1913 heiratet Faigla den zwei Jahre älteren Moszek Hersz Magier. Auch der junge Mann stammt aus Bendzin. Fünf Jahre nach der Hochzeit ist sie bereits Witwe: Moszek Magier, seit Beginn des Ersten Weltkriegs im Jahr 1914 im Fronteinsatz, stirbt am 2. Oktober 1918 in seiner Heimatstadt. Möglicherweise ist sein Tod die Folge einer Kriegsverletzung.

Knapp zwei Jahre später, am 19. August 1920, heiratet Faigla erneut und zieht nach Beuthen in Oberschlesien. Auch für Heinrich Loebell, Sohn eines Schneiders aus Myslowitz und neun Jahre älter als die Braut, ist es die zweite Ehe: Heinrich Loebell, Friseur von Beruf, ist geschieden. Am 9. August 1921 wird Max, das erste Kind des Paares, geboren. Am 23. Februar 1926 folgt Wolf Willi. Auch an die Söhne erinnern Stolpersteine vor dem Haus.

Zu diesem Zeitpunkt lebt Faigla bereits in Köln. Wie es aussieht, haben sie und Heinrich Loebell sich noch vor der Geburt ihres zweiten Kindes getrennt. Wohn- oder Sterbeort des Ehemannes seien unbekannt, lautet ein entsprechender Eintrag auf Wolf Willis Geburtsurkunde. Aufzeichnungen aus dem Belgischen Staatsarchiv legen nahe, dass Heinrich Loebell nach Antwerpen verzogen ist. Angeblich stirbt er in den 1940er-Jahren in Belgien.

Faigla Loebell verlebt in Köln acht ruhige Jahre. Ihre Eltern, ihr Bruder Josek Cymbler und ihre Schwester Rebecca Ostrowski wohnen mit ihren Familien in der Nachbarschaft. In den Adressbüchern jener Zeit firmiert die alleinerziehende Mutter als Textilhändlerin und Eigentümerin des Acht-Parteien-Hauses an der Alten Mauer am Bach 59. Der letzte Eintrag stammt aus dem Jahr 1933: „Loebell, Fanny, Frau, Händlerin."

1934 ist das Haus verkauft. Offenbar war Faigla Loebell weitsichtig genug, Deutschland nach der Machtübergabe an die Nationalsozialisten so rasch wie möglich zu verlassen. Wo genau sie die nächsten Jahre verbringt, lässt sich nicht mehr feststellen. Erst Anfang der 1940er-Jahre findet sich im Südwesten Frankreichs, in der Kleinstadt Boulogne-sur-Gesse, wieder eine Spur von ihr.

Als der Zweite Weltkrieg Frankreich erreicht, beginnt für Faigla Loebell und ihre Söhne ein langer Leidensweg. Max wird nach dem Einmarsch der Deutschen in dem französischen Lager Gurs interniert und am 4. September 1942 über das SS-Sammellager Drancy bei Paris nach Auschwitz deportiert. Wahrscheinlich wird er dort kurz nach

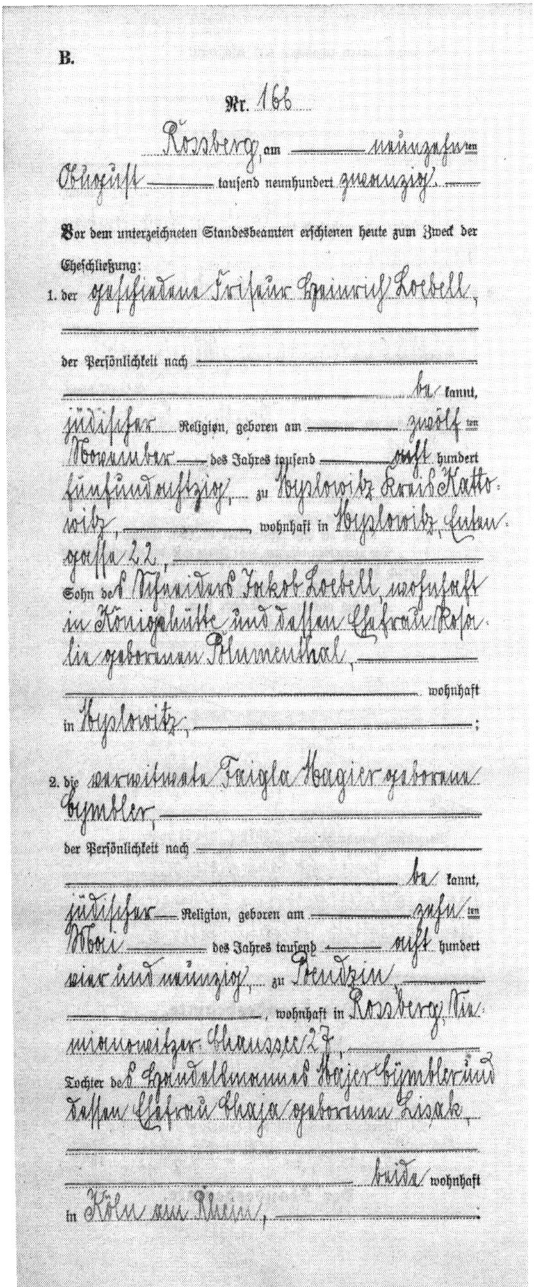

B.

Nr. 166

Rossberg, am neunzehnten August tausend neunhundert zwanzig.

Vor dem unterzeichneten Standesbeamten erschienen heute zum Zweck der Eheschließung:

1. der geschiedene Friseur Heinrich Loebell,

der Persönlichkeit nach bekannt,

jüdischer Religion, geboren am zwölften November des Jahres tausend acht hundert fünfundachtzig, zu Myslowitz Kreis Kattowitz, wohnhaft in Myslowitz, Lindengasse 22,

Sohn des Schneiders Jakob Loebell, wohnhaft in Königshütte und dessen Ehefrau Rosalie geborene Blumenthal, wohnhaft in Myslowitz;

2. die verwitwete Faigla Hagier geborene Cymbler,

der Persönlichkeit nach bekannt,

jüdischer Religion, geboren am zehnten Mai des Jahres tausend acht hundert vierundneunzig, zu Bendzin, wohnhaft in Rossberg, Nimianowitzer Chaussee 27,

Tochter des Handelsmannes Majer Cymbler und dessen Ehefrau Chaja geborene Lisak, beide wohnhaft in Köln am Rhein,

Heiratsurkunde von Heinrich und Faigla Loebell
Standesamt Rossberg, Heiratsurkunde Nr. 166/1920

der Ankunft am 6. September ermordet. Wolf Willi wird im Juli 1944 in das KZ Buchenwald verschleppt und am 30. Januar 1945 im KZ Bergen-Belsen getötet.

Faigla Fanny Loebell, geborene Cymbler, verwitwete Magier, überlebt den Holocaust. Sie stirbt am 22. August 1975 im Alter von 81 Jahren in Düsseldorf.

Acht Stolpersteine in der Straße Unter Krahnenbäumen 6 erinnern an Faigla Loebells Schwester Rebecca Ostrowski (Jg. 1890) und deren Familie. Rebecca Ostrowski wurde im Oktober 1938 ein Opfer der sogenannten Polenaktion. Mit ihr wurden ihr Ehemann Gerson Ostrowski (Jg. 1877) und sechs weitere Familienmitglieder nach Polen verschleppt. Ihr weiteres Schicksal ist unbekannt.

Entfernung: 190 Meter
weiter auf Alte Mauer am Bach bis Poststraße (100 Meter)
links abbiegen auf Poststraße (90 Meter)

Poststraße 8: Lieber und Hudie Geppert

Das einzige Foto, das von Lieber Geppert existiert, zeigt einen ausgezehrten Mann mit tiefen Schatten unter den Augen. Skeptisch blickt er in die Kamera des unbekannten Fotografen, fast so, als ahnte er, welches Schicksal ihm und seiner Ehefrau Hudie Geppert bevorsteht.

Lieber und Hudie Geppert stammen aus Galizien und gehören zu den sogenannten Ostjuden, die nach dem Ersten Weltkrieg zu tausenden in den Westen gehen, um den Unruhen und der Not in ihren Heimatstädten zu entfliehen. Lieber wird am 10. Oktober 1881 in Rawa Ruska im äußersten Westen der heutigen Ukraine geboren. Hudie, geborene Weiselberg, kommt am 26. Juni 1888 in der rund 300 Kilometer entfernten Stad Kossiw, dem heutigen Kosow, zur Welt.

1919 ziehen Lieber und Hudie Geppert aus dem ukrainischen Dorf Bakowce nach Köln und lassen sich mit ihrer Tochter Taube in der Poststraße 8 nieder. Lieber Geppert ist von Beruf Händler. Vermutlich hat er in einem der zahlreichen Geschäfte des Griechenmarktviertels eine Anstellung gefunden. Sein fünf Jahre jüngerer Bruder

Lieber Geppert, ohne Datum
Kazerne Dossin Mémorial, KD 00017

Hudie Geppert, ohne Datum
Kazerne Dossin Mémorial, KD 00017

Poststraße um 1935
NS-DOK Köln, Bp 1007

Meier Jungleib lebt bereits seit einigen Jahren in Köln und wohnt mit Ehefrau Rachela, Tochter Chaye Sara und Sohn Max nur wenige Gehminuten entfernt in der Fleischmengergasse 24.

Im Oktober 1938 wird auch Familie Geppert ein Opfer der sogenannten Polenaktion. Lieber Geppert und sein Neffe Max werden verhaftet und abgeschoben. Tochter Taube flieht wenige Tage später mit ihrem Ehemann Thomas Bressler und dem gemeinsamen Sohn Thomas nach Belgien.

Lieber Geppert darf nach seiner Abschiebung noch einmal nach Köln zurückkehren, muss sich jedoch verpflichten, Deutschland so schnell wie möglich zu verlassen. Anfang 1939 zieht erst Ehefrau Hudie nach Brüssel. Lieber Geppert folgt ihr neun Monate später. Nach dem Einmarsch der deutschen Wehrmacht im Mai 1940 flieht das jüdische Ehepaar weiter nach Nizza und findet in der Rue d'Angleterre 24 eine bescheidene Unterkunft. Der Süden Frankreichs, das sogenannte Freie Frankreich, steht seit Juni 1940 unter der Vichy-Regierung von Philippe Pétain und ist zur Zuflucht für tausende Jüdinnen und Juden aus Deutschland, Frankreich, Holland und Belgien geworden.

1943 endet der gemeinsame Weg von Lieber und Hudie Geppert. Am 7. Dezember 1943 wird zunächst Lieber Geppert in das SS-Sammellager Drancy verschleppt und zehn Tage später in das Vernichtungslager Auschwitz-Birkenau deportiert. Entweder überlebt der 62-Jährige bereits den mehrtägigen Transport in den Osten nicht, oder er wird sofort nach der Ankunft ermordet.

Hudie Geppert wird am 17. März 1944 nach Drancy abtransportiert und am 27. März mit rund 1000 Männern, Frauen und Kindern nach Auschwitz-Birkenau deportiert. Dort wird sie zu einem unbekannten Zeitpunkt ermordet.

Vier Stolpersteine in der Fleischmengergasse 24 erinnern an Lieber Gepperts Bruder Meier Jungleib (Jg. 1885), der am 12. April 1941 im KZ Buchenwald starb, sowie an weitere Verwandte. Die Spur von Lieber Gepperts Neffen Max Jungleib (Jg. 1917) verliert sich nach dessen Abschiebung nach Polen im Oktober 1938. Seine Schwägerin Rachela Geppert, geborene Tieger (Jg. 1888), wurde 1942 in der Vernichtungsstätte Kulmhof/Chelmno ermordet. Seine Nichte Chaye Sara Geppert (Jg. 1912) floh 1939 nach England.

Entfernung: 300 Meter
weiter auf Poststraße und links abbiegen auf Großer Griechenmarkt (145 Meter)
rechts abbiegen auf Kleiner Griechenmarkt (45 Meter)
links abbiegen auf Kuhlemannstraße (85 Meter)
rechts abbiegen auf Thieboldsgasse (20 Meter)

Thieboldsgasse 21 (früher 47): Laura Meyer

Das Leben der Laura Meyer, geborene Silberbach, nimmt am 18. Januar 1865 in Bad Salzuflen seinen Anfang. Sie ist das dritte Kind von Simon und Bertha Silberbach. Eine Schwester, Adele, ist ein Jahr vor Lauras Geburt gestorben. Mit sieben Geschwistern wächst sie in einer angesehenen jüdischen Kaufmannsfamilie auf. Ihr Vater handelt erfolgreich mit Tierhäuten und ist Mitglied im örtlichen Schützenverein.

Über Lauras Kindheit und Jugend ist nichts bekannt. Als sie am 10. März 1891 den Metzger August Meyer aus Porz-Zündorf heiratet,

Laura Meyer mit Enkel Helmut (Mitte) und Beate (rechts), 1934
NS-DOK, N 1373,5

Laura Meyer (Mitte) mit Familie und Freunden 1934, viele der Abgebildeten emigrieren oder sterben im Holocaust
NS-DOK, N 1373,6

ist sie bereits 26 Jahre alt. Neun Monate später, am 18. Dezember 1891, wird Tochter Else geboren. Drei Jahre später siedelt die Familie nach Köln über, und August Meyer eröffnet in der Thieboldsgasse 72 eine Metzgerei. Auch Lauras Eltern und zwei Brüder leben inzwischen in Köln. 1895 wird Laura erneut schwanger, doch von den am 15. Juni 1896 geborenen Zwillingen überlebt nur Tochter Regine.

Um 1900 verlegt August Mayer das Geschäft in die Thieboldsgasse 47, die heutige Thieboldsgasse 21. Als er im Dezember 1932 stirbt, führt Laura den Betrieb noch ein Jahr weiter und zieht 1934 zu ihrer Tochter Regine in die Alteburger Straße 36. Es folgen Jahre voller Angst und Kummer. 1938 flieht Regine mit ihrer Familie nach Südafrika, und Laura Meyer muss aus der gemeinsamen Wohnung in der Alteburger Straße ausziehen. Ihre nächste Adresse ist die Pantaleonstraße 9. Wie lange sie dort wohnen bleibt, lässt sich heute nicht mehr feststellen.

Im Juni 1942 findet sich Laura Meyers Name – gemeinsam mit dem ihrer Schwester Frieda – auf einer Deportationsliste. Demnach war die 77-Jährige zuvor in einem Durchgangslager in Mausbach bei Stolberg untergebracht. Von da aus wird sie am 15. Juni 1942 in das Ghetto Theresienstadt deportiert und stirbt dort am 23. Februar 1943. Nach Auskunft eines Enkels ist sie verhungert.

Drei Stolpersteine am Markusplatz 24 in Köln-Rodenkirchen erinnern an Laura Meyers Tochter Else Kreuer, geborene Meyer (Jg. 1891), und ihre Enkelkinder Helmut (Jg. 1921) und Beate Dorothea (Jg. 1927). Sie flohen 1944 in die Schweiz.

Entfernung: 100 Meter
weiter auf Thieboldsgasse (50 Meter)
links abbiegen auf Alexianerstraße (45 Meter)

Alexianerstraße 23: Jakob und Malka Eisner

Im Jahr 1951 habe ihn die Mutter während eines Köln-Besuchs zum Haus der Großeltern in der Alexianerstraße 23 geführt, erinnert sich James Ernest Heimann, der Enkel von Jakob und Malka Eisner. Nur noch Ruinen seien zu sehen gewesen. Keine Spur mehr von der Eisenwarenhandlung des Großvaters im Untergeschoss, von der großzügigen Familienwohnung und von Nachbarin Minna Rosenbaum und ihrer Tochter Nelly.

Rund 20 Jahren lebten Jakob und Malka Eisner, geborene Friedmann, mit ihren sieben Kindern in der Alexianerstraße 23. Das Ehepaar stammt wie die Mehrzahl seiner Nachbarinnen und Nachbarn aus Galizien. Jakob Eisner wird am 18. August 1870 in Dukla, einer Kleinstadt im heutigen Polen, geboren, Malka am 7. Dezember 1869 in Bardejov in der Ostslowakei. Die ersten gemeinsamen Jahre verbringt das Ehepaar in Dukla, wo Tochter Grethe und die Söhne Michael, David und Max zur Welt kommen. Anfang des 20. Jahrhunderts zieht die Familie nach Köln, und Jakob Eisner eröffnet in der Achterstraße/Ecke Rosenstraße eine Lumpenhandlung.

Auch in Köln wächst die Familie stetig weiter. 1905 wird Tochter Gisa geboren. 1911 und 1914 folgen Sohn Albert und Tochter Jenny. Jakob Eisners Geschäft läuft gut. Seit Beginn des Ersten Weltkriegs handelt er zusätzlich mit Altmetall, und 1917 oder 1918 kauft der

Malka Eisner
NS-DOK Köln, N 3190,7

Jakob Eisner
NS-DOK Köln, N 3190,8

siebenfache Vater ein Mehrparteienhaus in der Alexianerstraße 23. Das Geschäft und die Wohnung der Familie liegen im Untergeschoss. Die übrigen Etagen werden vermietet.

Mit der Machtübernahme der Nationalsozialisten beginnt der Exodus der Familie Eisner. 1935 emigriert Sohn Max mit seiner Ehefrau Zilla nach Palästina. Den dort geborenen Enkel Uri werden Jakob und Malka Eisner nicht mehr kennenlernen. Am 22. Dezember 1936 stirbt Malka an den Folgen ihrer Diabeteserkrankung. 1938 verlassen auch Sohn David und seine Familie Deutschland und fliehen in die USA.

Zu den privaten Sorgen kommen wirtschaftliche Probleme. Jakob Eisner muss seine Eisenwarenhandlung schließen, nachdem die Nazis zum Boykott jüdischer Geschäfte aufgerufen haben. In den Adressbüchern firmiert der Kleinunternehmer fortan als Mann „ohne Gewerbe". 1936 oder 1937 verkauft er das Haus in der Alexianerstraße 23, bleibt jedoch unter dieser Adresse wohnen.

Im Oktober 1938 folgt der nächste Schlag. Jakob Eisner, seine älteste Tochter Grethe und ihre Familie sowie seine Söhne Michael und Albert werden im Rahmen der sogenannten Polenaktion ver-

David Eisner mit seiner Ehefrau Olga
NS-DOK Köln, N 3190,15

Michael Eisner
NS-DOK Köln, N 3190,14

haftet und in einem Lager bei Bentschen, dem heutigen Zbaszyn, interniert. Dort verliert sich Jakob Eisners Spur.

Michael Eisner und Grethe und ihre Familie werden zu einem unbekannten Zeitpunkt in eines der Vernichtungslager im besetzten Polen weiterdeportiert und dort ermordet. Allein Albert Eisner gelingt die Flucht aus Bentschen. 1941 flieht er über Russland und die Türkei zu seinem Bruder Max nach Palästina. Gisa und Jenny Eisner, die in Köln zurückgeblieben sind, können sich nach Belgien retten.

Zwei weitere Stolpersteine vor dem Haus erinnern an Minna Rosenbaum, geborene Feldmann (Jg. 1898), und ihre Tochter Nelly (Jg. 1936), die auf der Flucht vor den Nazis starben.

Entfernung: 170 Meter
zurückgehen zur Thieboldsgasse (45 Meter)
links abbiegen auf Thieboldsgasse (100 Meter)
links abbiegen auf Bobstraße (25 Meter)

Bobstraße 2: Sally Tobar und Familie

Sally Tobar ist der erste, der gehen muss. Der erste von sechs Geschwister, die im Holocaust sterben. Im Oktober 1941 habe er Sally, dessen Ehefrau Eva und die beiden gemeinsamen Kinder nach Köln-Deutz zum Bahnhof begleitet, gibt sein Bruder Arno Tobar 1960 im Rahmen eines Wiedergutmachungsverfahrens an. Von dort aus sei die Familie „nach dem Osten deportiert" worden. Vom Tod Sallys im Juni 1944 habe er erst nach Kriegsende erfahren.

Sally Tobar, am 24. März 1890 in Köln geboren, ist der Drittjüngste von zehn Geschwistern. Mit sieben Brüdern und zwei Schwestern

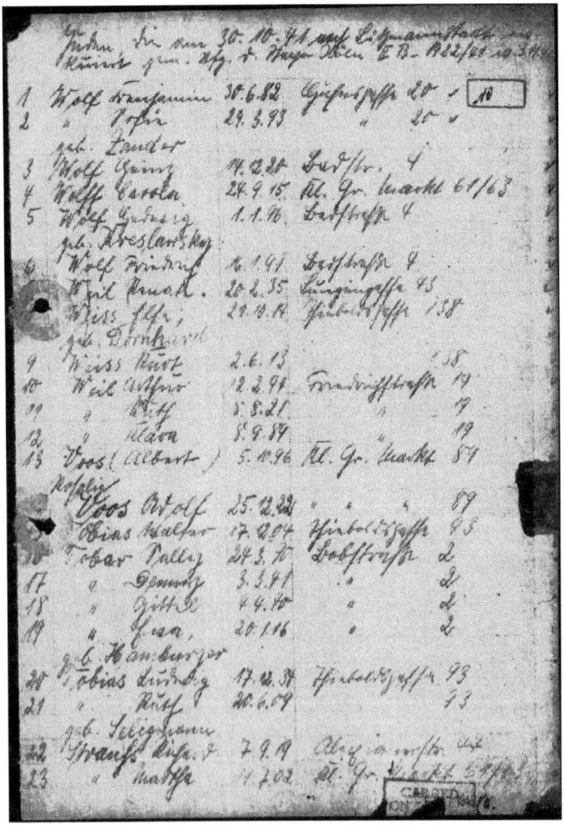

Deportationsliste mit der Familie Tobar, Oktober 1941
ITS Archives, 1.2.1.1/0001-0060/0014/0016

Markus und Ida Tober,
die Eltern von Sally
NS-DOK Köln, N 1254,1/05

wächst er im Griechenmarkt-Viertel auf. Die Familie lebt seit 1905 an der Griechenpforte 1, dem heutigen Mauritiussteinweg 2b. Sallys Vater Markus Tobar, ein strenggläubiger Mann, dessen Wurzeln in den Niederlanden liegen, arbeitet bis zu seinem Tod im Februar 1920 als Steinmetz, Totengräber und Friedhofswärter auf dem jüdischen Friedhof in Köln-Deutz. Seine Mutter Ida Tobar, geborene Kaufmann, stammt aus Mülheim an der Ruhr.

Die bescheidene Dreizimmerwohnung am Mauritiussteinweg 2b, wo heute zwei Stolpersteine an Ida Tobar und ihre Tochter Julie Meyer erinnern, bleibt mehr als drei Jahrzehnte der Lebensmittelpunkt der Großfamilie. Wie auch die Brüder wohnt Sally bis zu seiner Hochzeit im Jahr 1939 bei der Mutter und verdient sein Geld als Handlungsreisender. Allein sein älterer Bruder Hans David Tobar hat einen anderen Weg eingeschlagen. Der ehemalige Vertreter für Socken, Spitzen, Unterwäsche und Gummiwaren arbeitet in der Unterhaltungsbranche und gehört in den 1920er-Jahren zu den wohl bekanntesten

Ghetto Litzmannstadt 1942, heimlich von außerhalb aufgenommen
© *Sabine Eichler / NS-DOK Köln, N 137,3*

Kölner Kabarettisten und Karnevalisten (siehe Kapitel „Synagoge Roonstraße").

In der Familie gilt Sally als der „Fachmann für Getränke". Bruder Sally habe zum 80. Geburtstag der Mutter für Liköre, Schnaps und – „neben dem Bier zum Abendtisch" – für die obligatorische Bowle gesorgt, erinnert sich Arno Tobar noch Jahre später an eine rauschende Geburtstagsfeier am 11. Dezember 1932.

1939 lernt der knapp 50-Jährige in einer Gastwirtschaft am Mauritiussteinweg die 26 Jahre jüngere Eva Hamburger aus Berlin kennen. Wenig später ist die junge Frau schwanger. Es folgt eine „überstürzte" Hochzeit. „Die Frau besaß keine Möbel", erinnert sich Arno Tobar an die Blitzheirat aus gegebenem Anlass. Der Bruder habe daher „aus den Kreisen der Familie den notwendigen Hausrat zu Verfügung gestellt bekommen". Das frischvermählte Paar bezieht eine Wohnung in der Bobstraße 2. Dort wird am 3. April 1940 Tochter Gittel geboren. Auch an Eva Tobar, Gittel und den am 2. März 1941 geborenen Sohn Denny erinnern Stolpersteine vor dem Haus.

1941 muss die Familie die Wohnung in der Bobstraße verlassen und zieht in ein sogenanntes Ghettohaus in der Bayardsgasse. Es ist ihre letzte Station in Köln. Am 30. Oktober 1941 werden Sally, Eva, Gittel und Denny Tobar vom Bahnhof Deutz-Tief in das Ghetto Litzmannstadt deportiert. Noch im selben Jahr erhalten Sallys Brüder Bernhard und Hermann Tobar einen Deportationsbescheid in das Ghetto Riga.

Anfangs habe man „von Zeit zu Zeit kurze Kartennachrichten" aus Litzmannstadt bekommen, berichtet Arno Tobar. „Wir sandten – Päckchen waren nicht zugelassen – regelmäßig Geld." Von Juni 1942 bis Juni 1944 habe man nichts mehr von der Familie gehört, bis schließlich doch noch eine Karte gekommen sei. „Danach lebten noch Sally, Eva und das kleine Mädel." Denny ist bereits am 18. Mai 1942 gestorben, und auch Sally Tobar, ausgezehrt von Hunger und den schlechten Lebenbedingungen in dem hoffnungslos überfüllten Ghetto, ringt mit dem Tod. Am 25. Juni 1944 stirbt der 54-Jährige an einer Lungenentzündung. Eva Tobar und ihre Tochter seien wenig später aus Litzmannstadt „fortgekommen", vermutet Arno Tobar. „Man muss als sicher annehmen, dass sie von den SS-Mördern umgebracht wurden."

Vier Stolpersteine finden sich vor dem Haus. Sie erinnern an Grete Gibbrich, geborene Meyer (Jg. 1905), die 1941 in das Ghetto Riga verschleppt wurde und als verschollen gilt. An Berta Kohn, geborene Nürnberg (Jg. 1927), Hanni Kohn (Jg. 1935) und Jachet Kohn, geborene Nürnberg (Jg. 1898). Ihre Spuren verlieren sich 1941 nach ihrer Deportation in das Ghetto Litzmannstadt.

Entfernung: 380 Meter
weiter auf Bobstraße (120 Meter)
leicht links abbiegen auf Mauritiussteinweg (60 Meter)
rechts abbiegen und an der Wolkenburg vorbei bis zur Frankstraße (130 Meter)
links abbiegen auf die Frankstraße (70 Meter)

Frankstraße 26 (früher 20): Frida Eizenberg

Leo (Chaskel Leizer) Eizenberg in deutscher Militäruniform während des Ersten Weltkriegs
NS-DOK Köln, N 3372,11

Dankbar sei er, sagt Peter Goodmann. Dankbar und glücklich. Gemeinsam mit Ehefrau Nancy, mit Sohn Tony und Tochter Kate, mit vier Enkeln und den Schwiegerkindern ist er im Sommer 2024 aus den USA nach Köln gereist. Jetzt steht er gemeinsam mit ihnen in der Frankstraße 26, wo bis zum Oktober 1938 seine Großeltern mit ihren drei Kindern lebten. Heute befindet sich an dieser Stelle die „Integrierte Gesamtschule Innenstadt". Fünf Steine im Pflaster vor dem Schulhof erinnern an Chaskel Leizer und Rosa Eizenberg, an Maria Esther, Benno und an Peter Goodmans Mutter Frida, die als Einzige der Familie den Holocaust überlebte.

Geboren wird Frida am 7. September 1911 in Frankfurt am. Main. Ihre Eltern Chaskel Leizer und Rosa Eizenberg stammen aus der galizischen Stadt Podwoloczyska in der heutigen Ukraine, leben jedoch seit einigen Jahren in Deutschland. Frida hat eine ein Jahr ältere Schwester, Maria Esther, und einen zwei Jahre jüngeren Bruder, Benno. 1916 zieht die fünfköpfige Familie nach Köln. Die Gründe dafür kenne er nicht, sagt Peter Goodman. „Vielleicht hatten sie Freunde in Köln. Vielleicht gefiel ihnen die Stadt auch einfach, und sie haben sich deswegen dort niedergelassen." Über familiäre Verbindungen nach Köln sei ihm nichts bekannt.

In der Achterstraße 7a eröffnet Leo Eizenberg, wie sich Chaskel Leizer inzwischen nennt, eine Eierhandlung. Es folgen mehrere Umzüge innerhalb Kölns, bis sich die Familie Mitte der 1930er-Jahre in

Maria, Frida und Benno Eizenberg
NS-DOK Köln, N 3372,13

der Frankstraße 20, der heutigen Nummer 26, einmietet. Im Erdgeschoss des Vierparteienhauses hat der Buchhalter Helmut Brunne sein Büro. Die erste Etage teilt sich Familie Eizenberg mit der Schneiderin Anna Wolff und deren verwitweter Schwägerin.

Maria und Rosa Eizenberg
NS-DOK Köln, N 3372,12

1938 wird – wie für so viele ihrer Nachbarinnen und Nachbarn – zum Schicksalsjahr für die Familie Eizenberg. Am 28. Oktober werden Frida, ihre Eltern und Geschwister verhaftet und umgehend nach Polen abgeschoben. Dort werden sie in der Stadt Zbaszyn interniert. „Viele sind weitergereist zu Verwandten oder Freunden", sagt Peter Goodmann. „Meine Familie hatte niemanden in Polen, der sie hätte aufnehmen können, und so mussten sie im Lager bleiben."

Bis heute weiß er nicht, was genau seinen Großeltern, seiner Tante Maria Esther und seinem Onkel Benno nach ihrer Abschiebung widerfahren ist. „Angeblich sind sie im Warschauer Ghetto gestorben." Allein Frida gelingt 1939 die Ausreise nach Großbritannien. Sie kann eine Arbeitserlaubnis als Kindermädchen vorweisen, die sie schon vor ihrer Abschiebung nach Polen beantragt hatte. Im Juni 1940 emigriert die 28-Jährige über Liverpool nach New York und trifft dort ihren Jugendfreund Erich Gutmann aus Köln wieder. Erich, knapp drei Jahre jünger als Frida, hat nach seinem Schulabschluss eine Ausbildung als Bäcker gemacht und ist 1938 in die USA geflohen. In New York arbeitet Eric Goodman, so sein amerikanischer Name, als Werftarbeiter. „Schiffe zu bauen war in Kriegszeiten wichtiger als Brot zu backen", sagt sein Sohn.

1941 heiraten Frida und Eric und lassen sich nach dem Kriegsende im kalifornischen Berkeley nieder. Dort, in der Telegraph Avenue 2468 unweit der Universität, erfüllt sich das Ehepaar 1947 den Traum von einer eigenen Bäckerei. „Eclaire Pastries", so nennen Eric und Frida Goodman ihr Geschäft. Noch heute backt Peter Goodman, am 27. Dezember 1942 geboren und Architekt von Beruf, nach ihren Rezepten Pflaumenkuchen, Christstollen und Schwarzwälder Kirschtorte. Seine im Juni 2010 verstorbene Mutter habe immer versöhnlich auf Deutschland geblickt, erinnert er sich. Was geschehen sei, sei geschehen, habe sie gesagt. „Man muss nach vorne blicken."

Vier Stolpersteine in der Venloer Straße 25 erinnern an Frida Eizenbergs Ehemann Erich Gutmann (Jg. 1914) und ihre Schwiegereltern Karl Gutmann (Jg. 1884) und Emma Gutmann, geborene David (Jg. 1882). Das Ehepaar wurde 1944 in Auschwitz ermordet. Ein vierter Stein ist ihrer Schwägerin Helene Gutmann (Jg. 1920) gewidmet, die 1941 über Spanien in die USA floh (siehe Kapitel „Belgisches Viertel").

Entfernung: 250 Meter
zurückgehen auf der Frankstraße (70 Meter)
links abbiegen auf Jahnstraße (85 Meter)
rechts abbiegen auf Humboldtstraße (95 Meter)

Humboldtstraße 42: Anneliese und Ferdinand Feidelberg

Für den Kölner Zahnarzt Ferdinand Feidelberg ist es bereits die dritte Ehe, als er am 18. Oktober 1941 der 19 Jahre jüngeren Kontoristin Anneliese Reichenberg das Jawort gibt. Vier Tage später wird das Ehepaar in das Ghetto Litzmannstadt deportiert.

Ferdinand Feidelberg stammt aus dem Sauerland. „Am 20. Mai 1890 wurde ich in Altena/Westfalen als Sohn des inzwischen verstorbenen Kaufmanns Julius Feidelberg und seiner Ehefrau Helene, geborene Nordheim, geboren", schreibt er in seiner 1922 erschienenen Dissertation. Es folgen die Lebensstationen eines ehrgeizigen Kaufmannssohns: Volksschule, Gymnasium. Beginn eines zahnmedizinischen Studiums im Herbst 1909. Wechselnde Studienorte. Staatsexamen. Endlich eine erste Stelle als Assistenzarzt in Neukölln.

Der Beginn des Ersten Weltkriegs pulverisiert die Träume des angehenden Mediziners von einer raschen Karriere. Ferdinand Feidelberg muss „ins Felde". Im Juli 1915 wird er verwundet und braucht zwei Jahre, um wieder gesund zu werden. Anschließend setzt Ferdinand Feidelberg, inzwischen 27 Jahre alt, seine Ausbildung zum Assistenzarzt fort. Im Oktober 1919 lässt er sich in Köln nieder und zieht zusammen mit seiner Mutter Helene und seinem zwei Jahre jüngeren Bruder Hermann in die Humboldtstraße 42. Der Vater ist kurz zuvor an der Spanischen Grippe gestorben. Drei Jahre später promoviert er über einen „Fall von Lupus erythematosus der Mundschleimhaut" und eröffnet in der Familienwohnung eine Zahnarztpraxis.

Anfang der 1920er-Jahre heiratet Ferdinand Feidelberg ein erstes Mal und verlegt seinen privaten Wohnsitz in die Brüsseler Straße 87. Margarete Hayum, Tochter eines Strumpfwaren-Großhändlers, stammt aus Köln und ist neun Jahre jünger als er. 1923 wird in der Wohnung des Paares ein Sohn geboren, Hans Georg. Doch schon vier Jahre später stirbt die junge Mutter.

Ghetto Litzmannstadt 1942, heimlich von außerhalb aufgenommen
© *Sabine Eichler / NS-DOK Köln, N 137,5*

Im Juli 1933 heiratet Ferdinand Feidelberg ein zweites Mal. Er ist jetzt 43 Jahre alt. Von den Repressalien der Nationalsozialisten gegen jüdische Ärzte ist der Weltkriegsteilnehmer und Träger des

Eisernen Kreuzes II. Klasse bislang verschont geblieben. Auch Henriette Sophia Maria Hilgers, geborene Müller und Friseurin von Beruf, hat bereits eine Ehe hinter sich. Doch die Verbindung zwischen ihr und Ferdinand hält nur wenige Jahre. Im Februar 1941 lässt sich das Paar scheiden. Bereits am 18. Oktober heiratet Ferdinand Feidelberg in dritter Ehe Anneliese Reichenberg. Mittlerweile wohnt er in der Beethovenstraße 4, die Zahnarztpraxis in der Humboldtststraße 42 ist geschlossen. Sohn Hans Georg konnte 1939 mit einem Kindertransport nach Großbritannien fliehen.

Anneliese, am 13. April 1909 in Solingen geboren, lebt seit Mitte der 1920er-Jahre in Köln. Ihr Vater David Reichenberg führte viele Jahre in Solingen das Haushalts- und Spielwarengeschäft „Bazar H. Heynemann“, musste 1925 jedoch Konkurs anmelden. Inzwischen ist er verstorben, und Anneliese wohnt mit ihrer Mutter Hedwig Reichenberg und ihrer ein Jahr jüngeren Schwester Gerda in der Jakordenstraße 17.

Am 22. Oktober 1941 werden Ferdinand und Anneliese Feidelberg in das Ghetto Litzmannstadt deportiert. Ferdinand Feidelberg überlebt den kräftezehrenden Ghettoalltag nur um wenige Monate. Am 20. August 1942 stirbt der 52-Jährige an Hunger und Entkräftung. Anneliese Feidelberg ist zu diesem Zeitpunkt hochschwanger, und am 15. September bringt sie ihre Tochter Gittel zur Welt. Doch schon knapp zwei Monate später – am 8. November 1942 – stirbt auch die junge Mutter. Über das Schicksal von Gittel Feidelberg ist nichts bekannt.

Zwei weitere Stolpersteine vor dem Haus erinnern an Ferdinand Feidelbergs Mutter Helene Feidelberg, geborene Nordheim (Jg. 1863), und seinen Bruder Hermann (Jg. 1892), die 1943 in das Ghetto Theresienstadt verschleppt wurden. Ein dritter Stein ist seinem Sohn und Holocaust-Überlebenden Hans Georg Feidelberg (Jg. 1923) gewidmet.
Ein Stolperstein in der Jakordenstraße 17 erinnert ebenfalls an Anneliese Feidelberg, geborene Reichenberg. Ein weiterer Stein vor dem Haus gemahnt an das Schicksal ihrer Mutter Hedwig Reichenberg, geborene Simon (Jg. 1884). Sie wurde 1941 gemeinsam mit Anneliese Feidelbergs Schwester Gerda Reichenberg (Jg. 1910) in das Ghetto Litzmannstadt deportiert und im Mai 1942 in der Vernichtungsstätte Kulmhof/Chelmno ermordet.

Entfernung: 75 Meter
weiter auf Humboldtstraße (45 Meter)
links abbiegen auf Schaevenstraße (30 Meter)

Schaevenstraße 1a: Julius Grünebaum

Dass es Julius Grünebaum im Alter von elf Jahren nach Köln verschlägt, ist vermutlich einem bloßen Zufall geschuldet. Geboren wird er am 25. März 1907 in Wiesbaden. Seine Mutter Anna Christine Luise Mendel, Tochter eines Frankfurter Wäschereibesitzers und Modistin von Beruf, ist bei seiner Geburt erst 20 Jahre alt. Und: Sie ist unverheiratet. „Vater unbekannt", so steht es 1945 in Julius Grünebaums Sterbeurkunde. Über die beiden ersten Lebensjahre von Julius ist nichts überliefert. Mag sein, dass er gemeinsam mit seiner Mutter bei den Großeltern Franz Wilhelm und Luise Mendel in der Heiligkreuzgasse 22 in Frankfurt am Main wohnt.

Am 7. April 1909 heiratet Anna Mendel den jüdischen Kaufmann David Grünebaum. Sie selbst ist „reformistischer Religion", also protestantisch. Der Bräutigam, drei Jahre älter als sie, stammt aus Reckenroth, einem knapp 200 Einwohner großen Dorf im heutigen Rhein-Lahn-Kreis. Laut Heiratsurkunde erkennt er „das von seiner Ehefrau am 25. März 1907 zu Wiesbaden geborene Kind Julius als das seinige" an. Doch die Ehe steht unter keinem guten Stern: Am 21. Dezember 1917 wird das Ehepaar geschieden. David Grünebaum zieht mit seinem Stiefsohn nach Köln, Anna Grünebaum geht zurück nach Frankfurt, wo sie 1933 ein zweites Mal heiratet.

David und Julius Grünebaum finden eine Unterkunft in der Badstraße 1a, der heutigen Schaevenstraße. Ihre Nachbarinnen und Nachbarn sind bedürftige Witwen und Handwerker mit schmalem Einkommen. Im Erdgeschoss befindet sich die Kolonialwarenhandlung von Josef Dorschel; neben ihnen in der ersten Etage wohnt der Zeichenlehrer Otto Rolle. David Grünebaum bleibt nicht lange Single. Anfang der 1920er-Jahre heiratet er erneut, und am 2. August 1924 bringt seine Ehefrau Hedwig, geborene Eggener, in der Badstraße 1a Zwillinge zur Welt: Lothar und Linda Sieglinde. Julius ist inzwischen 17 Jahre alt. Die Schulzeit liegt hinter ihm, und er steckt mitten in der Ausbildung zum kaufmännischen Angestellten.

Brunhilde (l.) und Julius Grünebaum mit ihrem kleinen Sohn Gert. Daneben: Lothar mit Mutter Hedwig und Vater David Grünebaum, kurz vor der Abreise am 27. August 1938
NS-DOK Köln, N 3267,6

1927 steht die nächste große Veränderung an. David Grünebaum, der bislang mit Verwandten in der Breite Straße 159 eine Schuhwarengroßhandlung betrieben hatte, macht sich in der Badstraße 1a mit einer Tabakwarengroßhandlung selbstständig. Wohnungsnachbar Otto Rolle ist in die zweite Etage gezogen, und David nutzt die freigewordenen Räume als Warenlager.

Julius wohnt nach wie vor bei seinem Stiefvater. Wohnraum ist knapp in Köln, sein Gehalt als kaufmännischer Angestellter ermöglicht keine großen Sprünge. Er ist inzwischen mit Brunhilde Eggener, der jüngsten Schwester seiner Stiefmutter, verlobt. Am 17. November 1931 heiratet das Paar und bezieht eine Wohnung im dritten Stock der Badstraße 1a. Dort wird am 29. Juni 1934 Sohn Gert geboren. Auch an ihn und Brunhilde Grünebaum – 1902 in Holten bei Oberhausen als Jüngste von sechs Geschwistern geboren – erinnern Stolpersteine vor dem Haus.

David Grünebaum lebt seit Anfang der 1930er-Jahre mit seiner Familie drei Häuser weiter in der Badstraße 4. Dort sind mittlerweile auch die Lagerräume der Tabakwarengroßhandlung untergebracht. Doch die Geschäfte laufen schlecht. Die Boykottaufrufe der Nazis gegen jüdische Geschäfte zeigen Wirkung. 1938 muss David Grünebaum das Unternehmen schließen. Kurz darauf flieht er mit Ehefrau Hedwig und den Zwillingen nach Mexiko.

Julius und Brunhilde Grünebaum bleiben mit Sohn Gert in Köln zurück, müssen die Wohnung in der Badstraße 1a jedoch aufgeben. Einige Zeit scheinen sie am Stadtwaldgürtel gewohnt zu haben. Ihr letzter Aufenthaltsort in Köln ist das Sammellager in Köln-Müngersdorf. Von da aus wird die dreiköpfige Familie am 28. Oktober 1943 in das Ghetto Theresienstadt abtransportiert und ein Jahr später weiterdeportiert in das Vernichtungslager Auschwitz-Birkenau. Dort werden Brunhilde und Gert Grünebaum am 19. Oktober 1944 ermordet.

Julius Grünebaums Leben endet am 19. Januar 1945 im Außenlager Kaufering III, einer Außenstelle des Konzentrationslagers Dachau.

Entfernung: 160 Meter
weiter auf Schaevenstraße (50 Meter)
rechts abbiegen auf Mauritiuswall (110 Meter)

Mauritiuswall 76–78 (früher 76): Hugo Heydt

Hugo Heydt kommt am 18. Februar 1904 in Köln zur Welt und wächst mit sechs Geschwistern in den kleinen Gassen rund um die Mauritiuskirche und den Großen Griechenmarkt auf. Armut und zahlreiche Umzüge bestimmen seine Kindheit und Jugend. Sein Vater Isidor Heydt wechselt häufig die Arbeitsstelle. In den Kölner Adressbüchern findet man ihn als Handlungsgehilfen, als Fellhändler, Brückenkontrolleur und als Schaffner bei der Reichsbahn. Henriette Heydt, die Mutter, hat aus einer früheren Verbindung Hugos Halbbruder Sally mit in die Ehe gebracht.

Hugos nächste Stationen erzählen von einem zunächst unauffälligen Leben. Er macht – vermutlich auf der Israelitischen Volksschule in der Lützowstraße – seinen Schulabschluss. Arbeitet als Kaufmann. Heiratet mit 27 Jahren. 1932 wird eine Tochter geboren. Helga, so nennen Ehefrau Berta und er das Kind.

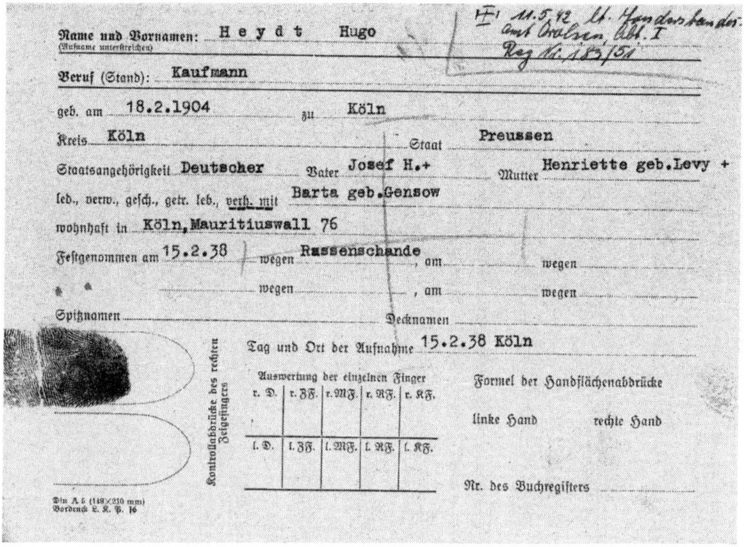

11.5.42 lt. Sonderstandesamt Arolsen, Abt. I Reg. Nr. 183/51

Name und Vornamen: H e y d t Hugo
(Rufname unterstreichen)

Beruf (Stand): Kaufmann

geb. am 18.2.1904 zu Köln

Kreis Köln Staat Preussen

Staatsangehörigkeit Deutscher Vater Josef H.+ Mutter Henriette geb.Levy +

led., verw., gesch., getr. leb., verh. mit Barta geb.Gensow

wohnhaft in Köln,Mauritiuswall 76

Festgenommen am 15.2.38 wegen Rassenschande, am wegen

wegen, am wegen

Spitznamen Decknamen

Tag und Ort der Aufnahme 15.2.38 Köln

Kontrollabdrücke des rechten Zeigefingers

Auswertung der einzelnen Finger

r. D.	r. Z.	r. M.	r. R.	r. K.
l. D.	l. Z.	l. M.	l. R.	l. K.

Formel der Handflächenabdrücke

linke Hand rechte Hand

Nr. des Buchregisters

Din A 6 (148×210 mm)
Vordruck L. K. P. 16

Karteikarte der Kripo Köln, 15. 2. 1938
LAV NRW, R BR 2385/01112/52216

Am 15. Februar 1938 dann der Bruch: Hugo Heydt wird festgenommen. Vorgeworfen wird ihm ein „Vergehen gegen das Gesetz zum Schutz des deutschen Blutes und der deutschen Ehre“. Das Gesetz wurde im September 1935 erlassen und verbietet die Eheschließung und den außerehelichen Geschlechtsverkehr zwischen Juden und Nichtjuden. Neun Monate später wird seine Ehe mit Berta geschieden.

Die nächsten drei Jahre scheint Hugo Heydt weitgehend unbehelligt am Mauritiuswall 76 gewohnt zu haben. Offenbar arbeitet er weiterhin als Kaufmann. Am 2. Juli 1941 wird er schließlich erneut festgenommen. Über die Hintergründe ist nichts bekannt. Hugo Heydt verbringt mehrere Monate in einer Strafanstalt in Saarbrücken. Am 22. Oktober 1941 wird der 37-Jährige von dort aus in das Konzentrationslager Sachsenhausen überführt. Am 30. März 1942 folgt seine Deportation in das niederschlesische KZ Groß-Rosen, wo er am 11. Mai 1942 ermordet wird.

Ein Stolperstein in der Berrenrather Straße 213 erinnert an Hugo Heydts Schwester Elise Custodis, geborene Heydt (Jg. 1901), die im Mai 1942 in der Vernichtungsstätte Kulmhof/Chelmno ermordet wurde. In der Luxemburger Straße 307 gemahnt ein Stein an Hugo Heydts Bruder Ernst (Jg. 1898). Er wurde 1941 in Groß-Rosen getötet. Zwei Steine in der Trierer Straße 14 erinnern an seinen Bruder Max (Jg. 1893) und dessen Ehefrau Ida, geborene Marx (Jg. 1895). Sie wurden 1942 in Kulmhof/Chelmno und im Ghetto Litzmannstadt ermordet.

Synagoge Roonstraße

Start: Hohenstaufenring 25-27 |
KVB-Haltestelle: Zülpicher Platz
Länge: 1,5 Kilometer | **Stationen:** 9
Adressen: Hohenstaufenring 25–27 – Roonstr. 31 – Meister-Gerhard-Str. 5 – Lochnerstr. 12–14 – Dasselstr. 22 – Dasselstr. 62 – Dasselstr. 77 – Roonstr. 60 – Jülicher Str. 19 (Ende)
KVB-Haltestelle: Moltkestraße

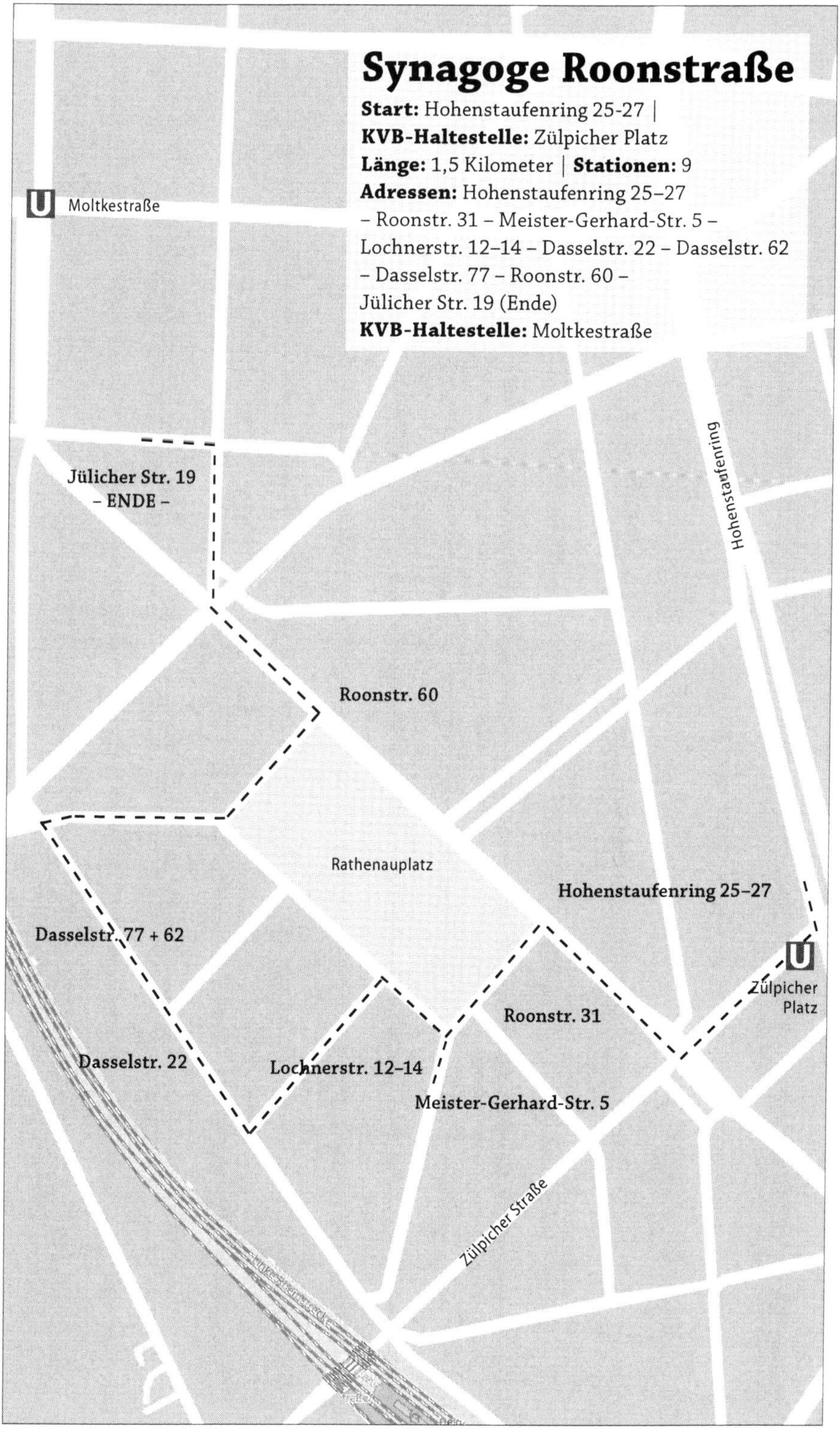

Unsere 1,5 Kilometer lange Tour führt durch die Straßen rund um die Synagoge in der Roonstraße. Das Viertel zwischen der Zülpicher und der Aachener Straße lag ursprünglich vor den Toren Kölns und verdankt seine Entstehung dem Abriss der mittelalterlichen Stadtmauer in den 1880er-Jahren. Das bisherige Stadtgebiet war zu klein geworden für die vielen Menschen, die seit Beginn des 19. Jahrhunderts nach Köln zogen. Nach der Sprengung der Befestigungsanlagen war endlich Platz für die schon lange geplante Stadterweiterung. Beauftragt mit der Planung der Kölner Neustadt wurde der Architekt Josef Stübben.

Die Bebauung der Roonstraße sowie der umliegenden Straßen ging zunächst nur schleppend voran. Das Gebiet, eine große, feuchte Senke, konnte erst durch kostspielige Aufschüttungen als Bauland nutzbar gemacht werden. Auf den unbebauten Resten der Mulde entstand nach den Plänen des städtischen Gartendirektors Adolf Kowallek eine rund 28 000 Quadratmeter große Grünanlage mit zwei Kinderspielplätzen und Sitzbänken: der heutige Rathenauplatz.

Seitdem hat der Platz mehrmals seinen Namen gewechselt. Königsplatz, so hieß er bis zum Jahr 1923. Bald nach der Ermordung des damaligen deutschen Reichsaußenministers Walther Rathenau am 24. Juni 1922 wurde er in Rathenau-Platz umbenannt. 1933 erhielt er den Namen Horst-Wessel-Platz, benannt nach einem jungen Sturmführer der SA, der 1930 von einem KPD-Mitglied getötet worden war.

Anfang der 1940er-Jahre wurde das später von Bomben zerstörte „Ghettohaus“ am Horst-Wessel-Platz 14 für hunderte Jüdinnen und Juden zur letzten Adresse in Köln. Zusammengepfercht auf engstem Raum warteten die Menschen in dem vierstöckigen Gebäude auf ihre Deportation in die Vernichtungslager in Osteuropa. Erst seit dem Ende des Zweiten Weltkriegs heißt die von Platanen umstandene Grünfläche wieder Rathenau-Platz und wartet mit zwei Spielplätzen und einem Biergarten auf.

Die gegenüberliegende Synagoge in der Roonstraße 50 wurde 1899 eingeweiht. Die Pläne zu dem imposanten Bau im Stil der Neuromanik stammten von den Kölner Architekten Emil Schreiterer und Bernhard Below. In dem damaligen Gebäudekomplex waren unter anderem Räume für den Rabbiner, eine Religionsschule und eine Mikwe unter-

Synagoge Roonstraße, um 1900
Rheinisches Bildarchiv

gebracht. In der Pogromnacht im November 1938 wurde die Synagoge in Brand gesteckt und kurz darauf zur „Bezirksstelle" der „Reichsvereinigung der Juden in Deutschland" erklärt. Bei Kriegsende war sie kaum mehr als eine Ruine. 1956 entschloss man sich zum Wiederaufbau, und am 20. September 1959 konnte die Synagoge endlich wieder eingeweiht werden.

In den umliegenden Straßen, in der Dassel-, in der Lochner-, der Roon- und der Meister-Gerhard-Straße, lebten bis Anfang der 1940er-Jahre viele jüdische Familien. Die Stolpersteine vor ihren Häusern erzählen von Kindern wie Ariel Wolff, der 1943 im Vernichtungslager Sobibor ermordet wurde, von dem bekannten Karnevalisten Hans David Tobar und vom Eisdielenbesitzer Ernst Cahn, dem eine Flasche mit Ammoniakgas zum Verhängnis wurde. 18 Stolpersteine in der Zülpicher Straße 4, an denen wir am Anfang unseres Weges vorbeikommen, erinnern daran, dass an dieser Stelle ein weiteres „Ghettohaus" mit ausschließlich jüdischen Bewohnerinnen und Bewohnern stand.

Hohenstaufenring 25–27: Citonia Hirsch

Citonia Hirsch, geborene Metzger, ist eine Frau, die sich nicht so schnell unterkriegen lässt. Toni, wie sie im Familienkreis genannt wird, stammt aus dem Badischen und wird am 25. September 1898 in Joehlingen, einer Kleinstadt in der Nähe von Karlsruhe, geboren. Mit ihrer Schwester Meta und ihrem zwei Jahre jüngeren Bruder Karl wächst sie in Karlsruhe auf. Ihr Vater Maier Metzger ist Viehhändler und hat ein Geschäft in der Bernhardstraße 8. Über Mina Metzger, die Mutter, ist nichts bekannt.

Am 26. November 1925 heiratet Toni den 17 Jahre älteren Kölner Kaufmann Emmanuel „Emil" Hirsch und zieht mit ihm an den Salierring 50. Emil Hirsch, 1881 in Elsdorf geboren, stammt aus einer kinderreichen jüdischen Familie und hat in der Gilbachstraße ein Textilgeschäft. Wann und wo sich das Paar kennengelernt hat, ob die Ehe vielleicht arrangiert war – all das bleibt das Geheimnis von Toni und Emil Hirsch.

Am 24. September 1926 kommt am Salierring Ruth Helene, das einzige Kind des Ehepaares, zur Welt. Ruth besucht zunächst die Israelitische Volksschule in der Lützowstraße und wechselt 1937 auf das jüdische Privatgymnasium Jawne. Der Zugang zu öffentlichen Schulen ist jüdischen Schülerinnen und Schüler zu diesem Zeitpunkt bereits verwehrt.

Emil Hirsch hat große Pläne. 1927 eröffnet er in der Helenenstraße 10 einen Großhandel für Kleiderstoffe und Baumwollwaren. Vier Jahre später ist er Besitzer einer Textilwaren- und Wäschefabrik in der Schildergasse. Die Geschäfte gehen gut, und Anfang der 1930er-Jahre zieht die Familie in eine luxuriöse Sieben-Zimmer-Wohnung am Hohenstaufenring 25–27. Doch Emil Hirsch ist ein kranker Mann. Das zumindest legen Unterlagen der Familie Metzger nahe, die im Leo-Baeck-Institut in New York aufbewahrt werden. Darunter befindet sich unter anderem das Testament des Kölner Kaufmanns, datiert vom 13. Februar 1934. Emil Hirsch bestimmt darin Toni zu seiner Alleinerbin. Tochter Ruth, die zu diesem Zeitpunkt sieben Jahre alt ist, soll lediglich den Pflichtteil erhalten. Einen Monat später, am 24. März 1934, stirbt Emil Hirsch im Alter von 52 Jahren.

Toni Hirsch bleibt mit der Tochter am Hohenzollernring wohnen und führt das Unternehmen ihres Mannes zunächst fort. Doch 1939

Hohenstaufenring Ecke Zülpicher Platz, Köln undatiert
NS-DOK Köln, N 1651,3

wird die Firma liquidiert, und Toni Hirsch setzt alles daran, um so schnell wie möglich Visa für die USA zu bekommen. Ihre Geschwister Meta und Karl sind bereits Mitte der 1930er-Jahre mit ihren Familien aus Deutschland geflüchtet und leben in New York. Meta arbeitet in einer Pizzeria. Karl, von Beruf Weinhändler, hat einen Stelle in einem Textilgeschäft gefunden.

Im Dezember 1939 ist es soweit. Toni Hirsch nimmt fast ihren gesamten Hausstand mit in die neue Heimat: Daunendecken, Wolldecken, Teppiche, den Staubsauger, den Teppichkehrer und die Nähmaschine. Auch das elektrische Bügeleisen und der Brotkasten werden eingepackt. Acht Überseekoffer, sechs Container und eine Kiste füllt das umfangreiche Gepäck. Die komplette Liste findet sich ebenfalls im Archiv des Leo-Baeck-Instituts. Am 15. Dezember reisen Mutter und Tochter nach Amsterdam, wo sie bereits von Freunden erwartet werden. „Jede von uns hatte nur zehn Reichsmark in der Tasche", erzählt Ruth Hirsch 2002 in einem Interview mit dem NS-Dokumentationszentrum der Stadt Köln.

Zwei Tage später schiffen sich Toni und Ruth Hirsch in Rotterdam auf der „SS Volendam" ein. Das Passagierschiff legt kurz in Southampton an, um weitere Emigranten aus Deutschland aufzunehmen. End-

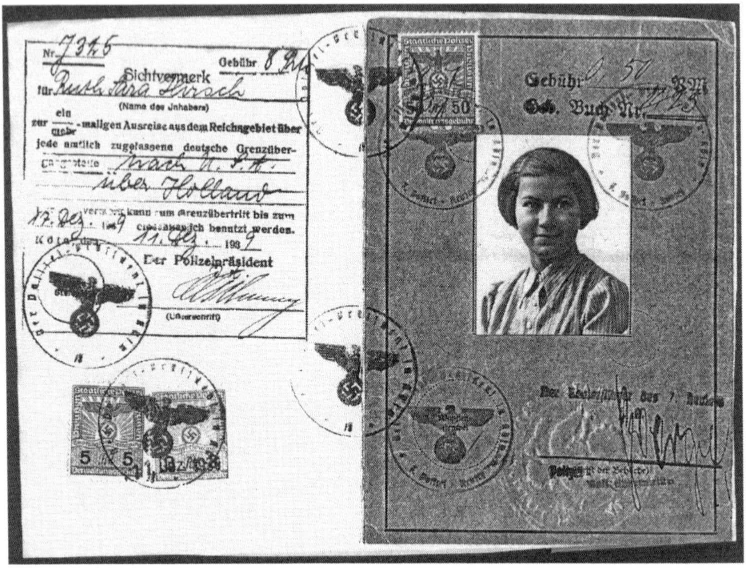

Ausreiseerlaubnis im Kinderausweis von Ruth Hirsch, 11. Dezember 1939
NS-DOK Köln, Bp 22292

lich, am 30. Dezember 1939, erreicht die „SS Volendam" New York. Toni Hirsch und ihre Tochter sind in Sicherheit. Toni Hirsch bleibt auch in ihrer neuen Heimat nicht lange untätig. „Sie hat als Hausmädchen gearbeitet, obwohl sie kaum Englisch konnte", erzählt Ruth Hirsch. Später habe die Mutter mit ihrem Bruder Karl ein Importgeschäft für Wollwaren aus Deutschland und der Schweiz eröffnet. „Die meisten ihrer Kundinnen und Kunden waren Deutsche." Toni Hirsch stirbt am 20. März 1995 im Alter von 97 Jahren. Ruth Hirsch studiert Verwaltungswesen und arbeitet viele Jahre für eine staatliche Behörde, ehe sie sich in New York mit einer Arbeitsvermittlung für Architekten selbstständig macht.

Entfernung: 220 Meter
auf Hohenstaufenring (rechte Seite) Richtung Zülpicher Platz (40 Meter)
rechts abbiegen auf Zülpicher Platz (130 Meter)
rechts abbiegen auf Roonstraße (50 Meter)

Roonstraße 31: Ernst Cahn

Die „Koco-Affäre" macht schnell die Runde in Amsterdam. War es ein Versehen, dass am 19. Februar 1941 bei einer Razzia im Eissalon „Koco" in der Van Woustraat 149 Ammoniak-Gas zum Einsatz kam? Oder hatten die Besitzer, zwei jüdische Emigranten aus Deutschland, die Flasche mit dem ätzenden Inhalt bereitgestellt, um eventuelle Eindringlinge abzuwehren? Wie auch immer: Kurz nach der Razzia werden die Betreiber der Eisdiele festgenommen und vor Gericht gestellt. Einer von ihnen ist der Kölner Kaufmann Ernst Cahn.

Ernst Cahn, am 26. Juli 1889 als Sohn von Salomon und Rosa Cahn geboren, verbringt seine ersten Lebensjahre mit drei Geschwistern in Remagen. Sein Großvater ist Vorsteher der jüdischen Gemeinde, und die Familie besitzt rund um Remagen zahlreiche Ländereien und Weinberge. 1894 ziehen Salomon und Rosa Cahn nach Köln, wo zwei weitere Kinder geboren werden. Salomon Cahn hat den Besitz in Remagen verkauft und eröffnet in der Aachener Straße die Weingroßhandlung „Heinrich Müller & Cie". Elf Jahre später erwirbt der Geschäftsmann in der Roonstraße 31 ein mehrstöckiges Wohnhaus, das viele Jahre der Lebensmittelpunkt der inzwischen achtköpfigen Familie sein wird.

Ernst Cahns weiterer Lebensweg ist geprägt von zahlreichen Ortswechseln. Der Kaufmann verbringt zunächst einige Jahre in

Ernst Cahn
NS-DOK Köln, N 915,1

Berlin. Dort heiratet er am 25. Februar 1914 Lina Hoffmann, eine Katholikin aus Aachen. 1915 bekommt das Paar eine Tochter, Ruth. 1919 folgt Tochter Helga. 1924 dann der nächste Ortswechsel: Die Familie zieht nach Amsterdam – und geht vier Jahre später zurück nach Deutschland. 1936 kehrt Ernst Cahn seinem Heimatland endgültig den Rücken und lässt sich erneut in Amsterdam nieder. Sein Bruder Walter lebt bereits seit 1933 in den Niederlanden. Das Haus in der Roonstraße ist verkauft, der Weinhandel liquidiert – beides waren gewiss keine freiwilligen Entscheidungen. 1939 flieht auch seine verwitwete Mutter Rosa Cahn in die Niederlande und reist im Oktober desselben Jahres weiter zu ihrer Tochter Hilde nach Kalifornien.

In Amsterdam eröffnet Ernst Cahn gemeinsam mit Alfred Kohn, einem Bekannten aus Berliner Zeiten, den Eissalon „Koco". Die Eisdiele in der Van Woustraat 149 entwickelt sich schnell zum Treffpunkt einer jüdischen Widerstandsgruppe und weckt damit den Argwohn der deutschen Besatzer. Bei einer Razzia am 19. Februar 1941 kommt es zu einer Massenschlägerei. Dabei wird unter anderem Ammoniak-Gas versprüht, das angeblich zur Kühlung der Eistheke benötigt wird. Ernst Cahn und Alfred Kohn werden festgenommen.

Für die deutsche Sicherheitspolizei ist der Vorfall ein willkommener Vorwand für weitere Willkürmaßnahmen gegen die jüdische Bevölkerung. Es folgen mehrere Razzien im jüdischen Viertel von Amsterdam. Rund 400 Personen werden festgenommen. Die Bevölkerung reagiert auf die Vorfälle mit dem sogenannten Februarstreik, einem Generalstreik in Nordholland, der von den Deutschen gewaltsam beendet wird.

Ernst Cahn kostet die „Koco-Affäre" das Leben. Der 52-Jährige wird zunächst in Amsterdam und später im Gefängnis „Oranjehotel" in Scheveningen festgehalten und schwer misshandelt. Die Namen weiterer Mitglieder der Widerstandsgruppe gibt er selbst jetzt nicht preis. Am 3. März 1941 wird er auf der Wallsdorpervlakte, einem Dünengebiet bei Scheveningen, das heute ein Gedenkort ist, erschossen. Alfred Kohn erhält eine Gefängnisstrafe von zehn Jahren.

Ernst Cahn ist damit der erste Widerstandskämpfer, der in den Niederlanden von den deutschen Besatzern hingerichtet wurde. Heute erinnert in Amsterdam eine Brücke über den Amstel-Kanal an sein Schicksal.

Zwei weitere Stolpersteine vor dem Haus erinnern an Ernst Cahns Schwester Luise Cahn (Jg. 1897) und seine Nichte Mirjam Cahn (Jg. 1928). Sie wurden im März 1943 in das Vernichtungslager Auschwitz-Birkenau deportiert und dort kurz nach ihrer Ankunft ermordet.

Entfernung: 220 Meter
auf der Roonstraße Richtung Rathenauplatz (100 Meter)
links abbiegen am Rathenauplatz und an der Grünanlage entlanggehen
bis Meister-Gerhard-Straße (120 Meter)

Meister-Gerhard-Straße 5: Hans David Tobar

Hans David Tobar beweist schon früh sein Talent für die große Bühne. Als Schüler steht er das erste Mal auf den Brettern, die angeblich die Welt bedeuten – ein magerer kleiner Kerl in einem schwarzen Pagenkostüm, auf dem Kopf eine dunkle Perücke. Sein Bruder Arno erinnert sich noch als alter Herr an ein Foto, das den fünf Jahre Jüngeren in der Rolle des Karl Mohr in Friedrich Schillers Drama „Die Räuber“

Nachlass des Künstlers Hans Tobar,
Sammlung Dieter und Irene Corbach (Foto: Marion Mennicken)
Rheinisches Bildarchiv

Hans und Ursel Tobar mit Sohn Theo, aufgenommen Juli 1925 auf Norderney
NS-DOK Köln, N 1254,1 S. 20

zeigt. Kaum zehn Jahre nach seinem ersten Auftritt ist Hans David Tobar einer der bekanntesten Kölner Karnevalisten. Der Kabarettist, Schauspieler und Sketche-Schreiber tritt bei den „Roten Funken“ und in den großen Varieté-Theatern der Stadt auf: im „Rosenhof“ in der Hohe Straße und im „Kaiserhof“ in der Salomonsgasse. Und Jahr für Jahr eröffnet er am Neujahrstag mit einer jecken Rede die erste Sitzung der „Großen Kölner-Karnevalsgesellschaft“.

Hans David Tobar, am 28. April 1888 in Köln geboren, wächst in einer kinderreichen, jüdischen Familie auf. Er hat zwei Schwestern und sieben Brüder, allesamt „das Produkt fleißiger ehelicher Tätigkeit“, wie sein Bruder Arno 1951 augenzwinkernd in einem Geburtstagsbrief an Hans David schreibt. Der Vater Markus Tobar arbeitet als Friedhofswärter, Steinmetz und Totengräber auf dem jüdischen Friedhof in Köln-Deutz. Seit 1905 lebt die Großfamilie in einer Dreizimmerwohnung an der Griechenpforte 1, dem heutigen Mauritiussteinweg 2b. In der guten Stube hängt „unter Glas und Rahmen“ eine Auszeichnung, die Hans David als „bestem Schüler der Schildergasse“ verliehen wurde. Die Urkunde habe viel Bewunderung erweckt, schreibt Arno in seinem Brief, und dem „Davidchen auch manchen Anerkennungsgroschen eingebracht“.

Lilo (r.), Theo (l.) und Hans Tobar, vermutlich auf Norderney
NS-DOK Köln, N 1254,1 S. 43

Nach Abschluss der Volksschule reist Hans David Tobar wie schon seine älteren Brüder als Vertreter für Socken, Spitzen, Unterwäsche und Gummiwaren über Land, ein strapaziöser Job mit begrenzten Karrierechancen. „Im Sommer bei 25 Grad im Schatten mit 20 Kilo im Gepäck von der Bahnstation noch einmal ein bis zwei Stunden tippeln", beschreibt Arno Tobar den Berufsalltag eines Handlungsreisenden. In seiner Freizeit tritt Hans David Tobar auf Kleinkunstbühnen und bei kleinen Karnevalsgesellschaften auf. Er spielt Theater, arbeitet als Statist an der Kölner Oper und hält bei jüdischen Festen launige Ansprachen.

Nach dem Ende des Ersten Weltkriegs, an dem er als Sanitäter teilnimmt, geht es mit Hans David Tobars Bühnenkarriere steil bergauf. Bald gehört er zu den bekanntesten Gesichtern des Kölner Karnevals. Seine Revuen – „Kölle bliev Kölle", „Köllen eyn Kroyn", „Unter der Narrenkappe" – sind schon Wochen im Voraus ausverkauft. Seit 1924 ist er mit Ursel Schulames Dyrektorowitsch verheiratet, einer russischstämmigen Geschäftsfrau, die auf Norderney ein Modegeschäft führt. Das Paar hat zwei Kinder, den 1924 geborenen Theodor Max und die zwei Jahre jüngere Lieselotte. Auch an sie erinnern Stolpersteine vor dem Haus.

Den Sommer verbringt die Familie auf Norderney. Hans David Tobar hat dort die Karnevalsgesellschaft „Zoppejröns“ (Suppengrün) gegründet und veranstaltet kölsche Karnevalssitzungen.

Im Januar 1933 beendet die Machtübernahme der Nationalsozialisten – die „Hitlerseuche“, wie Arno Tobar sie nennt – abrupt die Karriere des populären Karnevalisten. Sein Vertrag mit dem „Kaiserhof“ wird nicht verlängert, sein Name aus dem Programmheft gestrichen. Im „Café Jacobi“, einem jüdischen Lokal am Mauritiuswall, findet Hans David Tobar schließlich eine Anstellung als „Maître de Plaisir“. Als das Etablissement in der Pogromnacht vom 9. auf den 10. November 1938 verwüstet wird, verliert er auch diese Einnahmequelle. Gelegentlich tritt er noch bei Veranstaltungen des jüdischen Kulturbundes auf und schreibt unter Pseudonym Texte für „arische“ Kollegen.

Am 9. Dezember 1939 emigrieren Hans David Tobar und seine Familie nach New York, wo Verwandte von Ursel wohnen. Wenige Monate später stirbt die zweifache Mutter bei der Geburt ihres dritten Kindes. Hans David Tobar arbeitet in verschiedenen Branchen, bis er eine dauerhafte Anstellung in einer Lederfabrik findet. Der ehemalige Star des „Kaiserhof“ bedient dort eine Lederstanz-Maschine.

Hans David Tobar stirbt am 4. April 1956 in New York. Von seinen neun Geschwistern überleben einzig drei Brüder den Holocaust. Seine 91 Jahre alte Mutter Ida wird am 15. Januar 1943 in das Ghetto Theresienstadt deportiert und stirbt dort am 10. Februar angeblich an Altersschwäche.

Weitere Stolpersteine für Mitglieder der Familie Tobar finden sich in mehreren Stadtvierteln. In der Kyffhäuserstraße 7 wird an Bernhard Tobar (Jg. 1876) und seine Ehefrau Anna, geborene Vogel (Jg. 1880), erinnert. Sie wurden 1941 in das Ghetto Riga deportiert und ermordet. In der Bobstraße 2 wird an Sally Tobar (Jg. 1890), seine Ehefrau Eva, geborene Hamburger (Jg. 1916) und ihre Kinder Gittel (Jg. 1940) und Denny (1941–1942) erinnert, die 1941 in das Ghetto Litzmannstadt deportiert wurden. Am Mauritiussteinweg 2 liegen zwei Steine für Ida Tobar, geborene Kaufmann (Jg. 1852) und Julie Meyer, geborene Tobar (Jg. 1875). Sie starben 1943 im Ghetto Theresienstadt. Am Hansaring 109 wird an Ruth Meyerbach, geborene Tobar (Jg. 1905), erinnert. Sie wurde 1941 gemeinsam mit ihrem Ehemann Max Mayerbach in das Ghetto Riga deportiert.

Blick in die Lochnerstraße, Köln um 1912. Rechts das Haus Lochnerstraße 17, links Nr. 22
NS-DOK Köln, N 1091,3

Entfernung: 160 Meter
auf Meister-Gerhard-Straße zurück Richtung Rathenauplatz (20 Meter)
links abbiegen auf Rathenauplatz (75 Meter)
links abbiegen auf Lochnerstraße (65 Meter)

Lochnerstraße 12–14: Ariel Wolff

Ariel Wolff ist ein zartes Kind mit großen, braunen Augen. Schmal und blass sei er gewesen, seine Ohren hätten ein wenig abgestanden, erinnert sich die Holocaust-Überlebende Ellen Schwarzschild, die den Siebenjährigen im Juni 1943, nur wenige Tage vor seiner Deportation in das Vernichtungslager Sobibor, kennenlernt. Etwa ein Jahr lebte Ariel mit seinen Eltern Max und Anna Wolff in der Lochnerstraße 12–14. Auch an sie erinnern Stolpersteine vor dem Haus.

Ariels Vater Max Wolff, am 20. Januar 1900 in Köln geboren, stammt aus einer Metzgerfamilie, die in Köln-Ehrenfeld eine Großhandlung für Wurstdärme betreibt. Max Wolff ist studierter Jurist und arbeitet als Prokurist für eine Kölner Firma. Ariels Mutter Anna, geborene Cohn, kommt am 17. Dezember 1894 in Lobzenica (dt. Lobsens), einer Kleinstadt im heutigen Polen, zur Welt. Sie ist die Älteste von sechs Kindern. Ende der 1890er-Jahre lässt sich die Familie in Köln nieder, wo Annas Vater Elias Cohn an der Synagoge in der Glockengasse eine Stelle als Oberkantor antritt.

Anna und Max Wolff heiraten am 6. September 1929 in Köln. Angeblich haben sie sich in der Jüdischen Gemeinde kennengelernt. Zwei Jahre nach der Hochzeit ziehen sie in die Lochnerstraße 12–14. Das repräsentative, bis heute erhaltene Mehrparteienhaus stammt aus den Anfangsjahren des 20. Jahrhunderts. Prachtvolle Stuckverzierungen schmücken die Fassade des Gebäudes, das Treppenhaus feiert den Jugendstil.

Am 22. Dezember 1935 kommt im Israelitischen Krankenhaus in der Ottostraße Ariel zur Welt, das einzige Kind von Anna und Max Wolff. Über seine ersten Lebensjahre wissen wir wenig. Vermutlich wird er von seinen Eltern und den Großeltern Wolff, von seinen zahlreichen Onkeln und Tanten, Cousins und Cousinen nach Kräften verwöhnt. Doch schon wenige Monate nach seiner Geburt ändern sich seine Lebensumstände. Max Wolff hat eine Anstellung bei dem deutsch-jüdischen Metallunternehmen „N. V. Oxyde“ in Amsterdam gefunden, und 1936 zieht Ariel mit den Eltern nach Holland.

Nach dem Einmarsch der deutschen Wehrmacht am 10. Mai 1940 ist die jüdische Familie auch in ihrer neuen Heimat nicht mehr sicher. Mit jedem Tag wächst die Gefahr, festgenommen und verschleppt zu werden. Im Sommer 1941 muss Ariel gemeinsam mit 54 jüdischen Schülerinnen und Schülern die „Erste Montessori-Schule“ in Amsterdam verlassen, die er erst seit wenigen Monaten besucht, und auf eine jüdische Schule wechseln.

Zwei Jahre später kommt es zur Katastrophe. In der Nacht vom 30. auf den 31. März 1943 werden Max, Anna und Ariel in ihrer Wohnung in der Rubensstraat 60-3 verhaftet und am 1. April in das kurz zuvor eröffnete Kamp Vught, ein Konzentrationslager bei Herzogenbusch, verschleppt. Auch Max Wolffs Eltern Hermann und Sophia, die seit 1939 bei ihnen in Amsterdam leben, werden in dieser Nacht festgenommen und im SS-Sammellager Westerbork interniert.

Im Kamp Vught bleiben der Familie nur wenige gemeinsame Wochen. Am 8. Juni werden mehr als 3000 Männer, Frauen und Kinder

Gedenkstein für Ariel Wolff, Nationaal Holocaust Namenmonument Amsterdam – Weesperstraat
Ronald Sanders / CC BY-NC-SA 4.0

über Westerbork in die Vernichtungsstätte Sobibor deportiert und dort wohl drei Tage später ermordet. Zu den Opfern gehören auch Ariel und seine Mutter.

Ariels Vater überlebt den Holocaust. Seine Kenntnisse als Metallexperte hatten ihn vor einer Deportation in eines der Todeslager im Osten geschützt. Max Wolff stirbt am 30. Dezember 1960 in Amsterdam im Alter von 80 Jahren.

Weitere Stolpersteine vor der Lochnerstraße 12–14 erinnern an Anne Katz (Jg. 1899), Hella Katz (Jg. 1929) und Ilse Moses (Jg. 1929), die 1941 in das Ghetto Litzmannstadt deportiert wurden. Zwischen 1916 und 1935 wohnte in dem Haus auch der Rabbiner Isidor Caro (1877–1943) mit Ehefrau Klara Caro, geborene Beermann (1886–1979), Sohn Hermann (1915–1943) und Tochter Ruth (Jg. 1918). An die Familie Caro erinnern Stolpersteine am Ehrenfeldgürtel 171, wo sie nach ihrem Auszug aus der Lochnerstraße einige Jahre lebte (siehe Kapitel „Ehrenfeld").
Stolpersteine in der Antwerpener Straße 33 erinnern an Ariels Großeltern Hermann Wolff (Jg. 1870) und Sophia Wolff, geborene Bier (Jg. 1875). Das Ehepaar wurde 1943 im Vernichtungslager Sobibor ermordet (siehe Kapitel „Belgisches Viertel").

Entfernung: 140 Meter
auf Lochnerstraße Richtung Dasselstraße (stadtauswärts) (75 Meter)
rechts abbiegen auf Dasselstraße (65 Meter)

Dasselstraße 22: Margot Fink, verheiratete Berlin

Angst, sagt Margot Fink in einem Interview, das sie in den 1990er-Jahren dem NS-Dokumentationszentrum der Stadt Köln gibt. Ihre ganze Kindheit und Jugend habe sie Angst gehabt. Angst, beschimpft, bespuckt und verprügelt zu werden. Angst, die Eltern, die Geschwister, die Onkel oder die Tanten zu verlieren. Angst, selbst festgenommen, deportiert und ermordet zu werden.

Margot Fink gehört – anders als ihre Eltern Pinkas und Hene Mirl Fink und weitere Verwandte – zu den Überlebenden des Holocaust. Zur Welt kommt sie am 19. Oktober 1925 in Köln. Sie hat zwei ältere Geschwister, Oskar und Regina, und einen vier Jahre jüngeren Bruder, Adolf Max. Die Geschwister und sie wachsen in einer jüdisch-orthodoxen Mittelstandsfamilie auf. „Nicht übertrieben orthodox, aber orthodox." Ihre Eltern stammen aus dem osteuropäischen Galizien. Zuhause wird Jiddisch gesprochen, und Margot und ihre Geschwister verbringen ihre ersten Lebensjahre ohne Kontakt zu nicht-jüdischen Kindern.

Ihr Vater betreibt zusammen mit seinem zwei Jahre älteren Bruder Joachim eine kleine Druckerei. Zu ihren Auftraggebern zählen die örtliche jüdische Gemeinde und jüdische Geschäftsleute, die bei den Brüdern Werbematerial drucken lassen. 1923 gründen Joachim und Pinkas Fink das „Kölner Jüdische Wochenblatt", das sich besonders für die Belange von zugewanderten Jüdinnen und Juden aus Osteuropa einsetzt.

1933, im Jahr der Machtübernahme der Nationalsozialisten, zieht die Familie in die Dasselstraße 22. Margot bekommt bald hautnah die politischen Veränderungen in Deutschland zu spüren. Auf der Straße stellen ihr die nicht-jüdischen Nachbarskinder nach und drohen ihr Prügel an. In dem jüdischen Privatgymnasium Jawne, das sie besucht, leeren sich die Klassenzimmer. Viele Schülerinnen und Schüler verlassen Deutschland, und auch in der Familie Fink wird jetzt häufig über Flucht gesprochen. Im Sommer 1938 konkretisieren sich die Pläne. Margots älterer Bruder Oskar bereitet sich in einem zionistischen Trainingscamp auf seine Ausreise nach Palästina vor. Und Margot und ihr Bruder Adolf Max werden für einige Wochen zu Verwandten in die Niederlande geschickt, während die Eltern sich in Deutschland um Visa für die USA bemühen.

Regina (l.), Margot (M.) und Oskar (r.) Fink, um 1935
NS-DOK Köln, N 235,4

Doch ihnen läuft die Zeit davon. „Es ging alles nicht so schnell, wie wir hofften."

Im Oktober 1938 zerschlagen sich die Träume der Familie von einem Leben in Sicherheit. Pinkas Fink wird im Zuge der sogenannten Polenaktion festgenommen und strandet im Niemandsland zwischen Deutschland und Polen. Einmal noch darf er zurückkehren nach Deutschland, allerdings unter der Bedingung, dass seine Familie und er das Land unverzüglich verlassen. Während der 15-jährigen Regina in letzter Minute mit einem Kindertransport die Flucht nach England gelingt, entscheiden sich die Eltern für die Rückkehr nach Polen. Es ist eine Reise ohne Wiederkehr, die nach Aussage von Margot Fink 1942 oder 1943 im Vernichtungslager Belzec endet.

Margot und Adolf Max bleiben bis 1943 bei Tante Reisel und Onkel Simek in den Niederlanden wohnen. Aus dem Ferien- ist ein Daueraufenthalt geworden, überschattet von der allgegenwärtigen Angst, „gepackt“ zu werden. Im März 1943 bewahrheiten sich die Befürchtungen der inzwischen 18-jährigen Margot. Das Haus der Verwandten in der Nähe von Amsterdam wird Ziel einer nächtlichen Razzia. Sämtliche Bewohnerinnen und Bewohner werden noch in derselben Nacht in das Kamp Vught, ein Konzentrationslager bei Herzogenbusch, abtransportiert. Für Margot Fink beginnt damit ein mehr als zweijähriger Leidensweg durch mehrere Konzentrationslager. Er endet im Mai 1945 nach einem Todesmarsch quer durch Deutschland an der Grenze zu Dänemark. Ihr Bruder Adolf Max wird im November 1943 im Vernichtungslager Auschwitz-Birkenau ermordet.

Margot Fink kehrt nach Ende des Krieges zunächst zurück in die Niederlande und wandert im Dezember 1946 nach Palästina aus. Ein Jahr später heiratet sie Michael Berlin, einen gebürtigen Wiener, und gründet mit ihm eine Familie.

Entfernung: 130 Meter
weiter auf Dasselstraße (130 Meter)

Dasselstraße 62: Rudolph Meyer

Rudolph Nathan Meyer scheint ein einsamer Mann gewesen sein, als er Ende der 1930er-Jahre in ein schlichtes Mehrparteienhaus in der Dasselstraße 62 zog. Seine Ehe war einige Jahre zuvor gescheitert. Seine beiden Söhne lebten in England. Die judenfeindliche Politik der Nationalsozialisten hatte ihm seine wirtschaftliche Existenz genommen. Im September 1942 wird Rudolph Meyer im Vernichtungslager Kulmhof/Chelmno auch sein Leben verlieren.

Geboren wird er am 2. April 1878 in Köln-Ehrenfeld als Sohn von Leonard und Josephine Meyer. Er hat eine drei Jahre ältere Schwester, Eugenie. 1880 und 1884 kommen zwei weitere Geschwister zur Welt: Ludwig und Pauline. Ludwigs Tochter Fanny Meyer wird in den 1920er-Jahren Karriere machen als einzige jüdische Puppenspielerin

Pauline Meyer (l.), Ludwig Meyer (M.) und Recha Meyer (r.). Davor liegend: Bernhard Meyer (l.) und Rudolph Nathan Meyer (r.)
NS-DOK Köln, N 3700,9

am Hänneschen-Theater, wo sie bis zu ihrer Entlassung im Jahr 1935 die Rolle der Mariezebell spielt.

Rudolph Meyer wird Kaufmann wie sein Vater und eröffnet in der Kölner Innenstadt einen Großhandel für Modewaren. Am 18. Oktober 1906 heiratet er in Frankfurt am Main die vier Jahre jüngere Kaufmannstochter Rachel Dankowitz. Rachel stammt aus der galizischen Stadt Tarnow, die inzwischen zu Polen gehört. Ihr Vater Salomon Dankowitz betreibt in der Frankfurter Albusgasse eine Näherei für Weiß- und Wollwaren. Mag sein, dass sich das Paar auf geschäftlicher Ebene kennengelernt hat.

Im Oktober 1908 wird Sohn Leonhard geboren. Im November 1910 kommt Sohn Bernhard zur Welt. Doch die Ehe von Rudolph und Rachel Meyer ist nicht von Dauer, und am 15. Juli 1929 wird das Paar geschieden. Vier Jahre später verlässt Rachel Meyer mit den gemeinsamen Söhnen Deutschland und zieht nach England. Über Rudolph

Rudolph Nathan Meyer
NS-DOK Köln, N 3700,3

Meyers nächste Lebensjahre ist wenig bekannt. Sein Geschäft existiert nicht mehr. Unter der Berufsbezeichnung „Kaufmann“ findet man ihn in den 1930er-Jahren unter wechselnden Adressen in den Kölner Adressbüchern. Dass der jüdisch-stämmige Endfünfziger eine Anstellung bei einem „arischen“ Arbeitgeber gefunden hat, ist fraglich.

1941 muss Rudolph Meyer seine bescheidene Dachwohnung in der Dasselstraße 62 verlassen. Bereits am 1. April 1939 ist das „Gesetz über die Mietverhältnisse mit Juden“ in Kraft getreten. Ziel ist die systematische „Entjudung“ von „arischen“ Häusern. Im Mai 1941 verschärft sich die Wohnsituation für die jüdische Bevölkerung weiter. Auf Anordnung der Gestapo werden jüdische Mieterinnen und Mieter in sogenannte Ghettohäuser eingewiesen oder im kürzlich eingerichteten Sammellager in Köln-Müngersdorf kaserniert, ehe sie in die Konzentrationslager in Osteuropa deportiert werden.

Auch Rudolph Meyers nächste – und letzte – Adresse in Köln, die Sternengasse 54, ist ein Ghettohaus. Er verbringt nur wenige Wochen in der Gemeinschaftsunterkunft. Am Morgen des 22. Oktober 1941 wird er vom Bahnhof Deutz-Tief gemeinsam mit mehr als 1000 jüdischen Männern, Frauen und Kindern in das Ghetto Litzmannstadt im besetzten Polen deportiert. Seine letzte Station auf dem Weg in den Tod ist das Vernichtungslager Kulmhof/Chelmno. Dort wird Rudolph Nathan Meyer, 64 Jahre alt und Vater zweier erwachsener Söhne, im September 1942 ermordet.

Zwei Stolpersteine in der Oversburgstraße/Ecke Follerstraße erinnert an Rudolph Meyers Nichte, die Puppenspielerin Fanny Heineberg (Jg. 1905), und deren Ehemann Lothar Heineberg (Jg. 1908). Das Ehepaar wurde 1943 in das Vernichtungslager Auschwitz-Birkenau deportiert und dort ermordet.

Zwei Stolpersteine in der Neusser Straße 592 gemahnen an Rudolph Meyers Schwester Eugenie Preis (Jg. 1875) und ihren Ehemann Josef Preis (Jg. 1879). Das Ehepaar wurde 1942 in das Ghetto Theresienstadt deportiert. Dort starb Josef Preis ein Jahr später. Eugenie Preis wurde vermutlich weiterverschleppt nach Auschwitz.

Straßenseite wechseln

Dasselstraße 77: Samuel Königshöfer

Die Videoverbindung von Köln nach Israel funktioniere, der Ton sei in Ordnung, versichert Familie Hatsor per SMS aus dem Kibbuz Kfar HaNassi. Auch ein Übersetzer steht bereit, um die Gedenkreden für die Nachfahren der Kölner Familie Königshöfer ins Hebräische zu übersetzen. Sieben Stolpersteine werden an diesem 28. September 2021 im Rahmen einer Feierstunde für Samuel Königshöfer, seine Eltern Else und Leopold Wolf Königshöfer sowie seine Geschwister Jonas, Josef, Lea und Ludwig in der Dasselstraße 77 verlegt. Und das wird live nach Israel übertragen.

Geschwister Königshöfer, um 1926
NS-DOK Köln, N 1400,486

Samuel Königshöfer, am 16. September 1924 in Köln geboren, wächst in einer Patchworkfamilie auf. Sein Vater Leopold Wolf, ein Kaufmann aus dem bayerischen Fürth, ist zwei Jahre vor Samuels Geburt Witwer geworden. Aus seiner ersten Ehe stammen drei Kinder: Jonas und die Zwillinge Ludwig und Lea. Seit 1923 ist Leopold Königshöfer in zweiter Ehe mit Samuels Mutter Else Löwenstein verheiratet und hat mit ihr zwei Kinder: Samuel und dessen 1928 geborenen Bruder Josef.

Samuel und seine Geschwister werden jüdisch-orthodox erzogen. „Orthodox, aber modern", erzählt Samuel Königshöfer 2012 bei einem Besuch in Köln. „Wir trugen keine Schläfenlocken, aber wir verließen das Haus nie ohne eine Kopfbedeckung." An Schabbat habe man vor Einbruch der Dunkelheit gemeinsam am Fenster gesessen und religiöse Lieder gesungen, „bis drei Sterne am Firmament zu sehen waren. Dann wussten wir, dass der Schabbat vorbei war und wir wieder elektrisches Licht machen durften".

Wie auch seine Geschwister besucht Samuel die jüdische Volksschule Moriah und wechselt 1935 auf das jüdische Privatgymnasium

Die Geschwister Samuel, Lea, Josef und Ludwig Königshöfer im Oktober 1934
NS-DOK Köln, N 2643,35

Jawne. Else Königshöfer macht keinen Unterschied zwischen ihren beiden Söhnen und den drei Stiefkindern. „Sie zog uns fünf groß, als wären wir ihre eigenen Kinder", sagt Samuel Königshöfer. „Die Familie hielt eng zusammen, und wir liebten und unterstützten uns. Wir Jüngeren dachten sogar, sie sei die Mutter von uns allen."

Doch 1933 zerbricht die Ehe. Leopold Wolf Königshöfer verlässt Frau und Kinder. Er zieht zunächst ins Ruhrgebiet und emigriert später nach Frankreich. Zu den privaten Problemen scheinen geschäftliche Sorgen gekommen zu sein. Nur noch gelegentlich besucht er seine Familie in Köln. „Dann verschwand er wieder", erinnert sich Samuel Königshöfer. Die Mutter bemüht sich nach Kräften, den fünf Kinder den abwesenden Vater zu ersetzen. 1934 eröffnet sie in der Wohnung in der Dasselstraße einen Lebensmittelhandel mit koscherer Ware. Zu ihrem Kundenstamm gehören hauptsächlich Mitglieder der orthodoxen jüdischen Gemeinde „Addas Jeschurun".

Fünf Jahre später muss Else Königshöfer ihr Geschäft schließen. In der Pogromnacht vom 9. auf den 10. November 1938 dringen Angehörige der Hitlerjugend in die Wohnung ein und verwüsten die Räume. Samuel beobachtet von einem gegenüberliegenden Haus aus, „wie diese Hooligans die Treppe hinaufgingen und alles aus

Ludwig Königshöfer im Geschäft seiner Mutter, Dasselstraße 77 um 1935
NS-DOK Köln, N 1400,488

dem Fenster warfen". Zwei Monate später, am 17. Januar 1939, verlässt er Deutschland mit einem der ersten Kindertransporte nach England. Organisiert hat die Ausreise der Direktor der Jawne, Erich Klibansky. „Er kam eines Tages in unsere bescheidene Wohnung und fragte meine Mutter, ob ich eine jüngere Klasse nach England begleiten dürfe." Seinen Geschwistern gelingt auf unterschiedlichen Wegen die Flucht nach Palästina.

In England werden die Ankömmlinge aus Deutschland in einem Hostel im Londoner Stadtteil Cricklewood untergebracht und in der örtlichen Grundschule angemeldet. Sie sollen so schnell wie möglich Englisch lernen. Noch im selben Jahr bekommt Samuel Kontakt mit der sozialistisch-zionistischen Jugendbewegung „Habonim" und beginnt, sich auf seine Auswanderung nach Palästina vorzubereiten. Während des Krieges lebt er zusammen mit anderen Jugendlichen auf einem Bauernhof der Organisation in Wilshire und nimmt an einem landwirtschaftlichen Vorbereitungsprogramm teil. „Wir haben vor allem Buschland gerodet", erzählt er. „Abends haben wir das ganze Zeug dann verbrannt. Alle standen um das Feuer herum, und es wurde diskutiert." 1944 heiratet er Deborah Rees, die er in dem Trainingscamp kennengelernt hat.

Zwei Jahre nach Kriegsende erfüllt sich Samuel Königshöfers Traum von einem Leben in Palästina. 1947 verlassen Deborah und er England und gründen gemeinsam mit anderen jüdischen Emigrantinnen und Emigranten aus Deutschland im Norden Palästinas den Kibbuz Kfar HaNassi. Ein Jahr später wird der Staat Israel ausgerufen.

Shmuel Hatsor, wie er sich fortan nennt, stirbt im April 2015 in Kfar HaNassi. Leopold Wolf und Else Königshöfer überleben den Holocaust nicht. Sie werden 1942 beziehungsweise 1943 im Vernichtungslager Auschwitz-Birkenau ermordet.

Entfernung: 300 Meter
weiter auf Dasselstraße (60 Meter)
rechts abbiegen auf Boisseréestraße und dem Straßenverlauf am Rathenauplatz entlang bis Roonstraße folgen (230 Meter)
Roonstraße überqueren (10 Meter)

Roonstraße 60: Adolf Kober

Wird die jüdische Gemeinde in Köln jemals wiederauferstehen? Das fragt sich Adolf Kober ein Jahr nach seiner Flucht in die USA. Am 28. November 1939 ist der 60-Jährige mit seiner Familie nach New York emigriert. 1940 erscheint in den USA sein Buch „Cologne", in dem sich der Rabbiner und Historiker mit dem Schicksal der Kölner Jüdinnen und Juden auseinandersetzt, deren Gemeinde er mehr als zwei Jahrzehnte vorstand.

Adolf Kober, am 3. September 1879 als Sohn von Emanuel und Cäcilie Kober geboren, stammt aus einer schlesischen Kaufmannsfamilie. Seine ersten Lebensjahre verbringt er als Zweitältester von fünf Kindern im oberschlesischen Beuthen, dem heutigen Bytom. Sein Vater hat in der Ritterstraße im Zentrum der Stadt ein Konfektionsgeschäft. 1890 zieht die Familie nach Breslau, wo Emanuel Kober am Ring 17 ein Geschäft für Herrenbekleidung eröffnet. Adolf besucht das Städtische Elisabeth-Gymnasium, eine traditionsreiche „Knaben-

Dr. Adolf Kober,
Gemeinderabbiner von
1918–1939 und Historiker
NS-DOK Köln, Bp 481

Schule", die in den 1880er-Jahren unter anderem den späteren Theaterkritiker Alfred Kerr zu ihren Schülern zählt.

Nach dem Abitur studiert Adolf Kober an der Universität Breslau Geschichte, Philosophie und orientalische Sprachen und besucht gleichzeitig das Jüdisch-Theologische-Seminar. Schon jetzt ist dem angehenden Historiker eine gewisse Affinität zu Köln nicht abzusprechen. Das Thema seiner Doktorarbeit lautet: „Studien zur mittelalterlichen Geschichte der Juden in Köln am Rhein, insbesondere ihres Grundbesitzes" – ein Forschungsgebiet, dem der Historiker sein Leben lang verbunden bleiben wird.

1906 tritt Adolf Kober in Köln seine erste Stelle als Religionslehrer und Hilfsrabbiner an. Es folgen – von 1908 bis 1918 – zehn Jahre als Stadt- und Bezirksrabbiner in Wiesbaden. Als ihm 1918 eine Stelle als Rabbi an der Synagoge in der Roonstraße angeboten wird, kehrt er zurück nach Köln. Zwei Jahre später heiratet der 41-Jährige Johanna Samoje aus Ratibor in Schlesien und gründet mit ihr eine Familie. Am 10. Februar 1921 wird Sohn Wilhelm, am 10. November 1924 Tochter Eva Dörte geboren. Auch an sie erinnern

Adolf Kober mit seinem Sohn William, New York,
späte 1940er-/frühe 1950er-Jahre
NS-DOK Köln, N 1806,3

in der Roonstraße 60, wo die Familie seit 1928 wohnt, drei Stolpersteine.

Die Liste von Adolf Kobers Verdiensten für die Stadt Köln und deren jüdische Gemeinde ist lang. Er ist Mitglied im deutschen und im rheinisch-westfälischen Rabbinerverband und engagiert sich für mehrere wohltätige Vereine. 1922 ruft er einen „Notstandsfond für verschämte Arme" ins Leben und gründet sieben Jahre später gemeinsam mit dem Kardiologen Bruno Kisch die „Vereinigung jüdisches Lehrhaus", eine Bildungseinrichtung mit einem umfangreichen Fortbildungsprogramm.

Darüber hinaus macht sich Adolf Kober als Historiker weit über die Grenzen Kölns hinaus einen Namen. „Neben den Aufgaben seines Amtes war ihm die geschichtliche Forschung Beruf und Herzenssache", heißt es am 19. März 1959 bei einer Gedenkfeier der „Gesellschaft für Rheinische Geschichtsforschung". Er veröffentlicht zahlreiche Bücher und Schriften zur Geschichte der Juden in Köln und im Rheinland, verfasst Radiobeiträge und ist bis 1933 Lehrbeauftragter an der Kölner Universität.

Mit der Machtübernahme der Nationalsozialisten beginnt die schleichende Zerstörung der jüdischen Gemeinde in Köln. Tausende Mitglieder fliehen ins Ausland. Auch Adolf und Johanna Kober tragen sich mit Fluchtgedanken. 1936 schicken sie zunächst ihren Sohn Wilhelm nach England. Im Sommer 1939 verlassen auch sie und Tochter Eva Dörte Deutschland und emigrieren am 25. November über Großbritannien in die USA. Wilhelm folgt ihnen einige Monate später.

Die Familie lässt sich in New York nieder. Dort setzt Adolf Kober seine wissenschaftlichen Studien fort. Er arbeitet für die „American Academy for Jewish Research" und engagiert sich weiterhin im sozialen Bereich. Köln und der jüdischen Gemeinde bleibt er bis zu seinem Tod eng verbunden und besucht die Stadt in den 1950er-Jahren zwei Mal. Adolf Kober stirbt am 30. Dezember 1958 im Alter von 79 Jahren in New York.

Zwei Stolpersteine für die langjährige Haushälterin der Familie Kober, Rosa Felsenthal, geborene Levy (Jg. 1905), und ihren Ehemann Joseph „Hans" Felsenthal (Jg. 1905) finden sich am Salierring 48. Das Ehepaar wurde 1941 in das Ghetto Litzmannstadt deportiert.

Entfernung: 270 Meter
auf Roonstraße weiter stadtauswärts (100 Meter)
an der Kreuzung halbrechts abbiegen auf Brüsseler Straße (120 Meter)
links abbiegen auf Jülicher Straße (50 Meter)

Jülicher Straße 19: Margarete Marcus

Wann das Virus von Margarete Marcus' Körper Besitz ergreift, lässt sich heute nicht mehr sagen. Sicher ist, dass sie als kleines Kind an Kinderlähmung erkrankt und seitdem im Rollstuhl sitzt – eine hilfsbedürftige Frau, die ihr Leben lang auf die Unterstützung ihrer Mutter und ihrer jüngeren Schwester angewiesen ist.

Margarete Marcus kommt am 13. Dezember 1892 in Wuppertal zur Welt. Sie ist das erste Kind von Siegmund und Henriette „Henny" Marcus, geborene Feist. Drei Jahre nach ihr wird ihre Schwester Erna geboren. Die Mädchen wachsen in begüterten Verhältnissen auf.

Siegmund Marcus ist von Beruf Kaufmann. 1900 wird er Teilhaber des deutsch-schweizerischen Unternehmens „L'Ajusteur & Cie", das mit Patentartikeln handelt, und die Familie zieht nach Köln.

Henny Marcus, die Mutter, stammt aus einer wohlhabenden Solinger Unternehmerfamilie. Ihrem Vater Joseph Feist gehört die Stahlwarenfabrik „Omega", ein expandierendes Unternehmen mit rund 100 Mitarbeiterinnen und Mitarbeitern. Nach dem Tod des Fabrikanten im Jahr 1924 übernehmen seine Söhne den Familienbetrieb. Auch an Henny Marcus erinnert ein Stolperstein vor dem Haus.

Über Margaretes Kindheit und Jugend ist nichts bekannt. Vermutlich erhält sie aufgrund ihrer Erkrankung Privatunterricht. 1916 zieht die Familie in die Jülicher Straße 19, die bis 1940 Margaretes Zuhause sein wird. Ihre Schwester, verschont von den Einschränkungen einer unheilbaren Krankheit, geht einen anderen Weg. Erna besucht das Städtische Mädchengymnasium am Marienplatz, eines der ersten Mädchengymnasien überhaupt in Preußen, und legt dort 1913 ihr Abitur ab. Anschließend studiert sie in Bonn Medizin und schließt ihr Studium sechs Jahre später mit einer Promotion ab. 1921 heiratet Erna den fünf Jahre älteren Mediziner Hans Wilhelm Rüppel und geht mit ihm nach Bad Herrenalb.

Am 7. Oktober 1926 stirbt Siegmund Marcus im Alter von 61 Jahren. Für Henny und Margarete Marcus beginnt mit dem Tod des Ehemannes und Vaters eine schwierige Zeit. Hautnah erleben sie in den folgenden Jahren den Terror des NS-Regimes. In der Pogromnacht im November 1938 brennt die Synagoge in der nahen Roonstraße, die umliegenden Geschäfte werden verwüstet.

Auch aus dem Familienumfeld kommen Schreckensnachrichten. Henny Marcus' Brüder müssen die Stahlwarenfabrik „Omega" weit unter Wert verkaufen und fliehen nach Portugal. Erna, die inzwischen in Solingen eine Praxis als Kinderärztin betreibt, wird die Approbation entzogen; ihr nicht-jüdischer Ehemann bekommt Probleme, weil er in einer „Mischehe" lebt. Ende der 1930er-Jahre lässt sich das Ehepaar zum Schein scheiden, und Erna geht nach Köln, wo sie als einfache Lernschwester im „Israelitischen Asyl für Kranke und Altersschwache" arbeitet.

1940 müssen Margarete und ihre Mutter die Wohnung in der Jülicher Straße verlassen. Es folgen Aufenthalte in mehreren überfüllten „Ghettohäusern", die vor allem für Margarete eine Qual gewesen sein

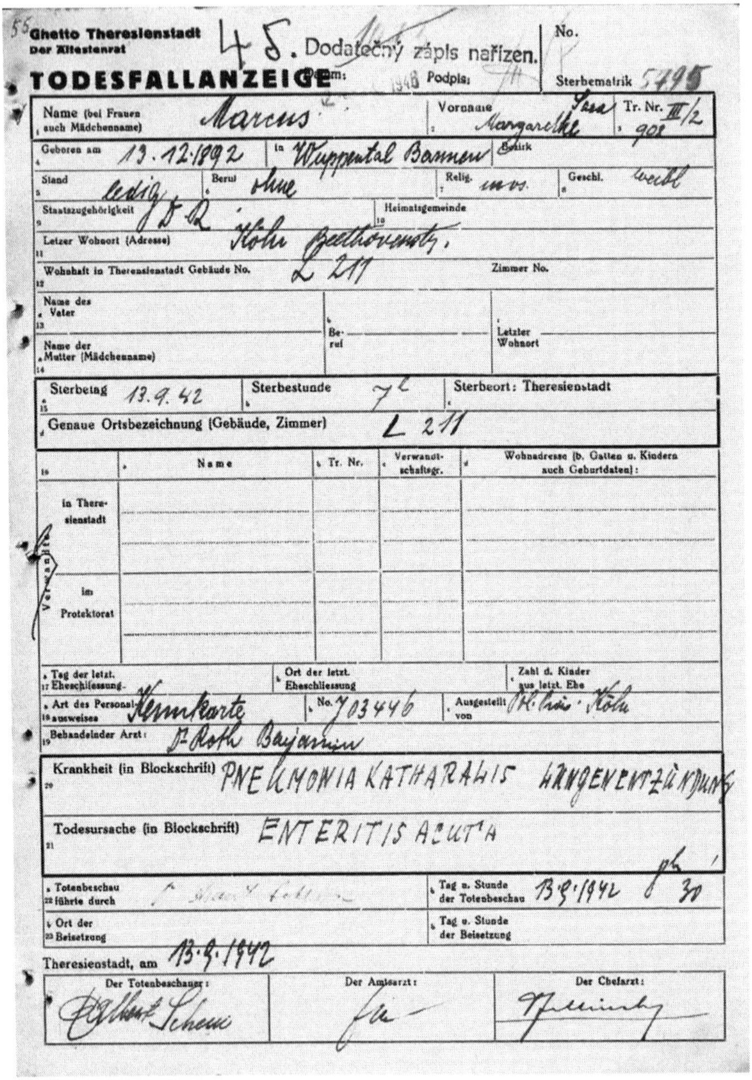

Ghetto Theresienstadt
Der Ältestenrat
TODESFALLANZEIGE

45. Dodatečný zápis nařízen. Datum: 1946 Podpis:

No.

Sterbematrik 5495

Name (bei Frauen auch Mädchenname): Marcus
Vorname: Margarethe Sara
Tr. Nr.: III/2 902

Geboren am: 13.12.1892 in Wuppertal Barmen
Bezirk

Stand: ledig
Beruf: ohne
Relig.: mos.
Geschl.: weibl

Staatszugehörigkeit: DR
Heimatsgemeinde

Letzter Wohnort (Adresse): Köln Beethovenstr.

Wohnhaft in Theresienstadt Gebäude No.: L 211
Zimmer No.

Name des Vater
Beruf
Letzter Wohnort
Name der Mutter (Mädchenname)

Sterbetag: 13.9.42
Sterbestunde: 7h
Sterbeort: Theresienstadt

Genaue Ortsbezeichnung (Gebäude, Zimmer): L 211

Verwandte	Name	Tr. Nr.	Verwandtschaftsgr.	Wohnadresse (b. Gatten u. Kindern auch Geburtdaten):
in Theresienstadt				
im Protektorat				

Tag der letzt. Eheschliessung
Ort der letzt. Eheschliessung
Zahl d. Kinder aus letzt. Ehe

Art des Personalausweises: Kennkarte
No. 703446
Ausgestellt von: Pol. Präs. Köln

Behandelnder Arzt: Dr. Roth Benjamin

Krankheit (in Blockschrift): PNEUMONIA KATHARALIS LUNGENENTZÜNDUNG

Todesursache (in Blockschrift): ENTERITIS ACUTA

Totenbeschau führte durch
Tag u. Stunde der Totenbeschau: 13.9.1942 8 30

Ort der Beisetzung
Tag u. Stunde der Beisetzung

Theresienstadt, am 13.9.1942

Der Totenbeschauer:
Der Amtsarzt:
Der Chefarzt:

Todesfallanzeige von Margarete Marcus 1942, Ghetto Theresienstadt

müssen. Ihre vorletzte Station ist das jüdische Krankenhaus, in dem Erna angestellt ist. Als das Gebäude im Mai 1942 geräumt wird, werden die Bewohnerinnen und Bewohner auf Lastwagen in das Fort V in Köln-Müngersdorf transportiert. Am 27. Juli 1942 werden Margarete und Henni Marcus gemeinsam mit mehr als 1100 Menschen aus dem ganzen Rheinland in das Ghetto Theresienstadt deportiert. Dort stirbt Margarete Marcus am 13. September 1942. Todesursache ist laut Sterbeurkunde eine „Enteritis acuta", eine akute Darmerkrankung. Henni Marcus kommt sieben Tage später zu Tode.

Erna Rüppel gelingt 1942 die Flucht aus dem Fort V. Sie versteckt sich zunächst einige Monate bei Freunden in Solingen und taucht 1943 mit gefälschten Papieren in München unter. Nach Kriegsende geht sie zurück nach Solingen, heiratet Hans Wilhelm Rüppel ein zweites Mal und arbeitet wieder als Kinderärztin. Ein Stolperstein in der Augusta-Straße 10 in Solingen erinnert an das Schicksal der 1970 verstorbenen Medizinerin.

Belgisches Viertel

Start: Venloer Straße 23 | **KVB-Haltestelle:** Friesenplatz
Länge: 1,3 Kilometer | **Stationen:** 10
Adressen: Venloer Str. 23 – Venloer Str. 25 – Venloer Str. 24 – Brüsseler Str. 89–93 – Brüsseler Str. 83 – Bismarckstr. 53 – Antwerpener Str. 33 – Lütticher Str. 43–45 – Lütticher Str. 40 – Aachener Str. 1 (Ende)
KVB-Haltestelle: Rudolfplatz

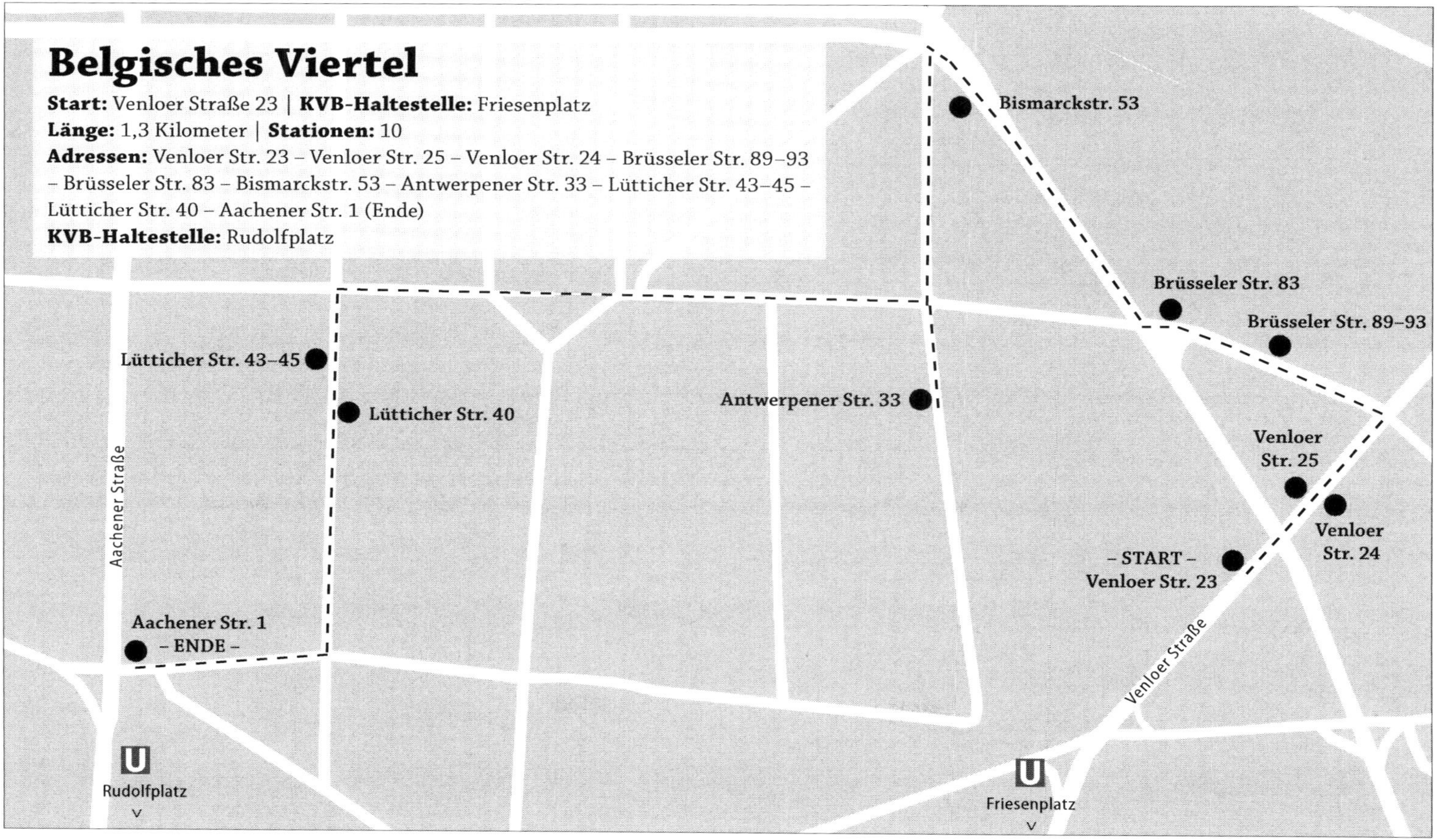

Kirche St. Michael und Brüsseler Platz, Köln 1910
NS-DOK Köln, N 2540,5

Fast wähnt man sich in Belgien oder in den Niederlanden, orientiert sich die Straßenbenennung im Belgischen Viertel doch ausschließlich an Städten und Provinzen der beiden Nachbarländer – Lüttich, Maastricht, Antwerpen, Gent, Brüssel und Limburg. Man wolle „ganz Holland und Belgien sich versammeln lassen", hatten die Kölner Stadtverordneten im März 1884 beschlossen, als es um die Namensgebung in dem gerade erschlossenen Neubaugebiet ging.

Bis zum Abriss der mittelalterlichen Stadtmauer Anfang der 1880er-Jahre lag das heutige Szeneviertel außerhalb des Kölner Stadtgebiets. Die Brüsseler Straße war im Mittelalter Teil des sogenannten Bischofswegs, der die Grenze zwischen dem Herrschaftsbereich des Erzbischofs und der Freien Reichsstadt Köln markierte. Das Gebiet zwischen Bischofsweg und Stadtmauer, ein mehrere hundert Meter breites Areal, wurde für den Anbau von Wein, Obst und Gemüse genutzt. Erst nach dem Abriss der Stadtbefestigung wurde aus den Gärten und Weinfeldern vor den Toren der Stadt begehrtes Bauland. Viele der Häuser, die um die Jahrhundertwende entstanden, stehen heute unter Denkmalschutz. Zentrum des Belgischen Viertels ist der Brüsseler Platz mit der 1906 fertiggestellten Kirche St. Michael. In den umliegenden Straßen haben sich seit der Sanierung des Stadtteils Ende der 1970er-Jahre zahlreiche Geschäfte und Gastronomiebetriebe angesiedelt.

Unsere 1,5 Kilometer lange Wanderung führt von der Venloer Straße bis zur Aachener Straße. Wir lernen tapfere Frauen wie Emma Gutmann kennen, die in der Venloer Straße 25 ein Restaurant ausschließlich für jüdische Gäste betrieb, und Ella Levison aus der Brüsseler Straße 83. Die Arztwitwe floh 1940 mit ihrer Tochter Anna in die USA, wo sie nur fünf Jahre später starb. Die Tour endet an der Aachener Straße 1. Dort wohnte der Architekt Manfred Manuel Faber. Er gehörte bis zur Machtübernahme der Nationalsozialisten zu den bekanntesten Baumeistern Kölns und entwarf unter anderem die Märchensiedlung im Rechtsrheinischen. Heute ist er fast vergessen.

Venloer Straße 23: Max und Erna Schönenberg

Max Schönenberg befürchtet das Schlimmste. Wenn man die systematische Verhetzung bedenke, die die jüdische Bevölkerung auch in Köln erfahre, dann sei es ein Wunder, „dass wir nicht Pogrome wie in Russland unseligen Angedenkens hatten", schreibt der Arzt im Mai 1935 in seinem Tagebuch. Dreieinhalb Jahre später werden seine Befürchtungen wahr. Am 9. November 1938 brennen in Deutschland die Synagogen. Und auch Max Schönenberg und seine Ehefrau Erna, geborene Kaufmann, werden Opfer des Nazi-Terrors.

Zur Welt kommt Max Schönenberg am 6. Dezember 1885 in Hamm in Westfalen. Er ist das vierte Kind von Levi und Cäcilie Schönenberg. In Bonn studiert er Medizin, nimmt als Oberarzt am Ersten Weltkrieg teil und wird für seine Verdienste mit dem Eisernen Kreuz II. Klasse ausgezeichnet. Nach Kriegsende lässt er sich in Köln nieder, der Heimatstadt seiner am 3. November 1892 geborenen Ehefrau Erna Kaufmann.

Das frisch vermählte Paar findet eine Wohnung in der Bismarckstraße 38, wo Max Schönenberg eine Praxis als Allgemeinmediziner eröffnet, Sprechstunde täglich von 9–9.30 und 15–16.30 Uhr. „Der November brachte mir gute Praxis", notiert er am 1. Dezember 1919. „Ich habe 370 Mark in bar eingenommen und etwa 250 Mark im Buch stehen, dazu zwölf Kassenscheine."

Blick aus der Wohnung der Familie Schönenberg, Venloer Straße 23
NS-DOK Köln, N 67,8

Erna Schönenberg ist mittlerweile schwanger. Sie werde etwas schwerfälliger, habe aber kaum Beschwerden, vermerkt der werdende Vater drei Monate vor der Geburt seines einzigen Kindes. Am 15. März 1920 schließlich wird mit Hilfe zweier Hebammen in der Bismarckstraße 38 Sohn Leopold Herbert geboren. „6 1/4 Pfund schwer. Wohlgebildet."

Die folgenden Jahre werden beherrscht von Zukunftsängsten und finanziellen Sorgen. Politische Unruhen erschüttern das Land, die Inflation treibt die Preise in die Höhe, und Max Schönenbergs Praxis kommt „nur leidlich" über die Runden. „Wenn die Mark einigermaßen stabil ist, kann ich damit den Haushalt bestreiten", hält er am 23. Juni 1923 in seinem Tagebuch fest. „In Perioden des Marksturzes hinken wir in der Privat- und Kassenpraxis zu sehr mit den Preisen nach, dann muss ich vom Vermögen nehmen." Erst Mitte der 1920er-Jahre geht es allmählich aufwärts, und im Juni 1927 bezieht die Familie eine helle Fünf-Zimmer-Wohnung mit zwei Praxisräumen in der Venloer Straße 23. „Wohl" sei es ihnen in ihrem neuen Domizil, schreibt Max Schönenberg ein Jahr später. „Es reifen nicht alle Blütenträume. Wir haben aber kein Recht zu klagen."

Praxis von Dr. Max Schönenberg in der Venloer Straße 23
NS-DOK Köln, N 67,16

Das Glück währt nicht lange. Mit Sorge registriert Max Schönenberg den Aufstieg der Nationalsozialisten und deren offen propagierte Judenfeindlichkeit. „Ich sehe schwarz für Deutschland – die Zukunft noch schwärzer für uns deutsche Juden", schreibt er 1932. Wie recht er mit seinen Befürchtungen hat, erweist sich spätestens am 1. April 1933. Die Nazis rufen zum Boykott jüdischer Geschäfte, Kanzleien und Arztpraxen auf. Im selben Monat wird „nicht-arischen" Ärztinnen und Ärzten die kassenärztliche Zulassung entzogen, was einem Berufsverbot gleichkommt. Lediglich ehemalige Weltkriegsteilnehmer wie Max Schönenberg sind vorerst davon ausgenommen.

In den nächsten zwei Jahren verschlechtert sich die Lage der jüdischen Familie zunehmend. Max Schönenbergs Praxiseinnahmen gehen zurück, Freunde und Verwandte verlassen Köln, um sich im Ausland eine neue Existenz aufzubauen. Auch Sohn Leopold hält nichts mehr in Deutschland. Der 17-Jährige hat die Schule vorzeitig verlassen und flieht im Januar 1937 nach Palästina. Dort soll er in einem Kibbuz zum Schlosser ausgebildet werden.

Ein letzter Familienurlaub in Bad Harzburg kurz vor Leopolds Abreise gerät zum Desaster. Der Aufenthalt von Juden im Kurpark

Max, Erna und Leopold Schönenberg, Köln im Januar 1937
NS-DOK Köln, Sammlung Corbach, Bp C 753

sei „unerwünscht“ gewesen, schreibt Max Schönenberg. Vor ihrem Hotel sei eine Truppe von SA-Leute aufmarschiert und habe verkündet, „dass alle Juden innerhalb 3 x 24 Stunden Harzburg zu verlassen hätten“. Sonst werde man „von seinem Faustrecht Gebrauch machen“.

Allen Repressalien zum Trotz beschließen Max und Erna Schönenberg, in Deutschland zu bleiben. Auch ein Besuch bei Leopold in Palästina im Sommer 1938 vermag sie nicht umzustimmen. Sie kehren zurück nach Köln. Ausschlaggebend für ihre letztlich tödliche Entscheidung mag Ernas hochbetagte Mutter Emma Kaufmann gewesen sein, die seit einigen Jahren bei ihnen lebt. Als die alte Dame im Juni 1941 stirbt, ist es längst zu spät für eine Flucht ins Ausland. Wenige Monate später müssen Max und Erna Schönenberg ihre Wohnung in der Venloer Straße verlassen, die sie sich inzwischen mit anderen jüdischen Bewohnerinnen und Bewohnern teilen. Die Arztpraxis ist bereits seit 1938 geschlossen.

Anfang 1942 wird das Ehepaar im Sammellager Fort V in Köln-Müngersdorf interniert und am 15. Juni 1942 in das Ghetto Theresienstadt deportiert. Dort stirbt Max Schönenberg am 8. Januar 1943 an Fleckfieber. Erna Schönenberg wird am 9. Oktober 1944 in das Vernichtungslager Auschwitz-Birkenau deportiert und dort ermordet.

Weitere Stolpersteine vor dem Haus erinnern an Erika Gumpert (Jg. 1926). Sie wurde 1942 in das Ghetto Riga deportiert und vermutlich im KZ Stutthof ermordet. An Ursel Hanauer (Jg. 1929). Sie wurde in das Ghetto Zamosc verschleppt und dort ermordet. An Rosa Unger (Jg. 1870). Sie wurde 1942 in das Ghetto Theresienstadt deportiert und später für tot erklärt.

Entfernung: 20 Meter
Venloer Straße stadtauswärts bis zur Kreuzung Bismarckstraße. Bismarckstraße überqueren, der Stein liegt vor dem Haus an der Ecke

Venloer Straße 25: Emma und Karl Gutmann

Emma Gutmann, geborene David, war eine Frau mit vielen Talenten. Ihr Geld verdiente sie als Gastronomin, als Delikatessenhändlerin und als Immobilienmaklerin. Ungewöhnlich tüchtig sei die Tante gewesen, erklärt ihre Nichte Regina Schwanthaler 1962 vor der Wiedergutmachungskammer des Landgerichts Köln. Tüchtig, clever und couragiert.

Emma, am 30. Juli 1882 geboren, wächst mit vier älteren Geschwistern in Mülheim bei Köln auf. Ihr Vater Marx David ist Metzger und betreibt in der Bachstraße 24 eine „Häute- und Fellhandlung". Noch ist Mülheim eine eigenständige Stadt mit einer stetig wachsenden jüdischen Gemeinde. Rund um die Bachstraße haben sich zahlreiche jüdische Geschäfte angesiedelt, darunter einige Metzgereien.

1898 stirbt Emmas Mutter Helena. Emma ist inzwischen 16 Jahre alt, die Schulzeit liegt hinter ihr. Wahrscheinlich arbeitet sie im väterlichen Betrieb mit und erwirbt dort das nötige Wissen für eine wechselvolle und erfolgreiche Karriere als Geschäftsfrau. Die Tante sei schon vor ihrer Eheschließung im Lebensmittelhandel tätig gewesen, gibt ihr Neffe Sol Meyer 1962 vor der Wiedergutmachungskammer zu Protokoll. Er vermutet, sie sei für den Lebensmittelgroßhandel „Kaufhaus zum Pfalzgraf" tätig gewesen. Belegen lässt sich das nicht.

Um 1914 macht sich Emma zusammen mit ihrem Ehemann Karl Gutmann, einem Metzgersohn aus Osterath bei Krefeld, selbstständig:

Emma Gutmann
NS-DOK Köln, N 3718,3

Das Paar eröffnet in der Bismarckstraße 39 in Köln eine Lebensmittel- und Delikatessenhandlung. Im selben Jahr wird Sohn Erich geboren, im April 1920 folgt Tochter Helene. Auch an Erich und Helene Gutmann erinnern Stolpersteine vor dem Haus.

Anfang der 1920er-Jahre erweitert Emma Gutmann ihr Geschäftsfeld um einen Catering-Service. „Die fliegende Küche", so nennt sie das Unternehmen. „Sie hatte einen größeren Vorrat an Geschirr und an sogenanntem Hotelsilber, Bestecke mit Silberauflage, womit sie insbesondere bei jüdischen Bällen und bei Veranstaltungen auf dem Gelände der Kölner Messe Bufetts ausrichtete", berichtet Regina Schwanthaler. Seit 1928 arbeitet Emma Gutmann außerdem als Immobilienmaklerin. Nach 1933 habe die Tante zahlreichen Glaubensbrüdern mit großem Erfolg beim Verkauf ihrer Grundstücke geholfen. Sie wisse, dass sie als Provision häufig nicht Geld, sondern Schmuck erhalten habe.

1931 kaufen Karl und Emma Gutmann ein Mehrparteienhaus in der Venloer Straße 25 und beziehen ein Wohnung in der ersten Etage. Der Rest des Hauses wird vermietet. Karl Gutmann leitet die Lebensmittelabteilung des Warenhauses „Brüder Landauer", und das Ehepaar hat es zu einem gewissen Wohlstand gebracht. Die Wohnungsein-

Venloer Straße 25
um 1935
NS-DOK Köln, N 3718,1

richtung sei „mehr als gutbürgerlich“ gewesen, berichtet die Nichte. Regina Schwanthaler erinnert sich an „echte Teppiche und Ölgemälde über Majolika-Öfen“, an wertvollen Schmuck, an ein Silberbesteck für 24 Personen und ein silbernes Tee- und Kaffeeservice.

Mitte der 1930er-Jahre betreten Emma und Karl Gutmann notgedrungen ein weiteres Mal berufliches Neuland. Karl hat seine Stellung bei den „Brüdern Landauer“ verloren, Emma ist die Maklerlizenz entzogen worden. In ihrer Wohnung eröffnen sie ein Restaurant ausschließlich für jüdische Gäste und bieten ihren Glaubensgenossinnen und -genossen damit einen geschützten Raum, in dem sie sicher sind vor antisemitischen Anfeindungen. In der Pogromnacht vom 9. auf den 10. November 1938 wird das Lokal ebenso wie die Wohnräume der Familie Gutmann verwüstet.

Kurz darauf verkaufen Emma und Karl Gutmann das Haus an einen Juristen aus dem Rechtsrheinischen, bleiben jedoch weiterhin darin wohnen. Auch das Speiselokal besteht fort. Die Tante habe das Restaurant sogar während des Krieges betrieben, erinnert sich Regina Schwanthaler. Doch 1942 müssen Karl und Emma Gutmann ihre Wohnung verlassen. Das Lokal wird geschlossen, und das Ehepaar zieht in ein Ghettohaus am Horst-Wessel-Platz 14, dem heutigen Rathenau-Platz. Sohn Erich ist bereits 1938, Tochter Helene 1941 in die USA geflohen.

Am 27. Juli 1942 werden Karl und Emma Gutmann in das Ghetto Theresienstadt deportiert, wo sie zwei Jahre unter menschenunwürdigen Umständen leben. Von da aus werden sie am 16. Oktober 1944 abtransportiert in das Vernichtungslager Auschwitz-Birkenau und dort einen Tag später ermordet.

Weitere Stolpersteine in der Frankstraße 26 erinnern an Emma Gutmanns Schwiegertochter Frida Eizenberg (Jg. 1911) und deren Familie. Frida Eizenberg war mit Emmas Sohn Erich Gutmann verheiratet. 1939 flüchtete sie nach England, emigrierte 1940 in den USA und heiratete dort Erich, den sie aus Köln kannte. Das Schicksal von Fridas Eltern Chaskel Leizer und Rosa Eizenberg, ihrer Schwester Maria Esther und ihrem Bruder Benno, die 1938 nach Polen abgeschoben wurden, ist ungeklärt (siehe Kapitel „Griechenmarkt").

Entfernung: 30 Meter
Venloer Straße überqueren, stadtauswärts gehen (30 Meter)

Venloer Straße 24: Ksiel Carl, Zilli und Schisre Susie Puderbeutel

Beinahe wäre die Familie Puderbeutel in Köln geblieben. Der Vater habe Deutschland nicht verlassen wollen. Das erzählt Schisre Susie Schulmann, geborene Puderbeutel, 2004 bei einem Besuch in ihrer Geburtsstadt Köln. Verwandte in den USA hätten ihn schließlich zur Flucht überredet und sich auch um die nötigen Papiere gekümmert.

Ob Ksiel Carl Puderbeutel – wie so viele Jüdinnen und Juden in den 1930er-Jahren – der Überzeugung war, dass seine Familie trotz der Willkürmaßnahmen des NS-Regimes gegen die jüdische Bevölkerung sicher sei in Deutschland, ob er annahm, das NS-Regime werde sich nicht lange an der Macht halten – man weiß es nicht. Geboren

Ksiel Carl, Schisre Susie und Zilli Puderbeutel, um 1936
NS-DOK Köln, 1005,2

wird er am 16. Juli 1896 in Frysztak im heutigen Polen, einem Schtetl mit einem hohen jüdischen Bevölkerungsanteil. Wann genau er nach Köln zieht, lässt sich nicht mehr feststellen. Dort lebt bereits ein Bruder von ihm: Markus Puderbeutel, acht Jahre älter als Ksiel, betreibt seit Beginn der 1920er-Jahre am Duffesbach 22 eine Großhandlung für „Textil-, Woll- und Wirkwaren" und sitzt im Vorstand der orthodoxen Synagoge Bayardsgasse.

In Köln lernt Ksiel Puderbeutel 1923 Zilli Günsberg kennen. Die junge Frau, am 28. Juli 1901 geboren, stammt aus Teschen, dem heutigen südpolnischen Cieszyn. Die Mutter habe eine deutschsprachige Schule besucht und zwei Brüder und eine Schwester gehabt, erinnert sich Susie Schulmann. Ksiel und Zilli heiraten nach Aussage ihrer Tochter zunächst „nur religiös". Angeblich, weil sie als polnische

Staatsbürger in Deutschland keine Heiratserlaubnis bekommen. Erst am 13. April 1926 kann das Ehepaar die standesamtliche Hochzeit nachholen.

Kurz nach Susies Geburt am 2. Juni 1926 ziehen Zilli und Ksiel Puderbeutel in die Venloer Straße 24 und eröffnen dort ein Wäschegeschäft. Während die Eltern arbeiten, kümmert sich Kindermädchen Anna um die Tochter. Susie besucht die nahe Israelitische Volksschule in der Lützowstraße. Nach der Machtübernahme der Nationalsozialisten beginnt sich die Atmosphäre in der Stadt schnell zu verändern. Ihr sei zwar nichts Schlimmes passiert, „aber die Dinge wurden schlechter", sagt Susie Schulmann. Einmal hätten „ein paar Nazi-Jungs" sie und eine Cousine im Schwimmbad unter Wasser gedrückt. Ob Vorfälle wie dieser Ksiel Puderbeutel letztendlich überzeugen, Deutschland zu verlassen, müssen Vermutungen bleiben. Viele Verwandte sind bereits 1933 in die USA und in die Niederlande geflohen. Ksiels Bruder Markus Puderbeutel hat eine seiner Töchter nach Frankreich geschickt, eine zweite Tochter lebt in der Schweiz.

1936 emigrieren Ksiel, Zilli und Susie Puderbeutel über Le Havre in die USA. Am 24. Mai erreichen sie mit der „SS Britannia" New York, wo sie bereits von einer Cousine der Mutter erwartet werden. Die Familie lässt sich in der Bronx nieder. Ksiel Puderbeutel, der sich in den USA Carl nennt, stirbt am 1. November 1970, Zilli im April 1986. Ihre Tochter Susie besucht in New York das City College und gründet 1953 mit Daniel Schulmann eine Familie. Sie stirbt am 10. September 2011 im Alter von 85 Jahren in New Rochelle.

Entfernung: 120 Meter
Venloer Straße stadtauswärts (50 Meter)
links abbiegen auf Brüsseler Straße (70 Meter)

Brüsseler Straße 89–93: Jakob Robert, Clothilde und Josef Kurt Geismar

Bänder, Garne, Bordüren, Spitzen, das war die Welt des Jakob Robert Geismar. Geboren wird er am 28. Mai 1884 in Karlsruhe als drittes Kind von Joseph und Helene Geismar. Sein Vater führt in der Kaiser-

Robert und ‚Tilli' Geismar, 1941
NS-DOK Köln, N 1400,302

straße 159 ein Kurzwarengeschäft, und Jakob Robert und seine Geschwister müssen früh mit anpacken im elterlichen Betrieb. Als der Vater 1911 stirbt, übernimmt die Mutter gemeinsam mit Jakob Robert und seinen Brüdern Wilhelm und Naphtali das Geschäft.

Was die Familie veranlasst, im Jahr 1915, ein Jahr nach Beginn des Ersten Weltkriegs, nach Köln zu ziehen, muss ihr Geheimnis bleiben. Vielleicht leben Verwandte in der Stadt. Nachweisen lässt sich das nicht. Die neue Adresse lautet: Friesenplatz 19. Dort eröffnen Helene Geismar und ihre Söhne unter dem Firmennamen „Jos. Geismar" eine „Besätzegroßhandlung". Der Familienbetrieb übersteht die Wirren des Ersten Weltkriegs, die politischen Unruhen der Nachkriegszeit und eine mehrjährige Inflation, die die Preise innerhalb von Tagen in schwindelerregende Höhen treibt. Auch im Jahr 1925 finden wir am Friesenplatz 19 den Großhandel „Jos. Geismar – Handarbeiten und Modewaren".

Jakob Robert ist inzwischen verheiratet und Vater eines Sohnes. Am 8. August 1919 hat er in Frankfurt am Main die sieben Jahre jüngere Unternehmertochter Clothilde („Tilli") Frankenthal geheiratet. Am 15. Juli 1920 wird ihr einziges Kind, Josef Kurt, geboren. Tillis Vater betreibt in Frankfurt eine Matratzenfabrik und eine Großhandlung für Bettwäsche. Vermutlich hat man sich auf der Basis geschäftlicher Beziehungen kennengelernt.

Die junge Familie wohnt zunächst in der Neußer Straße 35. Im Jahr 1932 oder 1933 zieht sie in die Brüsseler Straße 89, die heutige

Zeichenunterricht an der Jüdischen Höheren Schule Jawne mit Lehrer Peter Hallerbach, Köln 1931
NS-DOK Köln, Bp 3

Nummer 89–93. Das Familienunternehmen am Friesenplatz ist Vergangenheit, die Mutter 1929 verstorben. In den Adressbüchern aus den 1930er-Jahren wird Jakob Robert Geismar als „Kaufmann" und „Schaufenster- und Figurenhersteller" geführt.

Wie das Leben der jüdischen Familie unter der Diktatur der Nationalsozialisten aussieht, lässt sich nur erahnen. Sohn Josef Kurt besucht seit 1930 das jüdische Privatgymnasium Jawne. 1936 verlässt er die Schule und flieht im März 1939 in die Niederlande. Von dort aus emigriert der 20-Jährige im April 1940 in die USA. Jakob Robert Geismars Brüder Wilhelm und Naphtali reisen als Vertreter über Land, bis ihnen auch diese Einnahmequelle genommen wird.

Um das Jahr 1940 müssen Clothilde und Jakob Robert Geismar ihre Wohnung aufgeben. Das Mehrparteienhaus in der Brüsseler Straße 89 gehört dem Korsett-Hersteller „Lobbenberg & Blumenau", einem alteingesessenen Kölner Unternehmen. Als dessen jüdische Besitzer in die USA emigrieren, wird das Gebäude an einen „arischen" Besitzer verkauft.

Jawne-Schüler verlassen das Schulgebäude, Köln 1932
NS-DOK Köln, Sammlung Corbach, Bp C 417

Clothilde und Jakob Robert Geismar ziehen zunächst in die Cäcilienstraße 18–22. Das Haus ist im Besitz der Kölner Synagogengemeinde. Bis 1937 war dort der Sitz der Rheinlandloge. Inzwischen beherbergt es ausschließlich jüdische Mieterinnen und Mieter. Ein weiterer erzwungener Umzug führt sie in das „Israelitische Asyl für Kranke und Altersschwache" in der Ottostraße, das zu einem sogenannten Ghettohaus umfunktioniert wurde. Am 27. Juli 1942 wird das Ehepaar in das Ghetto Theresienstadt deportiert. Dort stirbt Clothilde Geismar am 2. Mai 1943 im Alter von 52 Jahren. Jakob Robert Geismar überlebt seine Ehefrau um wenig mehr als ein Jahr. Am 6. August 1944 endet auch sein Leben im Ghetto Theresienstadt.

Josef Kurt Geismar lässt sich nach seiner Flucht in die USA in New York nieder. Seine letzten Lebensjahre verbringt er in Kalifornien. Dort stirbt er hochbetagt am 23. Mai 2005.

Weitere Stolpersteine vor dem Haus erinnern an Amalie Horwitz, geb Fuchs (Jg. 1863), und und Erna Horwitz (Jg. 1897). Amalie starb am 6. Februar 1943 im Ghetto Theresienstadt, Erna wurde am 24. Juli 1942 im Ghetto Minsk ermordet.

Entfernung: 50 Meter
weiter auf der Brüsseler Straße (50 Meter)

Brüsseler Straße 83: Ella Levison

Ella Levison, geborene Leubsdorf, stammt aus einer Familie jüdischer „Handelsmänner", die im 18. und 19. Jahrhundert als Vieh-, Obst- und Gemüsehändler ihren Lebensunterhalt verdienten. Die Wurzeln der Familie Nathan, wie sie ursprünglich hieß, liegen in Leubsdorf im heutigen Rheinland-Pfalz. 1848 hängte Ellas Urgroßvater Isaac Nathan den Namen seines Heimatortes an den Familiennamen an und nannte sich fortan Isaac Nathan Leubsdorf.

Ella kommt am 28. Juni 1882 in Köln zur Welt. Sie ist die Jüngste von drei Geschwistern und wächst behütet in einem religiös geprägten Elternhaus auf. Ihr Vater Nathan Isaac Leubsdorf ist Mitinhaber des Kölner Bankhauses „A. Levy & Co.". In der jüdischen Gemeinde wird der Bankier als engagiertes Mitglied und spendabler Wohltäter hochgeschätzt. „Beseelt von einer wahren innigen Frömmigkeit, brachte er allen jüdischen Dingen ein warmes Interesse entgegen und war stets bemüht zu bessern und zu helfen", schreibt das „Israelitische Gemeinde-Blatt" 1894 in einem Nachruf auf den Frühverstorbenen. Ellas Mutter Billa, geborene Bürger, ist eine entfernte Verwandte des Vaters. Die dreifache Mutter gilt als warmherzige und freundliche Frau. „Alle ihre Wege waren Wege der Anmut, und überall strahlte Frieden von ihr aus." So lautet die Inschrift auf ihrem Grabstein auf dem jüdischen Friedhof in Köln-Deutz, wo sie 1924 beerdigt wurde.

Ella Levison
NS-DOK Köln, N 1746,1

Alfred Levison
NS-DOK Köln, N 1746,1

Am 15. Dezember 1904 heiratet Ella ihren Vetter Alfred Levison. Sie ist jetzt 22 Jahre alt. Einen Beruf hat sie wohl nicht erlernt. Alfred Levison ist der Sohn ihrer Tante Eva und zehn Jahre älter als sie. Der promovierte Mediziner betreibt in der Maastrichter Straße 41 eine Praxis als praktischer Arzt. Bald werden zwei Kinder geboren. Tochter Anna kommt am 11. Oktober 1905 zur Welt. Am 12. April 1909 folgt Sohn Wilhelm Samuel. Ein Jahr nach seiner Geburt zieht die Familie in die Brüsseler Straße 83. Auch an Alfred, Anna und Wilhelm Levison erinnern Stolpersteine vor dem Haus.

Die Machtübernahme der Nationalsozialisten 1933 bedeutet einen radikalen Einschnitt im Leben von Ella Levison und ihrer Familie. Alfred Levison ist als ehemaliger Frontkämpfer zwar nicht betroffen vom Berufsverbot für jüdische Ärzte. Doch Sohn Wilhelm, der ein Jahr zuvor sein Medizinstudium mit einer Promotion abgeschlossen hat, sind im „Dritten Reich" beruflich alle Türen verschlossen. 1934 emigriert der 25-Jährige in die USA und findet am Mount-Sinai-Hospital in New York eine Stelle als Assistenzarzt. Anschließend eröffnet er eine Arztpraxis in Newark, New Jersey.

Für Ella und Alfred Levison hingegen ist es undenkbar, Deutschland den Rücken zu kehren. Alfred Levison ist tief verwurzelt in seiner

Heimatstadt und unterschätzt offensichtlich die Gefahr, die von den neuen Machthabern ausgeht. 1935 besuchen Ella und er den Sohn in New York. Bleiben wollen sie nicht. Die Reise sei zwar beglückend gewesen, notiert Alfred Levison auf der Rückfahrt in sein Reisetagebuch. Doch im „ungeheuerlichen Getriebe einer solchen Weltstadt" zu leben, „das möchten wir nicht. Unser Köln ist uns reichlich groß genug".

Am 21. Dezember 1936 stirbt Alfred Levison im Alter von 64 Jahren. Ihm bleiben damit die Demütigung eines Berufsverbots und weiterer Sanktionen gegen die jüdische Bevölkerung erspart. Ella Levison und ihre Tochter hingegen erfahren tagtäglich, dass Menschen ihres Glaubens nicht länger erwünscht sind in Deutschland. Anna verliert ihre Stelle bei der Miederfabrik „Lobbenberg und Blumenau", als deren jüdische Besitzer in die USA emigrieren. Im November 1938 kommt Ellas Bruder Hermann Leubsdorf in „Schutzhaft" und wird einige Tage im Konzentrationslager Dachau festgehalten. Spätestens jetzt sind Ella und Anna Levison bereit zu gehen. 1939 fliehen sie nach England und lassen sich vorübergehend in London nieder. Am 16. Mai 1940 schiffen sich Mutter und Tochter in Liverpool auf dem Passagierdampfer „Scythia" ein und erreichen am 28. Mai New York.

Am 16. Januar 1945 stirbt Ella Levison, geborene Leubsdorf, im Alter von 63 Jahren in New Jersey, wo ihr Sohn mit seiner Familie lebt. Über den weiteren Lebensweg von Anna Levison ist nichts bekannt.

Ein weiterer Stolperstein vor dem Haus erinnert an Alice Brünell, geborene Cahn (Jg. 1875). Sie floh 1939 nach Holland, wurde dort im SS-Sammellager Westerbork interniert und 1943 in das Vernichtungslager Sobibor deportiert. Dort wurde Alice Brünell am 26. Juli 1943 ermordet.

Entfernung: 160 Meter
weiter auf Brüsseler Straße (10 Meter)
rechts abbiegen auf Bismarckstraße und dem Straßenverlauf folgen (150 Meter)

Blick aus der Venloer Straße 23 in die Bismarckstraße. Das Haus Nr. 53 befindet sich am Ende der Straße
NS-DOK Köln, N 67,7

Bismarckstraße 53: Salomon und Anna Kraus

Salomon und Anna Kraus, geborene Schwarzbach, verbringen nur wenige Jahre in Köln, ehe sie 1934 nach Palästina flüchten. Salomon oder Selmar Kraus, wie er sich auch nennt, ist von Beruf Schneider und stammt aus dem polnischen Dorf Krzeczow. Dort wird er am 22. Oktober 1897 geboren. Wie seine Eltern heißen, ob er Geschwister hat und wo er zur Schule geht – all das muss aufgrund der schlechten Quellenlage im Dunkel bleiben. In den 1920er-Jahren verschlägt es ihn nach Köln, wo er Anna Schwarzbach kennenlernt.

Die junge Frau, am 27. Januar 1899 in Wien geboren, ist wie er selbst polnischer Herkunft. Sie hat einen drei Jahre älteren Bruder, Salomon. Samuel oder Schmeki heißt der Vater, Lina Weinberg die Mutter. Mag sein, dass Anna Verwandte in Köln hat, bei denen sie zur Untermiete wohnt. In den Kölner Adressbüchern aus den 1920er-Jahren finden sich mehrere Personen mit dem Nachnamen Schwarzbach.

Salomon und Anna heiraten am 25. Juni 1928 in Köln. Ein Kind ist unterwegs – die Braut ist bereits im achten Monat schwanger –, und am 23. Juli kommt Sohn Siegfried zur Welt. Am 30. November 1930 folgt ein zweites Kind, Werner. Auch an die Söhne erinnern Stolpersteine vor dem Haus. Die Familie wohnt seit kurzem in der Bismarckstraße 53. Dort betreibt Salomon ein gutgehendes Schneidergeschäft, in dem der Familienlegende nach die Kölner Prominenz ein- und ausgeht. Selbst der Polizeipräsident, so heißt es, habe sich seine Anzüge von Salomon Kraus anfertigen lassen. Möglicherweise handelt es sich

Salomon und Anna Kraus
NS-DOK Köln, N 3797,1

bei dem prominenten Kunden um den stellvertretenden Polizeipräsidenten Karl Winkler, der in der nahen Maastrichter Straße wohnt. 1933 wird Winkler wegen seiner jüdischen Herkunft zunächst degradiert und schließlich entlassen. Auch Anna Kraus ist nicht untätig. Sie führt in der Venloer Straße 35 ein Handarbeitsgeschäft.

1933 brechen für Salomon und Anna Kraus schwere Zeiten an. Ein Angestellter denunziert Salomon wegen angeblicher Steuerhinterziehung, und die Familie flieht Hals über Kopf in die Niederlande. Nach Aussage eines Enkels wurde sie rechtzeitig von einem ihrer Kunden, möglicherweise von Karl Winkler, gewarnt.

Ihr Weg führt sie weiter nach Frankreich und schließlich nach Palästina. Am 26. Juli 1934 erreichen Salomon, Anna und ihre sechs und drei Jahre alten Söhne die Küste der Levante. Sechs Jahre später werden sie in Palästina eingebürgert. Eine zehnseitige Einbürgerungsurkunde mit Fotos des Ehepaares erzählt davon. Anna Kraus stirbt am 3. August 1967 – vermutlich während eines Deutschlandbesuchs – in Bad Ahrweiler. Über das weitere Schicksal von Salomon Kraus ist nichts bekannt.

Siegfried (r.) und Werner Kraus *NS-DOK Köln, N 3797,2*

Die Söhne Werner und Siegfried wandern in den 1950er-Jahre in die USA aus. Siegfried Kraus stirbt am 14. September 2016 in New York.

Entfernung: 230 Meter
weiter auf Bismarckstraße (40 Meter)
links abbiegen auf Antwerpener Straße (190 Meter)

Antwerpener Straße 33: Hermann und Sophia Wolff

Hermann und Sophia Wolff, geborene Bier, lernen sich Ende des 19. Jahrhunderts in Köln kennen. Sophia kommt am 18. August 1875 in Deutz zur Welt und stammt aus einer alteingesessenen Familie von Schlachtern. Bereits ihr Urgroßvater war Metzger, und auch Sophias Vater Cossmann Bier ist der Familientradition treu geblieben: Er betreibt in der Siegburger Straße 55 in Deutz eine Metzgerei.

Hermann Wolff, am 19. Mai 1870 in Mechernich geboren, arbeitet ebenfalls in der Fleischbranche. Anfang der 1890er-Jahre eröffnet der Kaufmannssohn in der Ehrenstraße 8 eine Metzgerei. Wann genau Hermann und Sophia heiraten, lässt sich heute nicht mehr ermitteln. Sicher ist, dass sie am 20. Januar 1900 Eltern werden. Sohn Max bleibt das einzige Kind des Ehepaares.

Der Schlachthof in Köln-Ehrenfeld, um 1903
NS-DOK Köln, N 3361,1

Wirtschaftlich geht es in den nächsten Jahren stetig bergauf. 1912 gründet Hermann Wolff gemeinsam mit seinem Geschäftspartner Philip Cohn in der Liebigstraße in Köln-Ehrenfeld eine Darmhandlung, aus der einige Jahre später eine Großhandlung für Innereien, Fleisch- und Fettwaren hervorgeht. Das Geschäft befindet sich in bester Lage auf dem Zentralen Schlachthof der Stadt Köln. Nach dem Ausscheiden von Philip Cohn steigen Mitte der 1920er Hermann Wolffs Bruder Simon und ein weiterer Verwandter in das Unternehmen ein. Sohn Max zeigt kein Interesse an dem Familienbetrieb. Er studiert Jura.

Unter dem NS-Regime muss die Großhandlung zunehmend um ihr Überleben kämpfen. Auf dem Schlachthof in Köln-Ehrenfeld bedrängen Schlägertrupps der SA die jüdischen Metzger und Pferdehändler und zwingen sie, in die Sammelbüchsen der Nazis zu spenden. Ein eilig ins Leben gerufener „Aktionsausschuss zur Bereinigung der Judenfrage am Kölner Schlachthof" billigt weitere Übergriffe dieser Art.

Hermann und Sophia Wolff wechseln in den folgenden Jahren mehrmals die Adresse. 1937 schließlich ziehen sie in die Antwerpener Straße 33. Es soll ihre letzte Anschrift in Köln werden. Sohn Max

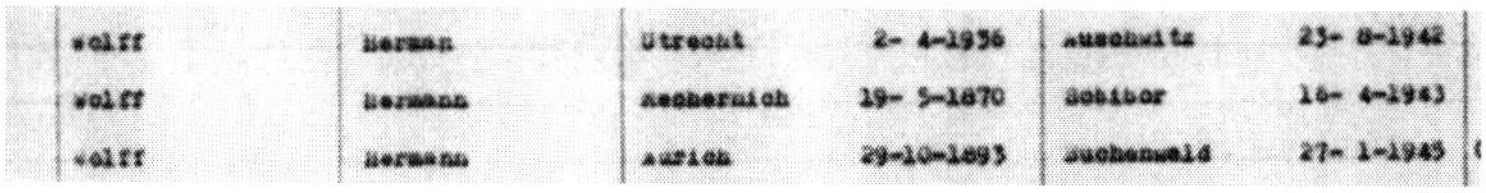

Wolff	Herman	Utrecht	2- 4-1936	Auschwitz	23- 8-1942
Wolff	Hermann	Mechernich	19- 5-1870	Sobibor	16- 4-1943
Wolff	Hermann	Aurich	29-10-1893	Buchenwald	27- 1-1945

Deportationsliste mit dem Namen von Hermann Wolff
ITS ID 5154310

Wolff-Benninga	Johanna	Lemmer	[illegible]	[illegible]	[illegible]
Wolff-ter Berg	Femkiena	Zuidbroek	12- 8-1882	Auschwitz	28- 1-1944
Wolff-Bier	Sophie	Köln	18- 8-1875	Sobibor	16- 4-1943
Wolff-Bierman	Leentje	Oelen	16- 8-1896	Auschwitz	22-10-1942

Deportationsliste mit dem Namen von Sophia Wolff
ITS ID 5154321

hat Köln bereits 1936 verlassen und lebt mit seiner Ehefrau Anna und Sohn Ariel in Amsterdam, wo er für das deutsch-jüdische Metallunternehmen „N. V. Oxyde" arbeitet. Hermann und Sophia Wolff zögern zunächst, der Familie in die Niederlande zu folgen. Erst im April 1939 flüchten auch sie aus Deutschland und ziehen zu Max und Anna in die Rubensstraat 60-3 in Amsterdam.

Mit dem Einmarsch der deutschen Truppen in die Niederlande im Mai 1940 verschlechtert sich die Situation für die jüdischen Exilantinnen und Exilanten schlagartig. Im Sommer 1941 muss der sechsjährige Ariel die Montessori-Schule verlassen, die er erst seit wenigen Monaten besucht, und wechselt auf eine jüdische Schule. Vor weiteren Verfolgungen ist die Familie zunächst geschützt. Max Wolff hat eine Arbeitserlaubnis für die Niederlande und ist in einem kriegswichtigen Unternehmen angestellt.

Im März 1943 hilft auch das nicht mehr. Während einer Razzia in der Nacht vom 30. auf den 31. werden sämtliche Familienmitglieder in ihrer Wohnung festgenommen und abtransportiert. Sophia und Hermann Wolff werden zunächst im „Jüdischen Übergangslager Westerbork" festgehalten und am 13. April in das Vernichtungslager Sobibor deportiert. Dort werden sie am 16. April sofort nach ihrer Ankunft ermordet.

Max, Anna und Ariel Wolff verbringen mehrere Wochen im Konzentrationslager Kamp Vugh bei Herzogenbusch. Am 8. Juni werden Anna und Ariel über Westerbork nach Sobibor deportiert und sterben drei Tage später in den Gaskammern des Todeslagers. Allein Max

Wolff überlebt den Holocaust. Sein Wissen als Metallexperte hatte ihn vor einer Deportation in den Osten geschützt. Er stirbt 1960 in Amsterdam.

Drei Stolpersteine in der Lochnerstraße 12–14 erinnern an das Schicksal von Max, Anna und Ariel Wolff (siehe Kapitel „Synagoge Roonstraße").

Entfernung: 390 Meter
auf Antwerpener Straße zurückgehen zum Kreisverkehr (40 Meter)
links abbiegen auf Brüsseler Straße und Brüsseler Platz
überqueren (320 Meter)
links abbiegen auf Lütticher Straße (30 Meter)

Lütticher Straße 43–45: Hildegard Edith Levi

Auf der Internetseite der Kölner Königin-Luise-Schule findet sich ein sorgsam gestaltetes Gedenkbuch, gewidmet den Opfern des NS-Terrors. Unter anderem erinnert es an mehrere jüdische Schülerinnen, die das Gymnasium in den 1930er-Jahren besuchten und es aus rassistischen Gründen verlassen mussten. Eine von ihnen war Hildegard Edith Levi.

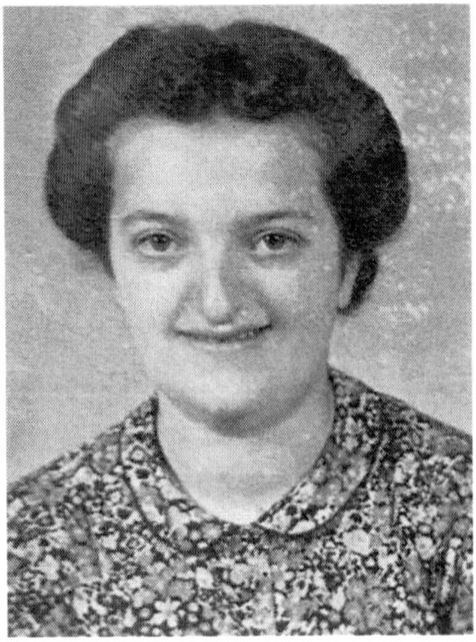

Hilde Edith Levi, Juli 1939
Gedenkbuch der Königin Luise-Schule

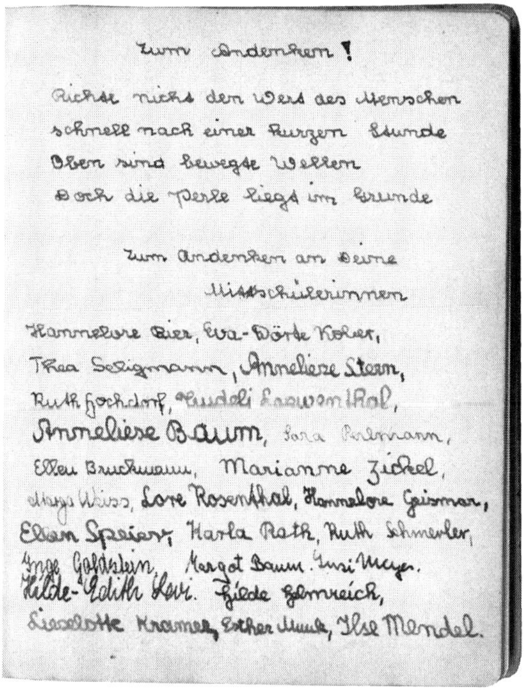

Eintrag im Poesiealbum von Ingelore Silberbach mit Unterschriften von 30 Mitschülerinnen, eine davon ist Hilde Levi, Köln 1938/1939
NS-DOK Köln, N 3341,1/36

Ein Foto aus jener Zeit zeigt ein schüchtern lächelndes Mädchen mit dunklen Haaren und großen braunen Augen. Hilde, geboren am 15. April 1925 in Köln, ist ein Einzelkind und wächst im Kreis einer weitverzweigten, jüdischen Großfamilie auf. Ihre Mutter Irma, geborene Hecht, stammt aus dem heutigen Polen und hat sechs Geschwister. Die Familie ist Anfang des 20. Jahrhunderts nach Köln gezogen. Zwei von Hildegards Onkeln gehört die Tabakwarengroßhandlung „Hecht & Cie" in der Agrippastraße 35.

Mittelpunkt der Familie ist Großmutter Johanna Hecht, die mit ihrer Tochter Gertrud im Belgischen Viertel wohnt. Großvater Heymann Hecht ist bereits vor dem Umzug der Familie nach Köln gestorben. Dort, in der Werderstraße 29, finden die großen Familienfeste statt. Und dort besucht Hilde mit ihrer Mutter fast jeden Nachmittag die Großmutter. Ganz wohl ist ihr nicht, wenn sie das Haus betritt. Vetter Heinz, der zweieinhalb Jahre älter ist als sie, hat ihr erzählt, dass im Korridor des Hauses ein Krokodil wohne.

Hildes Vater Friedrich Hermann Levi, 1888 im hessischen Rodheim geboren, arbeitet als Religionslehrer für die Synagogengemeinde in Köln-Ehrenfeld. In der Familie erzählt man sich, dass Irma Hecht und er sich dort kennengelernt haben. Nebenbei studiert Friedrich Levi an der Universität zu Köln und promoviert 1933 über das jüdische Erziehungswesen in Deutschland im 19. Jahrhundert. An den Wochenenden gehen Vater und Tochter oft gemeinsam im Grüngürtel spazieren – Ausflüge, die Hilde immer sehr genießt. Auch an Friedrich und Irma Levi erinnern zwei Stolpersteine vor dem Haus.

1935 wechselt die Zehnjährige von der Israelitischen Volksschule in der Lützowstraße auf die städtische – und konfessionell nicht gebundene – Königin-Luise-Schule. Sie folgt damit dem ausdrücklichen Wunsch des Vaters. Friedrich Levi, Soldat im Ersten Weltkrieg, setzt auch zwei Jahre nach der Machtübernahme der Nationalsozialisten auf Integration statt Abgrenzung. Der Vater habe gesagt, Segregation sei in diesen unsicheren Zeiten die schlechteste Wahl, schreibt Hilde Levi 65 Jahre später in ihren Erinnerungen.

Mit ihr werden 1935 drei weitere jüdische Schülerinnen, ebenfalls Töchter ehemaliger Kriegsteilnehmer, in die Königin-Luise-Schule aufgenommen. Hilde ist eine durchschnittliche Schülerin. Ihre Noten bewegen sich zwischen „gut" und „ausreichend", im Unterricht ist sie meist sehr still. „Muss mehr aus sich herausgehen" und „muss reger werden", heißt es in ihren Zeugnissen.

Im Frühjahr 1938 endet Hildes Zeit an der Königin-Luise-Schule. Nach den Osterferien informiert die Schulleitung Friedrich und Irma Levi darüber, dass ihre Tochter das Gymnasium verlassen müsse. Auch Hildes jüdische Mitschülerinnen werden vom Unterricht ausgeschlossen. Hilde besucht noch ein Jahr das jüdische Privatgymnasium Jawne. Im Juli 1939 gelangt die 14-Jährige mit dem letzten Kindertransport, der Deutschland verlässt, nach England.

„Dies war das erste Mal in meinem Leben, dass ich mein Zuhause verließ und irgendwie das Gefühl hatte, dass ich sie (die Eltern, Anmerkung d. Verf.) nie wiedersehen werde", schreibt Hilde Levi in ihren Erinnerungen. Mit einem Handschlag verabschiedet sie sich auf dem Schulhof der Jawne von den Eltern. Am Bahnhof warten einige Verwandte, die dem abfahrenden Zug hinterherwinken. Die meisten von ihnen und auch die Eltern wird Hilde Levi nicht wiedersehen.

Hildegard Levi, ca. 1946
Gedenkbuch der Königin Luise-Schule

Irma und Friedrich Levi werden am 22. Oktober 1941 vom Bahnhof Deutz-Tief in das Ghetto Litzmannstadt deportiert. Am 28. September 1942 wird Friedrich Levi weiterverschleppt in das Vernichtungslager Kulmhof/Chelmno und dort kurz nach der Ankunft ermordet. Irma Levi kommt am 23. April 1943 im Ghetto Litzmannstadt zu Tode. Hilde Levi lässt sich dauerhaft in England nieder und arbeitet als Buchhalterin. Ihre letzten Lebensjahre verbringt sie in einem Seniorenheim in Manchester. Sie stirbt im Februar 2022 im Alter von knapp 97 Jahren.

Ein weiterer Stolperstein vor dem Haus erinnert an den Zeichner Emil Bloch (Jg. 1878). Er wurde 1941 in das Ghetto Litzmannstadt deportiert und starb dort am 26. Januar 1942.
Für Hildegard Levi liegt ein zweiter Stein vor der Königin-Luise-Schule in der Palmstraße 1 (siehe Kapitel „Innenstadt").

Entfernung: 100 Meter
weiter auf Lütticher Straße stadteinwärts (100 Meter)

Elsa und Bernhard Waller, 1924
NS-DOK Köln, N 3622,3

Lütticher Straße 40: Ferdinand, Elsa und Bernhard Waller

Ein Gemälde des Düsseldorfer Malers Carl Fey – mehr blieb nicht übrig vom Besitz der jüdischen Familie Waller. Verschmutzt und stark beschädigt fand es sich in den 1960er-Jahren im Keller einer Kölner Familie. Ferdinand Waller hatte das Bild seinem Hausverwalter Fritz Hölzer anvertraut, bevor er in das Ghetto Litzmannstadt deportiert wurde. Hölzer solle es bis zu seiner Rückkehr aufbewahren und ihm dann zurückgeben, so seine Bitte.

Ferdinand Waller, am 23. Oktober 1885 in Ratingen geboren, wächst mit fünf Brüdern und zwei Schwestern in seiner Geburtsstadt auf. Vier weitere Geschwister sind früh verstorben. Während seine Brüder Pferdehändler werden wie schon der Vater, der Großvater und der Urgroßvater, schlägt er einen anderen Weg ein. Ferdinand besucht im pfälzischen Frankenthal das „Real-Lehrinstitut von V. Trautmann & E. Wehrle", eine Realschule mit angeschlossenem Wohnheim. Dort macht er 1903 oder 1904 seinen Realschulabschluss. Anschließend soll er einige Jahre als Apotheker gearbeitet haben.

1913 findet man seinen Namen erstmals in einem Kölner Adressbuch: „Ferdinand Waller, Agenturgeschäft Roonstraße 58. Tel. 5137.

Ferdinand Waller, ohne Datum
NS-DOK Köln, N 3622,4

Wohnung Friesenplatz 7, Untergeschoss." Ein Jahr später eröffnet der 29-Jährige in der Brabanter Straße 6 einen Lebensmittelladen. Inzwischen ist er mit Elsa Zelenka verheiratet, einer sieben Jahre jüngeren Kaufmannstochter aus Mayen in der Eifel. Am 23. Juni 1914 wird Bernhard, ihr einziges Kind, geboren.

Für Elsa und Ferdinand Waller brechen in diesem Sommer 1914 schwere Zeiten an. Kurz nach Bernhards Geburt beginnt der Erste Weltkrieg. Ferdinand wird eingezogen und erlebt in Frankreich die Schrecken eines langen Stellungskriegs. Zweimal wird er – im Januar 1915 und im März 1916 – bei Metz verwundet und kehrt erst nach Kriegsende zurück nach Köln. Elsa kämpft währenddessen um die Existenz des erst kürzlich eröffneten Lebensmittelgeschäfts. Längst ist die Kriegsbegeisterung der Deutschen umgeschlagen in Sorge und Bitterkeit. Im Hungerwinter 1916/1917 kommt es im ganzen Reich zu Versorgungsengpässen. Obst, Gemüse und Kartoffeln werden knapp, und die Kölner Bevölkerung nutzt Balkone, Ziergärten und Parkflächen zum Eigenanbau.

Nach dem Krieg geht es – trotz politisch und wirtschaftlich unruhiger Zeiten – allmählich bergauf. 1919 oder 1920 eröffnen Elsa und Ferdinand Waller in der Lütticher Straße 37 eine Großhandlung für Kolonialwaren. Sie selbst wohnen in der Nummer 54. Auch in

Elsa, Bernhard und Ferdinand Waller, 1938
NS-DOK Köln, N 3622,2

den folgenden Jahren bleibt das Belgische Viertel ihr Lebensmittelpunkt. Mitte der 1920er-Jahre verlegt Ferdinand Waller zunächst das Geschäft und 1932 oder 1933 auch den Wohnsitz der Familie in die Lütticher Straße 40. Bernhard besucht die Israelitische Volksschule in der Lützowstraße und wechselt nach dem vierten Schuljahr auf die Oberrealschule am Hansaring.

Nach den Boykottaufrufen der Nationalsozialisten gegen jüdische Geschäfte gehen die Einnahmen von Ferdinand Wallers Lebensmittelgroßhandel kontinuierlich zurück. In der Pogromnacht im November 1938 werden das Ladenlokal und die Wohnung der Familie von der SA verwüstet. Wenig später muss Ferdinand Waller sein Geschäft weit unter Wert an seinen „arischen" Prokuristen verkaufen. Er selbst wird verhaftet und zu einer Gefängnisstrafe verurteilt, weil er laut seinem ehemaligen Mitarbeiter nach dem Verkauf des Unternehmens Lebensmittel aus dem Lager gestohlen haben soll.

Bernhard Waller rettet sich 1939 nach Südamerika. Der 25-Jährige flieht über Bolivien nach Chile; die Eltern bleiben in Köln zurück. Ihre Sechs-Zimmer-Wohnung teilen sie inzwischen mit einem weiteren jüdischen Ehepaar. Am 30. Oktober 1941 werden Elsa und Ferdinand Waller in das Ghetto Litzmannstadt deportiert und dort bis 1942 interniert. Am 3. Mai 1942 folgt ihr Abtransport in die Vernichtungsstätte Kulmhof/Chelmno. Dort werden sie kurz nach ihrer Ankunft ermordet.

Bernhard Waller zieht 1972 aus Santiago de Chile in die USA und stirbt am 30. Dezember 2015 in Daytona Beach, Florida. An dem Gemälde von Carl Fey habe er bei einem Besuch in Köln einige Jahre nach dem Krieg kein Interesse gezeigt, so die Aussage von Familie Hölzer.

Ein weiterer Stolperstein vor dem Haus erinnert an Gustav Horn (Jg. 1896). Er wurde 1942 verhaftet, weil er den Judenstern nicht getragen und angeblich einen „Feindsender" gehört hatte. 1943 wurde er in Auschwitz ermordet. **Vier Stolpersteine in der Brüsseler Straße 25** gemahnen an Elsa Wallers Bruder Max Zelenka (Jg. 1893), dessen Ehefrau Ida, geborene Jansen (Jg. 1895), und an die gemeinsamen Töchter Thea Henriette (Jg. 1922) und Ruth (Jg. 1927). Die Familie wurde am 20. Juli 1942 in die Vernichtungsstätte Maly Trostinec bei Minsk deportiert und dort am 24. Juli ermordet.

Entfernung: 250 Meter
weiter auf Lütticher Straße stadteinwärts (120 Meter)
rechts abbiegen auf Brabanter Straße (110 Meter)
die Aachener Straße überqueren. Der Stein liegt an der Ecke stadtauswärts. (20 Meter)

Aachener Straße 1: Manuel Manfred Faber

Manuel Manfred Faber war in den 1920er und den beginnenden 1930er Jahren einer der bekanntesten Architekten Kölns. Ihm verdankt die Stadt die Naumann-Siedlung in Riehl und die sogenannte Märchensiedlung in Dellbrück und Holweide. Dennoch war er in Köln lange vergessen. Erst seit 2022 erinnert in der Märchensiedlung in Dellbrück ein Gedenkstein an ihn. In der Naumann-Siedlung wurde Manuel Faber zu Ehren im August 2023 eine Skulptur des Künstlers David Semper aufgestellt. Im Oktober 2023 folgte die Stolpersteinverlegung vor seiner letzten freiwillig gewählten Wohnadresse in der Aachener Straße 1.

Zur Welt kommt Manfred Faber am 26. Oktober 1879 als Sohn von Salomon und Bonette Faber in Karlsruhe. Der Vater ist Kaufmann, die

Bau des Erftwerks in Grevenbroich, 1919
Stadtarchiv Grevenbroich

Mutter, geborene Maendle, Hausfrau. Er hat drei Schwestern und zwei Brüder. 1898 legt er an einem Karlsruher Gymnasium sein Abitur ab und beginnt, an der damaligen Technischen Hochschule „Fridericiana“ Architektur zu studieren. Nach seinem Studienabschluss im Jahr 1903 zieht Manfred Faber zunächst nach Düsseldorf zu seiner zwei Jahre älteren Schwester Flora Lazarus. 1914 geht er nach Köln und macht sich in der Kaesenstraße 9 mit einem Architekturbüro selbstständig.

Manfred Fabers Auftraggeber sind Fabrikanten und reiche Privat- und Geschäftsleute. Sein Traum jedoch ist, bezahlbaren Wohnraum für möglichst viele Menschen zu schaffen. In einer Flugschrift aus dem Jahr 1918 propagiert er den Bau von Wohnanlagen mit mehreren hundert Billighäusern. Auf diese Weise könne die Wohnungsnot, die nach Kriegsende drohe, bekämpft werden. Jedes Haus, schreibt er, solle über eine Wohnküche mit Speisekammer, zwei Zimmer, eine Toilette sowie einen 200 Quadratmeter großen Garten verfügen. „Auf die ästhetische Seite der Häuschen muss besonderer Wert gelegt werden und durch Anstrich des Holzwerks und der Fassaden sowie durch Gruppierung der Häuser Abwechslung geschaffen werden.“ Ferner solle jedes Haus ein „besonderes Merkzeichen“ aufweisen und durch Anpflanzung ein freundliches Aussehen erhalten. Dadurch, dass jede

Familie ein Haus und einen Garten für sich allein habe, werde „die Freude am Leben" gehoben, „und ein gesunder Menschenschlag kann sich hier entwickeln".

Die „Gemeinnützige Aktiengesellschaft für Wohnungsbau" in Köln, die GAG, bietet Manfred Faber die Chance, seine Visionen zu verwirklichen. 1920 beginnt er in ihrem Auftrag mit der Planung seines ersten Kölner Großprojekts, dem Bau der Märchensiedlung in Dellbrück und Holweide. Zwischen 1922 und 1929 entstehen südlich der Bergisch Gladbacher Straße nach dem Vorbild englischer Gartenstadtsiedlungen rund 180 Einfamilienhäuser mit Sprossenfenstern und bis zu 500 Quadratmeter großen Gärten. Drei von ihnen plant Manfred Fabers Freund und Kollege Wilhelm Ripahn. Im Zweiten Weltkrieg bleibt die Siedlung weitgehend unzerstört, und die meisten Gebäude stehen heute unter Denkmalschutz.

Der Mann auf der Treppe stehend, könnte Manfred Faber gewesen sein
Stadtarchiv Grevenbroich

Manfred Fabers nächstes Großprojekt, das er gemeinsam mit den Architekten Fritz Fuß und Otto Scheib verwirklicht, ist die Naumann-Siedlung in Köln-Riehl. Der architektonisch anspruchsvolle Wohnkomplex ist 1929 bezugsfertig und bietet preiswerten Wohnraum für rund 450 Arbeiterfamilien.

Anfang der 1930er Jahre steht Manfred Faber im Zenith seiner Karriere. Er ist Mitglied im „Architekten- und Ingenieurverein", im „Bund Deutscher Architekten" sowie im „Deutschen Werkbund". Mit der Machtübernahme der Nationalsozialisten beginnt für ihn der berufliche Niedergang. Die „Architekten- und Ingenieurverein" schließt ihn aus „rassepolitischen Gründen" aus. Sein Antrag auf Mitgliedschaft in der „Reichskulturkammer der bildenden Künste" wird abgelehnt.

Naumannsiedlung heute
Annette Wolf, 2021

Anfang 1942 muss Manfred Faber zunächst in ein sogenanntes Ghettohaus in der Cäcilienstraße 18-22 ziehen; am 9. März 1942 wird er in das Sammellager Fort V in Müngersdorf einbestellt. Von dort aus wird der 63-Jährige am 27. Juni 1942 in das Ghetto Theresienstadt deportiert. Am 15. Mai 1944 findet sich sein Name auf einer Transportliste in das Vernichtungslager Auschwitz-Birkenau. Dort wird Manuel Manfred Faber am nächsten Tag ermordet.

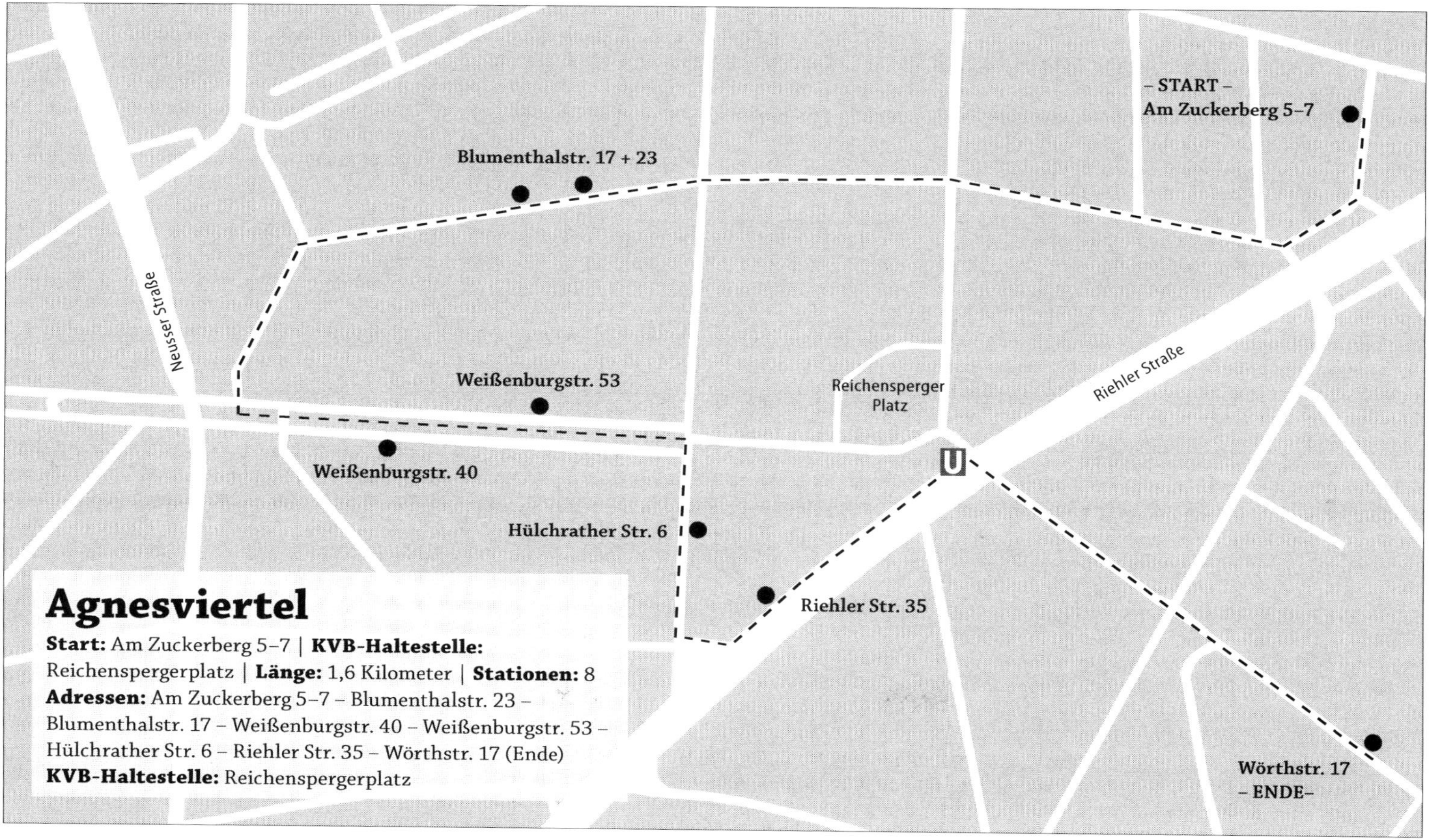

Agnesviertel

Start: Am Zuckerberg 5–7 | **KVB-Haltestelle:** Reichenspergerplatz | **Länge:** 1,6 Kilometer | **Stationen:** 8
Adressen: Am Zuckerberg 5–7 – Blumenthalstr. 23 – Blumenthalstr. 17 – Weißenburgstr. 40 – Weißenburgstr. 53 – Hülchrather Str. 6 – Riehler Str. 35 – Wörthstr. 17 (Ende)
KVB-Haltestelle: Reichenspergerplatz

Blick durch die Neusser Straße auf die St. Agnes-Kirche, Köln um 1906
NS-DOK Köln, N 1777,9

Ende des 19. Jahrhunderts war das Agnesviertel noch weitgehend unbebaut und hatte nichts gemein mit der quirligen Ausgehmeile, als die es sich heute präsentiert. Seinen Namen verdankt der Stadtteil Agnes Margaretha Roeckerath, der zweiten Ehefrau des Kölner Kommunalpolitikers und Bauunternehmers Peter Joseph Roeckerath. Als die zehnfache Mutter 1890 im Alter von 44 Jahren starb, ließ der tiefgläubige Katholik ihr zu Ehren an der Neusser Straße ein Gotteshaus errichten: die Kirche St. Agnes. Benannt ist sie nach der Namenspatronin der Verstorbenen, der heiligen Agnes von Rom.

Die zweitgrößte Pfarrkirche Kölns ist bis heute der markanteste Punkt des Agnesviertels. Im Norden liegt das Fort X mit seinem schönen Rosengarten. Das Bollwerk war Teil einer ursprünglich aus elf Forts bestehenden preußischen Festungsanlage aus dem 19. Jahrhundert.

In der Hülchrather Straße 7 lebte von 1969 bis 1982 der Literaturnobelpreisträger Heinrich Böll. Ein Hinweisschild an der Fassade des Hauses verweist auf den prominenten Bewohner. Das Justizgebäude Reichenspergerplatz ist ebenfalls einen Blick wert. Es stammt aus der ersten Hälfte des 19. Jahrhunderts und steht unter Denkmalschutz.

Unsere Route beginnt in der Straße Am Zuckerberg 5–7 unweit des Skulpturenparks. Sie endet in der Wörthstraße 17, wo früher die Villa des Kölner Unternehmers Meno Lissauer stand. Heute befindet sich dort das Gebäude der „Internationalen Berufsakademie Campus Köln".

Am Zuckerberg 5–7: Bruno und Ilse Reinemund

Im August 1933 kommt für Bruno Reinemund das berufliche Aus. Dem „nicht-arischen" Nürnberger Anwalt wird – wie zuvor schon tausenden jüdischen Juristinnen und Juristen – die Zulassung entzogen. Grundlage der Maßnahme ist das „Gesetz über die Zulassung zur Rechtsanwaltschaft" vom 7. April 1933. Nicht einmal der Einspruch seines alten Bekannten, des rechtsradikalen bayerischen „Reichsstatthalters" und NSDAP-Mitglieds Franz von Epp, kann daran etwas ändern. Dr. Reinemund habe etwas „typisch Jüdisches und Undeutsches in seinem Wesen", verteidigt der Präsident des Landgerichts Nürnberg dessen Ausschluss aus der Anwaltskammer. Auch erfreue sich der Mann „in den Kreisen der Richter" keiner großen Beliebtheit.

Der Vorsitzende der örtlichen Anwaltskammer geht noch einen Schritt weiter. Ausdrücklich warnt er vor einer „Weiterbelassung" des „anrüchigsten" jüdischen Kollegen. Reinemund habe „mit einer nationalen Gesinnung und einem Verständnis für deutsche Wesensart" nichts im Sinn. „Schon das persönliche Benehmen stößt ab."

Bruno Reinemunds Karriere in Nürnberg ist damit beendet. Noch im selben Jahr verlässt er die Stadt, in der er fünf Jahre lang als Rechtsanwalt tätig war, und geht mit Ehefrau Ilse und den beiden gemeinsamen Kindern nach Köln. Dort hat man ihm eine Stelle als Rechtsberater einer Gummifabrik angeboten. Die Familie findet eine Wohnung in der Leipziger Straße 9 und zieht 1935 oder 1936 in die Straße Am Zuckerberg 5–7.

Geboren wird Bruno Reinemund am 28. April 1901 in Mittelfranken. Sein Vater Albert Reinemund ist Kaufmann, und er wächst mit einem jüngeren Bruder in Ellingen und Nürnberg auf. Mit 17 Jahren meldet sich der überzeugte Nationalist freiwillig zum Kriegsdienst, wird jedoch als zu jung für den Einsatz an der Front abgelehnt. Nach dem Ende des Ersten Weltkriegs schließt er sich für einige Zeit dem rechts-nationalen „Freikorps Epp“ an. Der rund 1000 Mann starke Freiwilligenverband aus ehemaligen Soldaten, Schülern, Studenten und Vertretern der „völkischen Bewegung“ steht unter der Leitung von Oberst Franz von Epp und ist maßgeblich an der blutigen Niederschlagung der Münchner Räterepublik beteiligt.

In Würzburg und München studiert Bruno Reinemund Rechtswissenschaften und promoviert 1924 über „Das Selbstkontrahieren des Kommissärs“. Vier Jahre später wird er im Oberlandesgerichtsbezirk Nürnberg als Rechtsanwalt zugelassen. Verheiratet ist er mit Ilse Elkan, einer sechs Jahre jüngeren Bankierstochter aus Düsseldorf. Ilses Vater Louis Elkan arbeitet für das „Bankhaus Siegfried Falk“ und sitzt bis zu seiner Entlassung im Februar 1933 im Düsseldorfer Stadtrat. Das Paar hat zwei Kinder, den 1931 geborenen Sohn Georg und Tochter Gerda, die ein Jahr später zur Welt kommt. Auch an Ilse, Georg und Gerda Reinemund erinnern Stolpersteine vor dem Haus.

Bruno und Ilse Reinemund machen sich keine Illusionen über die politische Lage in Deutschland und versuchen nach ihrem Umzug ins Rheinland, das Land so schnell wie möglich zu verlassen. In New York leben Verwandte von Bruno, die bereit sind, für sie zu bürgen. Im Herbst 1936 sind alle Formalitäten erledigt, und am 14. Dezember schifft sich die Familie in Hamburg auf der „SS Manhattan“ ein. Eine Woche später erreichen Bruno, Ilse, Georg und Gerda Reinemund New York. Ilses Eltern Louis und Johanna Elkan gelingt Anfang 1938 die Flucht in die USA. Auch ihre Schwester Ellen Elkan und Bruno Reinemunds Bruder Fritz überleben den Holocaust.

Bruno Reinemund arbeitet viele Jahre als Wertpapierhändler an der New Yorker Börse. Er stirbt am 1. Juni 1986, Ilse Reinemund im Juni 1996 in New York. Über den weiteren Lebensweg von Georg und Gerda Reinemund ist nichts bekannt.

Entfernung: 450 Meter
auf der Straße Am Zuckerberg stadteinwärts und am Riehler Platz
rechts abbiegen (50 Meter)
halbrechts abbiegen auf Blumenthalstraße (400 Meter)

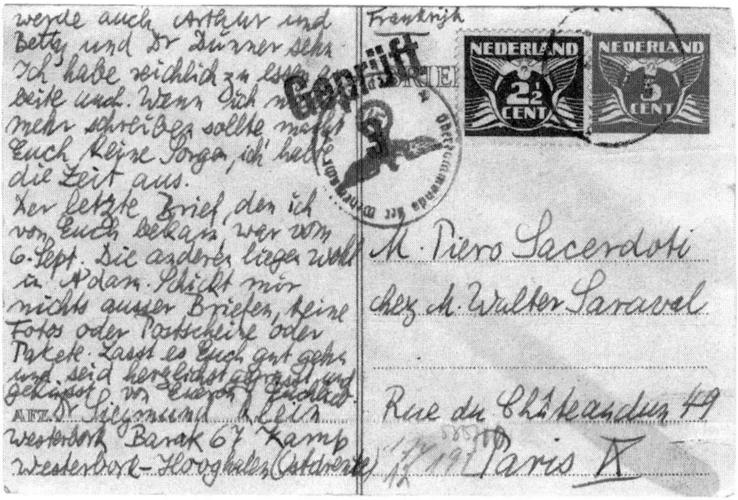

Postkarte aus Westerbork, 2.11.1943
NS-DOK Köln, N 1564/Klein1/6a

Blumenthalstraße 23: Siegmund, Helene und Walter Klein

„Mir geht es gut und hoffe jetzt sehr, euch bald wiederzusehen", schreibt Siegmund Klein am 2. November 1943 an seine Tochter Ilse Sacerdoti. Er sei in einem großen Lager untergebracht, habe reichlich zu essen, arbeite auch und schlafe gut. Falls er nicht mehr schreiben sollte, möge man sich keine Sorgen machen. „Ich halte die Zeit aus. Herzliche Grüße und Küsse. Euer euch liebender Daddy."

Die handgeschriebene Postkarte, abgeschickt im SS-Durchgangslager Westerbork, ist das letzte Lebenszeichen, das Ilse Sacerdoti, geborene Klein, von ihrem Vater erhält. Am 16. November 1943 wird der Jurist, bis 1933 Rechtsanwalt am Oberlandesgericht Köln, aus den Niederlanden in das Vernichtungslager Auschwitz-Birkenau deportiert.

Siegmund Klein, am 9. September 1874 in Köln geboren, stammt aus begütertem Haus. Sein Vater David ist Miteigentümer der „David und Josef Klein Tuchhandlung en gros" und in zweiter Ehe mit Johanna Siegel, einer mehr als 20 Jahre jüngeren Kaufmannstochter, verheiratet. Siegmund wächst mit drei älteren Halbgeschwistern

Das Haus in der Blumenthalstraße 23
NS-DOK Köln, N 1564, Foto 41

und einem jüngeren Bruder in der Straße Auf dem Berlich 5 auf. Seine Eltern fühlen sich Deutschland eng verbunden. Die Familie habe sich als Deutsche jüdischen Glaubens verstanden, schreibt Siegmund Kleins Enkel, der italienische Jurist Giorgio Sacerdoti, in seinen Erinnerungen „Falls wir uns nicht wiedersehen". Die Ahnenreihe der Familie Klein ließe sich „bis in die frühe Neuzeit zurückverfolgen".

Siegmund Klein studiert in Straßburg, Bonn und Köln Rechtswissenschaften. 1899 promoviert er über das Thema „Der mittelbare Besitz des bürgerlichen Gesetzbuchs" und wird sechs Jahre später als Rechtsanwalt beim Oberlandesgericht Köln zugelassen. 1911 folgt die Hochzeit mit Helene Meyer.

Helene, am 21. Oktober 1881 in Schwelm geboren, hat früh ihren Vater verloren und lebt bis zu ihrer Heirat bei ihrer Mutter Flora in

Düsseldorf. Großmutter Helene wäre am liebsten unverheiratet geblieben und habe von einer Karriere als Schauspielerin oder Sängerin geträumt, schreibt Giorgio Sacerdoti. Weil sich das „für ein Mädchen aus gutbürgerlichem Hause" nicht geziemt habe, sei sie lediglich auf Privat- und Wohltätigkeitsveranstaltungen aufgetreten, „wo sie Schneewittchen und Dornröschen darstellte".

Trotz ihrer anfänglichen Skepsis findet Helene nach Aussage ihres Enkels Erfüllung in der Ehe mit Siegmund Klein. „Sie half ihrem Mann bei der Erledigung seiner Geschäfte und kümmerte sich um die Führung des Haushalts und später um die Erziehung der Kinder." Am 22. Februar 1913 wird Tochter Ilse, am 20. Oktober 1918 Sohn Walter geboren.

Nach dem Ende des Ersten Weltkriegs arbeitet Siegmund Klein für den „Barmer Bankverein" und die „Albert Ottenheimer Eisengroßhandlung". Seine Einkünfte erlauben der Familie 1923 den Umzug in eine Zehn-Zimmer-Wohnung in der Blumenthalstraße 23.

Mit der Machtübernahme der Nationalsozialisten beginnt der wirtschaftliche und gesellschaftliche Abstieg der Familie Klein. Als Erste verlässt Tochter Ilse Deutschland. Die 20-Jährige emigriert 1933 nach Paris und lernt dort ihren späteren Ehemann Piero Sacerdoti kennen. Sohn Walter flüchtet im Sommer 1938 in die Niederlande und beginnt in Amsterdam für die Metallfabrik „Oxyde" des Kölner Unternehmers Meno Lissauer zu arbeiten.

Siegmund und Helene Klein zögern lange, Köln und ihr soziales Umfeld zu verlassen. Stattdessen versuchen sie, sich einzurichten in einem Land, in dem sie nicht mehr erwünscht sind. „So nahmen sie immer neue Einschränkungen", sogar „ihre Erniedrigung als Bürger minderen Rechts durch die Nürnberger Gesetze hin", schreibt Giorgio Sacerdoti. „Fanden sich doch Nischen, das Leben fast wie gewohnt weiterzuführen."

Nach der Pogromnacht im November 1938 können auch Siegmund und Helene Klein die Augen nicht mehr vor der Realität verschließen: Menschen jüdischen Glaubens sind nicht mehr sicher in Deutschland. Im Februar 1939 fliehen sie zu ihrem Sohn nach Amsterdam. Zuvor hatte Siegmund Klein als einer der letzten jüdischen Rechtsanwälte in Köln seine Zulassung verloren.

Nur ein Jahr später werden die Niederlande von der deutschen Wehrmacht überrannt. Walter wird im Mai 1942 bei dem Versuch,

Die Familie Klein am Strand in den Niederlanden, Juli 1939
NS-DOK Köln, N 1564, Foto 12

zu seiner Schwester Ilse nach Marseille zu gelangen, aufgegriffen und am 26. August vom französischen Durchgangslager Drancy nach Auschwitz-Birkenau deportiert. Helene Klein stirbt nach Aussage ihrer Familie am 15. Januar 1943 nach langer Krankheit in Amersfoort. Die genauen Todesumstände sind nicht bekannt. In der niederländischen Stadt befindet sich zu diesem Zeitpunkt sowohl ein Sanatorium für psychisch Kranke als auch ein Lagerkomplex der deutschen Besatzer.

Siegmund Klein wird im Oktober 1943 in Amsterdam verhaftet und im Lager Westerbork interniert. Angeblich ist sein Versteck verraten worden. Von Westerbork aus wird er am 16. November nach Auschwitz-Birkenau abtransportiert. Dort verliert sich seine Spur.

Entfernung: 30 Meter
weiter auf Blumenthalstraße (30 Meter)

Die Familie Klein in Amsterdam, Juni 1940
NS-DOK Köln, N 1564, Foto 11

Blumenthalstraße 17: Siegfried und Marianne Sommer

Acht Reichsmark und 50 Pfennig, so viel kostet ein Kindermantel im Bekleidungsgeschäft „Gebrüder Sommer" in der Straße Obenmarspforten 36. Damenmäntel seien ab zwölf, Kostümröcke schon ab drei Reichsmark zu haben, heißt es 1924 in einer Werbeanzeige des Unternehmens.

Endlich sind der Erste Weltkrieg und die Inflation überstanden. In Deutschland beginnt man zaghaft, auf eine Zeit in Frieden und Wohlstand zu hoffen, und auch bei den „Gebrüdern Sommer" setzt man auf Wachstum. Regelmäßig schalten Siegfried und Joseph Sommer Werbeanzeigen in den Kölner Anzeigenblättern. Die Brüder haben das Unternehmen, ursprünglich eine bescheidene „Herrenkleiderfabrik", von ihrem Vater Emanuel Sommer geerbt. Inzwischen ist daraus ein gutgehendes Konfektionsgeschäft für die ganze Familie geworden.

Familie Sommer 1940, Marianne (l.), Helga (o.), Siegfried (r.), Hannelore (u.)
NS-DOK Köln, N 3530,5

Siegfried Sommer, am 21. Juni 1892 in Köln geboren, ist fest verwurzelt in seiner Heimatstadt. Er ist begeisterter Karnevalist und Mitglied im jüdischen Karnevalsverein „Kleiner Kölner Klub". Seit 1923 ist er mit der acht Jahre jüngeren Kaufmannstochter Marianne Scheuer verheiratet und hat mit ihr zwei Töchter: 1924 kommt Helga, 1927 Hannelore zur Welt. Auch an sie erinnern Stolpersteine vor dem Haus. Marianne Scheuer stammt aus Hamburg, ist jedoch in Köln aufgewachsen. Ihr Vater Max arbeitet ebenfalls in der Textilbranche und führt in der Straße Obenmarspforten 11 ein Geschäft für Sportkleidung.

In den 1920er-Jahren eröffnen Siegfried und Josef Sommer in der Kölner Innenstadt zwei weitere Läden: Das Konfektionsgeschäft „Zeit, Preis, Kleidung" in der Minoritenstraße 16 und das „Epka", ein Herrenbekleidungsgeschäft für „Einheitspreiskleidung" in der Breite Straße 52. „Dieses für Köln als einzigartige Neuerung dastehende Unternehmen bringt Herrenanzüge und Mäntel jeder Art nur zu einem einzigen Preis von 85 Mark", werben sie im „Kölner Lokal-Anzeiger" für das innovative Konzept von „Epka".

1935 ziehen Siegfried und Marianne Sommer mit den Töchtern aus der Lupusstraße 30, in der sie viele Jahre gewohnt haben, in die

Siegfried und Marianne Sommer, 1941
NS-DOK Köln, N 3530,1

Blumenthalstraße 17. Mag sein, dass der Umzug in die Hinterhauswohnung finanziellen Schwierigkeiten geschuldet ist. Seit der Machtübernahme der Nationalsozialisten sind die Umsätze der Gebrüder Sommer rückläufig. An den Wänden der Konfektionsgeschäfte kleben morgens Plakate mit judenfeindlichen Parolen, und in den Anzeigenteilen der Kölner Zeitungen sucht man inzwischen vergeblich nach den neuesten Angeboten der Discountläden. 1936 muss Siegfried Sommers Tochter Helga die „Mittlere Mädchenschule" in Köln-Nippes verlassen und auf die „Israelitische Volksschule" wechseln. Jüdische Schülerinnen und Schüler sind nicht mehr willkommen an öffentlichen Schulen.

In der Pogromnacht vom 9. auf den 10. November werden die Konfektionsgeschäfte der Brüder geplündert und weitgehend zerstört. „Ich sah von Weitem in den Drähten der Straßenbahnlinie vor dem Laden Kleider und Anzüge, Blusen und Röcke hängen", erinnert sich Lore Schottländer, eine der jüdischen Verkäuferinnen der „Gebrüder Sommer", in einem Interview Anfang der 1990er-Jahre. „Das Geschäft hatten sie total demoliert." Kurz darauf übernehmen zwei „arische" Betreiber die Kleiderhandlung am Mühlenbach 2. Auch „Zeit, Preis, Kleidung" bekommt einen neuen, nicht-jüdischen Eigentümer.

Joseph Sommer wird noch am selben Tag festgenommen und in das Konzentrationslager Dachau verschleppt. Nach seiner Freilassung einen Monat später flieht er mit seiner Familie nach Belgien und emigriert 1940 in die USA.

Siegfried, Marianne, Helga und Hannelore Sommer können im Juni 1941 mit Hilfe von Schweizer Verwandten in die USA flüchten. Die Familie lässt sich in Milwaukee nieder, wo Siegfried Sommer am 21. April 1955 stirbt. Marianne Sommer überlebt ihren Ehemann um elf Jahre. Sie stirbt am 1. Juni 1966.

Helga heiratet 1951 Rudy Heymann aus Horrem und bekommt mit ihm zwei Kinder. Hannelore heiratet zwei Mal und wird ebenso oft geschieden. Mitte der 1960er-Jahre lebt sie in Mexiko City. Über ihr weiteres Schicksal ist nichts bekannt.

Drei Stolpersteine in der Eupener Straße 24 erinnern an Siegfried Sommers Bruder Joseph Sommer (Jg. 1890), dessen Ehefrau Regina, geborene Berger (Jg. 1895), und die gemeinsame Tochter Lieselotte (Jg. 1921).

Entfernung: 320 Meter
auf Blumenthalstraße weitergehen bis Neusser Platz (120 Meter)
links abbiegen auf Neusser Platz (100 Meter)
links abbiegen auf Weißenburgstraße (100 Meter)

Weißenburgstraße 40: Leo Nadolny

Leo Nadolny ist 18 Jahre und elf Monate alt, als er beschließt, seinem Leben ein Ende zu setzten. Der Schüler habe sich am 31. August 1938 gegen 14 Uhr in seiner Zelle im Gefängnis Klingelpütz „erhangen", heißt es in einem Polizeibericht vom 1. September. Amtsgerichtsrat Kann und der stellvertretende Gerichtsarzt Heinz Kisgen, die den Leichnam obduzieren, kommen zu dem gleichen Ergebnis: „Der Tod ist eingetreten durch Erhängen."

Die Vorgeschichte des Suizids lässt sich an anhand von Polizeiprotokollen weitgehend rekonstruieren. Am 29. August 1938 gegen 8.45 Uhr wird Leo Nadolny in der elterlichen Wohnung in der Weißenburgstraße 40 von zwei Polizeibeamten aus dem Bett geholt. Er

Innentrakt des Gefängnisses Klingelpütz
Historisches Archiv der Stadt Köln, Zeitgeschichtliche Sammlung Bild (ZSB 5), Fo 5/862/2

hat Sommerferien. Auch die Eltern schlafen noch. Laut Polizeiprotokoll erkundigt sich lediglich die Mutter nach dem Grund für die Festnahme ihres Sohnes, erhält jedoch keine Auskunft. Eduard Nadolny, der Vater, habe es nicht für nötig gehalten aufzustehen, vermerken die Polizisten. Er habe „dann später fernmündlich wegen des Verhaftungsgrundes angefragt".

Leo Nadolny erfährt schnell, warum ihn Kriminaloberassistent Paul Klapper und Kollege Kummer vom Kölner Homosexuellendezernat an diesem Morgen festgenommen haben. Der Privatschüler soll laut Aussage eines angeblichen Freiers „auf den Strich am Rhein" gehen, in der NS-Zeit ein Strafbestand, der mit bis zu zehn Jahren Zuchthaus oder der Einweisung in ein Arbeitslager geahndet wird. Man habe im Juni 1938 zusammen etwas getrunken und sei dann gemeinsam in ein altes Fort in der Nähe des Eisstadions gegangen, behauptet der Mann. Dort sei es zu sexuellen Handlungen gekommen. Leo Nadolny, der von den Eltern kein Taschengeld erhalte, habe dafür wie vereinbart zwei Reichsmark bekommen.

Leo Nadolny, am 19. September 1919 in eine katholische Mittelschichtfamilie hineingeboren, ist in diesen Wochen nicht der Einzige, der wegen angeblicher homosexueller Handlungen ins Visier der Polizei gerät. Rund 50 Männern sind bereits in Haft, weitere Festnahmen sollen folgen.

Zwar gibt Leo Nadolny zu, den angeblichen Freier gekannt zu haben, bestreitet jedoch die gegen ihn erhobenen Anschuldigungen. Allein, man glaubt ihm nicht. Angeblich ist der Jugendliche bereits polizeibekannt. Er sei „ein frecher Junge", der seine Eltern tyrannisiere. Oft bleibe er nächtelang weg und habe die Mutter schon einmal mit einer Pistole bedroht, informiert Paul Klapper den zuständigen Staatsanwalt Fritz Büchsel. Sogar das Jugendamt sei im Mai 1938 von den Eltern eingeschaltet worden, „da sie mit ihrem Sohn nicht mehr fertig wurden". Schon damals habe man vermutet, dass er homosexuell sei.

Ähnlich klingt der Polizeibericht vom 1. September 1938. „Bei Nadolny handelte es sich um einen äußerst frechen Burschen, der glaubte, durch sein Leugnen einer Bestrafung zu entgehen, obgleich er durch den mitbeschuldigten Geschäftsführer Lehmann hinreichend überführt war." Da ist Leo Nadolny bereits einen Tag tot. Für seine Angehörigen habe er kurz vor seinem Tod noch einen Gruß geschrieben, ist in den Akten vermerkt. „Diesen Zettel will der Vater ausgehändigt haben."

Entfernung: 80 Meter
weiter auf Weißenburgstraße (80 Meter)

Weißenburgstraße 53: Rudolf Robert und Elisabeth Ruben

Zehn Jahre verbringen Rudolf Robert und Elisabeth Ruben, geborene Gasten, mit ihren Kindern Paul und Margot in der Weißenburgstraße 53. Zehn Jahre, in denen das jüdisch-christliche Ehepaar den Repressalien der Nazis ausgesetzt ist, die „Mischehen" wie die ihre nicht tolerieren.

Rudolf Robert Ruben, geboren am 16. Oktober 1878 in Bruttig an der Mosel, stammt aus einer kinderreichen jüdischen Metzgerfamilie.

1906 oder 1907 zieht er nach Köln und eröffnet mit seinem Bruder Albert in der damaligen Weißbüttengasse 15a zwischen Waidmarkt und Blaubach die Getreide- und Kartoffelgroßhandlung „Gebrüder Ruben". Elisabeth, am 2. Dezember 1888 in Köln geboren, ist katholischen Glaubens und wächst ein paar Häuser weiter in der Weißbüttengasse 20 auf.

1912 heiraten Elisabeth Gasten und Rudolf Ruben und ziehen an den Deutschen Ring 16, den heutigen Theodor-Heuss-Ring. Ein Jahr später wird Paul, ihr erstes Kind, geboren. 1917 folgt Tochter Margot. Beide Kinder werden katholisch getauft. Auch an sie, die in der Diktion der Nationalsozialisten als „Mischlinge ersten Grades gelten", erinnern Stolpersteine vor dem Haus.

Beruflich geht Rudolf Ruben seit 1914 eigene Wege: Er betreibt unter seiner Wohnadresse ein Geschäft für landwirtschaftliche Produkte – „Spezialität Heu und Kartoffeln, Import, Export". Sein Bruder hat sich in der Sudermannstraße 3 mit einer Kartoffel- und Futtermittelgroßhandlung selbstständig gemacht.

Nach der Machtübergabe an die Nationalsozialisten geraten die Unternehmen der Brüder mehr und mehr in Schwierigkeiten. Ende der 1930er-Jahre zieht sich Robert Ruben aus dem Geschäft zurück und überschreibt die Firma seinem Sohn Paul. Tochter Margot muss Zwangsarbeit in einer chemischen Fabrik leisten.

Am 30. Oktober 1941 werden Rudolf Rubens Bruder und dessen jüdische Frau Klara in das Ghetto Litzmannstadt deportiert und im Mai 1942 im Vernichtungslager Chelmno ermordet. Er selber ist zu diesem Zeitpunkt noch durch seine Ehe mit einer Nicht-Jüdin geschützt. Erst 1944 verschärft sich die Situation für „Mischlinge" und Partnerinnen und Partner aus sogenannten „Mischehen". Im September 1944 müssen Rudolf und Elisabeth Ruben auf Anordnung der Gestapo ihre Wohnung in der Weißenburgstraße räumen und werden in das Haft- und Deportationslager in Köln-Müngersdorf eingewiesen. Paul und Margot Ruben halten sich zu diesem Zeitpunkt nicht in Köln auf und entgehen damit der Zwangseinweisung.

Rudolf Ruben wird am 1. Oktober 1944 gemeinsam mit 84 weiteren Lagerinsassen in das Ghetto Theresienstadt deportiert und nach seiner Ankunft in das Gestapogefängnis „Kleine Festung" eingewiesen. Dort wird der 66-Jährige am 11. November 1944 ermordet.

Grabstätte Ruben auf dem jüdischen Friedhof Bocklemünd,
Aufnahme Februar 1990
NS-DOK Köln, Sammlung Corbach, N 1400,345

Elisabeth Ruben überlebt den Zweiten Weltkrieg. Nach Kriegsende zieht sie zu ihrem Sohn Paul, der in Bensberg einen Großhandel für Landwirtschaftsprodukte betreibt. Am 18. Februar 1973 stirbt sie im Alter von 84 Jahren. Margot Ruben emigriert im Juli 1948 in die USA.

Ein weiterer Stolperstein vor dem Haus ist Alfred Arnade (Jg. 1873) gewidmet, der 1944 im Vernichtungslager Auschwitz-Birkenau ermordet wurde. **Zwei Stolpersteine** in der Sudermannstraße 3 erinnern an Rudolf Rubens Bruder Albert Ruben (Jg. 1875) und dessen Ehefrau Klara, geborene Bodenheimer (Jg. 1886).

Entfernung: 150 Meter
weiter auf Weißenburgstraße (90 Meter)
rechts abbiegen auf Hülchrather Straße (60 Meter)

Hülchrather Straße 6: Helene und Hermann Jakob Bier

„Haus Bier" steht auf einem Stolperstein in der Hülchrather Straße 6. „Erbaut 1904 von Carl und Helene Bier, arisiert 1939." Sechs weitere Mahnmale erinnern an Helene Bier, geborene Papenheim, und ihren Sohn Hermann Jakob Bier sowie an vier Menschen, die nicht freiwillig dort wohnten. An Paula Jacob (Jg. 1888), die 1941 in das Ghetto Litzmannstadt deportiert und im Mai 1942 in der Vernichtungsstätte Kulmhof/Chelmno ermordet wurde, sowie an Michael Oppenheimer (Jg. 1904), seine Ehefrau Johanna, geborene Lieblich (Jg. 1908), und die 1936 geborene Tochter Ruth. Die Familie wurde im Dezember 1941 in das Ghetto Riga deportiert. Ihr weiteres Schicksal ist unbekannt.

Das Wohnhaus der Familie Bier ist im Mai 1941 von der Kölner Gestapo zu einem sogenannten Ghettohaus – einer Sammelstelle für Jüdinnen und Juden – erklärt worden. Bis zu sieben Personen teilen sich eine Etage in dem vierstöckigen Gebäude. Zu ihnen gehört auch Helene Bier, die frühere Besitzerin des Hauses. Die alte Dame, am 2. Februar 1859 in Eschwege geboren, stammt aus einer kinderreichen jüdischen Händlerfamilie und war mit dem Kölner Kaufmann Carl Bier verheiratet, mit dem sie zwei Söhne hat. 1904 zieht die Familie in die Hülchrather Straße. Als Carl Bier 1921 stirbt, bleiben Helene Bier und ihr jüngster Sohn, der Jurist Hermann Jakob Bier, dort wohnen.

Hermann Jakob Bier, am 10. April 1885 geboren, ist in Köln ein angesehener Mann. Er ist Mitglied der SPD und ab 1929 stellvertretender Regierungspräsident der Stadt Köln. In seiner Freizeit engagiert er sich im Kölnischen Kunstverein und arbeitet ehrenamtlich für den Allgemeinen Deutschen Gewerkschaftsbund.

1933 gehört Hermann Bier zu den ersten Verwaltungsbeamten in Köln, die aus rassistischen und politischen Motiven entlassen werden. 1935 flüchtet er nach Holland und lässt sich in Amsterdam nieder. In der Oosteinde 16 betreibt er ein kleines Teehaus, das sich schnell zu einem Treffpunkt für jüdische Exilanten entwickelt. Nach dem Einmarsch der deutschen Wehrmacht in den Niederlanden wird Hermann Bier Mitglied im „Joodsche Raad voor Amsterdam", einer Einrichtung der deutschen Besatzer.

Am 20. Juni 1943 werden Hermann Bier und weitere Mitglieder des Amsterdamer Judenrats verhaftet und in das SS-Durchgangslager Westerbork verschleppt. Dort stirbt Hermann Bier am 10. Oktober desselben Jahres an einer Blutvergiftung.

Helene Bier wird 1942 in das Sammellager Köln-Müngersdorf eingewiesen und am 27. Juli vom Bahnhof Deutz-Tief in das Ghetto Theresienstadt deportiert. Dort stirbt sie am 23. Dezember 1942 im Alter von 83 Jahren. Offizielle Todesursache: „Marasmus senilis" – Altersschwäche.

Entfernung: 120 Meter
weiter auf der Hülchrather Straße (60 Meter)
links abbiegen auf Balthasarstraße (20 Meter)
links abbiegen auf Riehler Straße (40 Meter)

Riehler Straße 35: Regina Heydt

Als Regina Heydt am 26. Juni 1939 ihr Testament verfasst, steht sie vor den Trümmern eines langen und erfüllten Lebens. „Zu meiner alleinigen Erbin setze ich ein meine Tochter Paula Rosenmeyer, geborene Heydt", heißt es in dem handschriftlich verfassten Dokument. Sollte die Tochter vor ihr sterben, trete deren Ehemann Julius Rosenmeyer an Paulas Stelle. Darüber hinaus wünsche sie, neben ihrem Ehemann Adolf Heydt auf dem Jüdischen Friedhof in Köln-Bocklemünd beerdigt zu werden – eine Bitte, die der alten Dame im Februar 1942 erfüllt wird. Das gemeinsame Grab von Adolf und Regina Heydt, geborene Voss, existiert noch heute und ist in Flur 9 unter der Nummer 31/32 zu finden.

Regina Heydt, am 30. Oktober 1861 in Randerath geboren, ist das einzige Kind von Servas und Bertha Voss. Ihr Vater ist Metzger wie schon Großvater Simon Voss, der lange vor der Geburt seiner jüngsten Enkelin gestorben ist. Randerath, kaum 100 Einwohner groß und heute ein Stadtteil von Heinsberg, hat eine kleine jüdische Gemeinde, deren Wurzeln bis in die Anfänge des 16. Jahrhunderts zurückreichen, und die Familie Voss ist dort seit mehr als hundert Jahren zu Hause.

Regina ist knapp 18 Jahre alt, als sie am 20. August 1879 den neun Jahre älteren Kaufmann Adolf Abraham Heydt heiratet. Das

Adolf und Regina Heydt
um 1920
Privatbesitz D. Heyd

Paar lässt sich in Bayenthal nieder, damals ein kleiner, aufstrebender Industrieort vor den Toren Kölns. Erst 1888 wird er nach Köln eingemeindet. Über die ersten gemeinsamen Jahre von Regina und Adolf Heydt ist wenig bekannt. Schnell werden vier Söhne und zwei Töchter geboren. 1888 zieht die Familie nach Köln, und Adolf Heydt eröffnet in der Weyerstraße 56 eine Lederhandlung und Fabrik für Schäfte, für die Oberteile von Schuhen also. Anfang der 1890er-Jahre wird daraus die „Heydt & Voss Lederhandlung, Schäftefabrik und Schuhmacherartikel-Handlung“ mit Sitz am Rothgerberbach 36. Mitinhaber ist Bernhard Voss, ein Verwandter von Regina.

1918 zieht sich Adolf Heydt aus dem Betrieb zurück und übergibt die Leitung der Firma seinem Sohn Max. Drei Jahre später stirbt er im Alter von 69 Jahren. „Heydt & Voss“ haben sich inzwischen auf die Produktion von Schuhcreme der Marke „Gloria“ spezialisiert und sind weit über die Grenzen Kölns bekannt. Als Max Heydt 1926 über-

Die Kinder der Familie Heydt um 1898
Privatbesitz D. Heyd

raschend stirbt, steigt seine Witwe Bertha Heydt in die Unternehmensleitung ein.

Regina Heydt bleibt nach dem Tod ihres Ehemannes zunächst in der Hülchrather Straße 5 wohnen. Erst Anfang der 1930er-Jahre zieht sie mit ihrem jüngsten Sohn Friedrich in die Riehler Straße 35. Friedrich Heydt, am 26. Juni 1890 in Köln geboren, betreibt in der Innenstadt ein Unternehmen für chemische Produkte und Rohgummi. Nach 1933 kommt der Betrieb zunehmend unter Druck, und Friedrich Heydt sieht sich zum Verkauf gezwungen. Mitte der 1930er-Jahre emigriert er nach Südafrika. Dort verliert sich seine Spur. An ihn erinnert vor dem Haus ebenfalls ein Stolperstein.

Auch die Schuhputzfabrik „Heydt & Voss" gerät unter den neuen Machthabern in wirtschaftliche Schwierigkeiten. 1938 verkaufen Bertha Heydt und Bernhard Voss den Betrieb, und Bertha flieht mit Tochter Liese zu ihrem Sohn Hans nach Palästina. Für Regina Heydt ist es ein weiterer Abschied von geschätzten Familienmitgliedern, die sie nicht wiedersehen wird. Im selben Jahr stirbt ihr Sohn Walter im Alter von 53 Jahren. Enkeltochter Anneliese flieht mit einem Kinder-

Reklamemarke der Firma Heydt & Voss
NS-DOK Köln, N 882,10

transport nach England. Im Mai 1939 verlässt auch Tochter Hedwig Deutschland und emigriert mit Ehemann Robert Stern in die USA.

Regina Heydt muss ihre Wohnung in der Riehler Straße nach der Flucht von Friedrich aufgeben und findet eine Bleibe in der Mozartstraße 30. Anfang der 1940er-Jahre zieht sie zu ihrer Tochter Paula Rosenmeyer nach Berlin. Dort stirbt sie am 8. Februar 1942 im Alter von 81 Jahren an „Aderverkalkung, Herzmuskelentartung und Herzmuskelschwäche". Paula Rosenmeyer kommt 1942 in Gestapo-Haft, überlebt jedoch und wandert nach dem Krieg in die USA aus.

Drei Stolpersteine in der Blumenthalstraße 91 erinnern an Regina Heydts Schwiegertochter Bertha Heydt, geb. Levy (1892–1973), sowie an ihre Enkelkinder Hans Heydt (1913–1968) und Liese Heydt (1921–1987).

Entfernung: 440 Meter
weiter auf der Riehler Straße bis zum Reichenspergerplatz (150 Meter)
rechts abbiegen auf Wörthstraße (290 Meter)

Verwaltungsgebäude der Firma Lissauer & Cie., Elisenstr. 17–19, 1925

Wörthstraße 17: Meno und Meta Lissauer

Meno Lissauer gehört in den 1920er- und 1930er-Jahren zu den größten Metallhändlern Deutschlands – ein Selfmademan, dessen weitverzweigtes Firmenimperium bis nach Russland und in die USA reicht. Als er im Jahr 1958 stirbt, berichtet sogar die „New York Times" über den Tod des deutsch-jüdischen Industriellen, der aus dem Nichts ein millionenschweres Unternehmen schuf.

Geboren wird Meno Lissauer am 29. Juni 1879 in Lübeck als Sohn von Abraham und Friedchen Lissauer. Sein Vater handelt mit Tierhäuten, und Meno wächst zusammen mit sechs Geschwistern in Hamburg auf. Trotz finanzieller Engpässe sei die Familie stets freigiebig gewesen und habe ein großes Herz gehabt, schreibt der Historiker Rudolf M. Heilbrunn in seiner Biografie „Meno Lissauer – Die ersten 50 Jahre". „Sie schienen nie genug Geld für sich selber zu haben, waren aber immer bereit, Freunde und Verwandte zu unterstützen, die in Not waren."

Meno besucht das „Christeaneum", ein Realgymnasium in Hamburg-Altona. Medizin will er studieren, als Erster in der Familie. Doch

Meno Lissauer
NS Dok Köln, N 460,4

wenige Wochen vor seinem 15. Geburtstag muss er trotz Bestnoten in Geometrie und Algebra die Schule verlassen. Der Vater habe Meno erklärt, dass er arbeiten müsse, damit die Familie über die Runden komme, schreibt Rudolf M. Heilbrunn. „Das Geld war knapp, und sie waren viele." Meno beugt sich der Entscheidung des Vaters: In Halberstadt beginnt er eine Ausbildung bei der alteingesessenen jüdischen Metallhandelsfirma „Aron Hirsch & Sohn". Nach dem Ende der Lehrzeit geht er zurück nach Hamburg und eröffnet im Hinterzimmer der elterlichen Wohnung eine bescheidene Metallhandlung. Doch die Geschäfte laufen schlecht. Das wenige Geld, das er verdient, muss er zu Hause abgeben. 25 Pfennig bleiben ihm pro Tag.

1903 zieht der 24-Jährige mit seinem vier Jahre jüngeren Bruder Henry nach Köln und gründet in der Domstraße 86 eine Metallfirma. Dieses Mal hat er mehr Erfolg, und 1907 macht er den Bruder zum Teilhaber der aufstrebenden Erz- und Metallhandelsfirma „M. Lissauer & Cie". Es ist die Geburtsstunde eines mächtigen Wirtschaftsimperiums, zu dem nur wenige Jahre später Hüttenwerke, Gruben und chemische Fabriken in ganz Europa gehören. Kurz vor dem Beginn des Ersten Weltkriegs zählt „M. Lissauer & Cie" bereits zu den größten Erz- und Metallverhüttungsunternehmen in Deutschland. Meno und Henry Lissauer eröffnen Zweigstellen in London, Wien und Amsterdam und unterhalten Geschäftsbeziehungen nach Russland und nach Übersee. Meno Lissauer wird Präsident der von ihm gegründeten „Westdeutschen Metallhändlervereinigung". Er ist Mitglied der Kölner Industrie und Handelskammer und Ehrendoktor der Technischen Hochschule Aachen.

Verheiratet ist der Unternehmer mit Meta Rothschild, einer zehn Jahre jüngeren Hotelierstochter aus Bonn. Das Paar hat zwei Kinder, Hanna, geboren am 24. Januar 1913, und Franz Adolf, der am 4. September 1918 zur Welt kommt. Auch an ihn und Hannah erinnern Stolpersteine vor dem Haus.

Meno Lissauer ist fest verankert in der jüdisch-orthodoxen Gemeinde Addas Jeschurun und sitzt im Kuratorium des jüdischen Lehrerseminars. An Schabbat und an den hohen jüdischen Feiertagen bleibt das Unternehmen „Lissauer & Cie" geschlossen, damit die jüdischen Angestellten die religiös vorgeschriebene Ruhepflicht einhalten können.

Als die Nationalsozialisten an die Macht kommen, sieht sich Meno Lissauer – Henry ist 1932 gestorben – gezwungen, Teile des Unternehmens zu verkaufen. 1937 verlegt er den Firmensitz nach Amsterdam und lässt sich mit seiner Familie in den Niederlanden nieder. Nach dem Einmarsch der Deutschen im Mai 1940 fliehen er und Meta zusammen mit ihrer Tochter Hanna und deren Familie zunächst nach Brasilien. Im Februar 1941 emigrieren sie nach New York. Sohn Frank Adolf lebt bereits seit 1938 in den USA.

Nach dem Ende des Zweiten Weltkriegs baut Meno Lissauer sein Firmenimperium von den USA aus wieder auf und kann bald an die alten Erfolge anknüpfen. Nach Deutschland kehrt er nicht mehr zurück. Er stirbt am 27. Mai 1958 im Alter von 79 Jahren in New York.

Drei Stolpersteine vor der Glasfront des Hauses erinnern an die Familie Blumenfeld: an Anna Johanna Blumenfeld, geb. Wallach (Jg. 1903), Paul Blumenfeld (Jg. 1892) und die gemeinsame Tochter Ursula (Jg. 1931). Sie wurden 1942 in das Ghetto Theresienstadt deportiert. Ihr weiteres Schicksal ist unbekannt.

Volksgarten

Start: Hardefuststraße 3
KVB-Haltestelle: Eifelstraße oder Ulrepforte
Länge: 1,8 Kilometer | **Stationen:** 11
Adressen: Hardefuststr. 3 – Kaesenstr. 19 – Kaesenstr. 28 – Eifelstr. 27 – Volksgartenstr. 58 – Kleingedankstr. 16 – Volksgartenstr. 24 – Volksgartenstr. 10 – Metzer Str. 31 – Lothringer Str. 1 – Elsaßstr. 59 (Ende)
KVB-Haltestelle: Chlodwigplatz

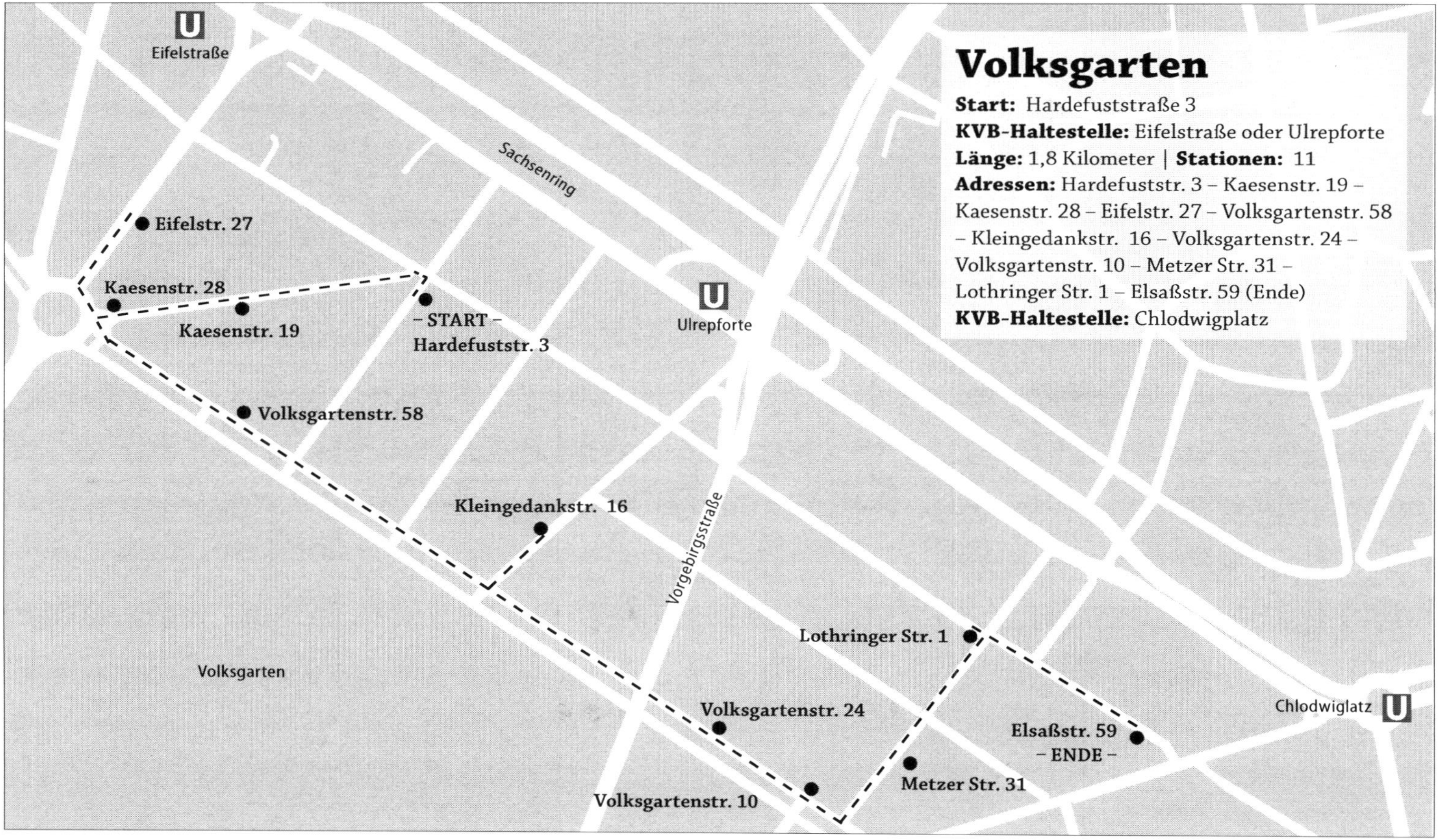

Volksgarten um 1925
Rheinisches Bildarchiv

Anfang des Jahres 1888 ist es so weit. Endlich kann auf dem Gelände von Fort IV mit der Anlage eines großen Parks begonnen werden. Knapp 14 Hektar stehen dem Architekten und Stadtplaner Josef Stübben zur Verfügung, um seine Vorstellung von einem öffentlich zugänglichen Park zu verwirklichen. Durch den Abriss der mittelalterlichen Stadtmauer zu Beginn der 1880er-Jahre und den Rückbau der preußischen Festungsanlagen ist im Süden der Stadt viel neues Bauland entstanden, und Stübben ist mit der Gestaltung des zukünftigen Wohnviertels beauftragt.

Nach den Plänen des Kölner Gartendirektors Adolf Kowallek entsteht innerhalb von zwei Jahren zwischen der heutigen Volksgartenstraße und dem Vorgebirgswall eine Parkanlage mit breiten Wegen und Liegewiesen, mit Kinderspielplätzen und einem Weiher, in dessen Mitte ein Springbrunnen sprudelt. Die umliegenden Straßen sind als Bauland hochbegehrt, die Grundstücke entsprechend teuer. Etliche der prachtvollen Gründerzeit- und Jugendstilhäuser, in denen

Ärzte, Juristen und Geschäftsleute zu Hause sind, stehen heute unter Denkmalschutz.

Unser Weg ist knapp zwei Kilometer lang und führt vorbei an der wohl schönsten Häuserzeile Kölns zwischen Vorgebirgs- und Metzer Straße. Auch bei dieser Tour gilt: Sie berücksichtigt nur eine kleine Auswahl der Verlegestellen in diesem Quartier. Wir beginnen am Haus von Flora Tietz in der Hardefuststraße 3. Die betagte Witwe des Warenhausgründers Leonhard Tietz konnte 1938 ins Ausland fliehen, wo sie freilich bald verstarb. Ihre Villa wurde ein Opfer des Bombenkrieges, und so ist an dieser Stelle – wie so oft in Köln – unser Vorstellungsvermögen gefordert.

Unser Rundgang endet vor einem schlichten Wohnhaus in der Elsaßstraße 59, der letzten Kölner Adresse von Sophia Meyer. Die Kolonialwarenhändlerin wurde im Juni 1942 in das Ghetto Theresienstadt deportiert und dort ermordet.

Hardefuststraße 3: Flora Tietz

Eines der wenigen Fotos, die von Flora Tietz existieren, zeigt eine junge Frau mit dunklem Haar und strengem Mittelscheitel. Ihr Blick ist ernst. Neben ihr sitzt Leonhard Tietz, der Mann, mit dem sie seit 1879 verheiratet ist – und dessen Name verknüpft ist mit der seinerzeit berühmtesten Kaufhauskette Deutschlands: mit dem „Warenhaus Tietz".

Flora Tietz stammt – ebenso wie Leonhard Tietz – aus Birnbaum, dem heutigen Miedzychod, einer Kleinstadt mit rund 3000 Einwohnern in der preußischen Provinz Posen. Dort wird sie am 20. Mai 1855 als Tochter von Amalie und Abraham Baumann geboren. Gemeinsam mit fünf Geschwistern wächst sie in einer großen jüdischen Kaufmannsfamilie auf. 1877 verlobt sich die 22-Jährige mit ihrem Jugendfreund Leonhard Tietz und folgt ihm zwei Jahre später nach Stralsund. Dort hat der Kaufmannssohn einige Monate zuvor in der Ossenreyerstraße 31 ein kleines „Garn-, Knopf-, Posamentier- und Woll-Warengeschäft" eröffnet.

Wenn Leonhard auf Reisen ist, betreut Flora die Kundschaft vor Ort. Das Geschäft, untergebracht auf bescheidenen 25 Quadratmetern, wirft bald Gewinn ab, und bereits 1880 kann das Ehepaar ein

Flora und Leonhard Tietz
Peter Fuchs: 100 Jahre Kaufhof in Köln 1891–1991, Köln 1991, S. 82.

größeres Ladenlokal anmieten. Das Besondere an der Kurzwarenhandlung Tietz: Es gibt keinen Kaufzwang. Die Preise sind deutlich ausgezeichnet, es wird weder gefeilscht, noch kann angeschrieben werden. Und: Bei Nichtgefallen gilt das Umtauschrecht.

Das innovative Geschäftsmodell trifft offenkundig den Nerv der Zeit. 1884 eröffnet Leonhard Tietz in Schweinfurt eine erste Filiale. Bis zur Jahrhundertwende folgen weitere Geschäftsgründungen unter anderem in Amberg, Elberfeld, Köln, Aachen, Mainz, Düren, Düsseldorf und Bonn. 1905 wird das Unternehmen in eine Aktiengesellschaft umgewandelt. Gründungskapital: zehn Millionen Reichsmark. Hauptsitz und Geschäftszentrale wird Köln, wo Leonhard Tietz 1891 in der Hohe Straße 23–25 ein erstes Warenhaus mit 30 Verkäuferinnen eröffnet hatte: das „Garn-, Knopf-, Kurz-, Posamentier-, Trikotagen, Weiss- und Wollwarengeschäft Leonhard Tietz“. Als der Unternehmer am 14. November 1914 stirbt, hat der Konzern etwa 25 Häuser in ganz Europa und beschäftigt rund 5000 Angestellte.

Flora Tietz wirkt, zumindest in der Gründungsphase des Unternehmens, im Hintergrund und sorgt dafür, dass ihre Brüder Sally und Max Baumann sowie zwei Cousins Führungspositionen in der

Flora Tietz, 1935 (Fotograf: Ehrlich)
NS Dok Köln, N 3580,5

expandierenden Warenhauskette erhalten. Die Hauptrolle in ihrem Leben spielt jedoch die Familie. Innerhalb von zwölf Jahren bekommt sie fünf Kinder. Sohn Heinrich stirbt bereits 1891 im Alter von elf Jahren.

1906 bezieht die sechsköpfige Familie eine Villa in der Hardefuststraße 3, einer ruhigen Wohngegend zwischen Volksgarten und Sachsenring. Für Flora Tietz bedeutet der Familiensitz fast 30 Jahre Zuflucht und Lebensmittelpunkt. Das Haus habe ihrer Großmutter sehr am Herzen gelegen, schreibt ihre Enkelin Vera Peck 2022 in einer Mail an das NS-Dokumentationszentrum der Stadt Köln. Den langjährigen Familiensitz in den 1930er-Jahren verlassen zu müssen, sei „mehr als eine Qual" für die alte Dame gewesen.

Mit der Machtübernahme Adolf Hitlers beginnt der Niedergang des jüdischen Warenhauskonzerns. Die Hetzparolen der Nationalsozialisten zeigen schnell Wirkung: Die Umsätze der Kaufhäuser gehen drastisch zurück. Der Aktienkurs des Unternehmens bricht ein. Am 3. April 1933 ziehen sich Alfred L. Tietz, der 1914 die Nachfolge des Vaters angetreten hatte, und weitere „nicht-arische" Mitglieder aus dem Vorstand zurück. Dennoch gerät der Konzern mehr und mehr in finanzielle Nöte. Schließlich verkauft die Familie ihre Aktienanteile zu Schleuderpreisen, und aus der „Leonhard Tietz AG" wird die „Westdeutsche Kaufhof AG".

Flora Tietz lebt seit dem Tod ihres Ehemannes allein in der Villa in der Hardefuststraße. Die politische Entwicklung in Deutschland lässt sie zunehmend vereinsamen. 1933 flieht Alfred L. Tietz mit seiner Familie in die Niederlande, 1934 verlässt auch ihr Sohn Gerhard L. Tietz Deutschland.

Noch im selben Jahr gibt Flora Tietz schweren Herzens das Familienanwesen auf. Die Villa wird an den katholischen Studenten- und Akademikerverband „Unitas" vermietet, und sie zieht zu ihrer verwitweten Tochter Amalie Anna Eliel nach Marienburg. 1938 folgt sie ihrem Sohn Alfred in die Niederlande und zieht zwei Jahre später zu Gerhard nach London. Dort stirbt Flora Tietz, geborene Baumann, am 18. August 1943 im Alter von 88 Jahren.

Vier weitere Stolpersteine vor dem Haus erinnern an Sofia Seelig, geb. Weinberg (Jg. 1892), Iwan Seelig (Jg. 1886) und ihren Sohn Hermann (Jg. 1924). Die Familie wurde 1942 in das Ghetto Minsk deportiert.
Fünf Stolpersteine in der Parkstraße 61 erinnern an Flora Tietz' Sohn Alfred L. Tietz (Jg. 1883) und seine Familie. Der Firmenchef floh 1933 mit Ehefrau Margarete und drei Kindern in die Niederlande und 1940 weiter nach Palästina, wo er ein Jahr später starb. Ein weiterer Stein für Alfred L. Tietz liegt in der Gürzenichstraße 2 (siehe Kapitel „Altstadt"). An Flora Tietz' Tochter Luise Eliel (1887–1948), ihren Schwiegersohn Oskar Eliel (Jg. 1878) und Enkel Ernst Ludwig (Jg. 1921), die 1938 nach Palästina und Schottland flohen, erinnern drei Steine in der Voigtelstraße 22.

Entfernung: 180 Meter
auf Hardefuststraße Richtung Lothringer Straße bzw. Ringe (20 Meter)
links abbiegen auf Lothringer Straße (20 Meter)
links abbiegen auf Kaesenstraße (140 Meter)

Kaesenstraße 19: Bruno Kisch

Niemand in Deutschland habe die Entwicklung voraussehen können – „weder Juden noch Christen". Davon ist Bruno Kisch auch mehr als 30 Jahre nach der Machtübernahme der Nationalsozialisten überzeugt. „Man war so durchtränkt von der Idee der deutschen Kulturhöhe, dass man Grausamkeit, Gewalttaten oder gar Menschenmorde gar nicht für möglich hielt", schreibt der Kardiologe in seiner 1966 veröffentlichen Autobiografie „Wanderungen und Wandlungen". Wie sehr sich „die kultivierten jüdischen Kreise" irrten, denen auch Bruno Kisch angehörte, zeigt nicht zuletzt sein eigenes Schicksal und das seiner Familie.

Geboren wird Bruno Zacharias Kisch, entfernt verwandt mit dem legendären Reporter Egon Erwin Kisch, am 28. August 1890 in Prag – „in einer anderen Welt, auf einem Kontinent, der wie der sagenhafte Weltteil Atlantis unwiederbringlich im Meer der Zeit versunken ist". Mit zwei Brüdern und einer Schwester wächst er „in einer der schönsten Straßen Prags" auf, in der Elisabethstraße. Seine Mutter Charlotte kommt aus einer wohlhabenden böhmischen Unternehmerfamilie. Sein Vater Alexander, ein promovierter Philologe, ist Lehrer am Stefansgymnasium und Rabbi der Maisel-Synagoge in Prag.

„Der Geist, der meine Kindheit beherrschte, hieß: Würde, Pflichterfüllung, Verantwortungsbewusstsein", erinnert sich Bruno Kisch in seiner Autobiografie. „Mein Elternhaus war eine wahre Insel humanistisch-idealer und aufrichtig-religiöser Gesinnung in einer Welt, die bereits völlig anderen Idealen zustrebte."

Nach dem Abschluss seines Medizinstudiums im Jahr 1913 verlässt der 23-Jährige Prag und geht nach Köln. Dort tritt er – für 100 Reichsmark im Monat, Kost und Logis frei – eine Assistentenstelle am „Institut für pathologische Physiologie" an. „Meine Wanderjahre begannen", so schildert er seinen Start ins Berufsleben. Noch während des Ersten Weltkriegs, an dem er als Infanterietruppenarzt teilnimmt, habilitiert sich Bruno Kisch mit einer Arbeit über „Fachausdrücke in der physikalischen Chemie". 1925 wird er an der neugegründeten Kölner Universität zum Professor für physiologische Chemie, Physiologie und physikalische Chemie ernannt. Sein Spezialgebiet: die Erforschung von Herz-Kreislauf-Erkrankungen. In Fachkreisen gilt der Mittdreißiger bald als Koryphäe auf seinem Gebiet. Bruno Kisch ist Mitbegründer der „Deutschen Gesellschaft für Herz-

und Kreislaufforschung“ und Mitherausgeber der „Zeitschrift für Kreislaufforschung“.

Privat führt der Mediziner „unter Ausschluss der Öffentlichkeit“ ein zurückgezogenes Leben. „Meine Arbeit füllte mich aus, und meine Neigung beschränkte sich auf den kleinen Kreis meiner Familie und meiner persönlichen Freunde.“ Seit 1928 ist Bruno Kisch mit der Sängerin Ruth Kisch-Arndt verheiratet. Das Paar hat drei Kinder – Charlotte, Regina Esther und Arnold Immanuel – und wohnt mit Ruths Mutter Karoline Cohn in einem „prachtvollen Zweifamilienhaus“ in der Kaesenstraße 19. Auch an Ruth Kisch-Arndt, ihre Mutter und die drei Kinder erinnern Stolpersteine vor dem Haus.

Dr. Bruno Kisch als Soldat im Ersten Weltkrieg in der Uniform eines österreichischen Oberarztes
NS-DOK Köln, Bp 827

Die Machtübernahme der Nationalsozialisten beendet Bruno Kischs akademische Karriere in Deutschland. Die von ihm mitbegründete „Deutsche Gesellschaft für Herz- und Kreislaufforschung“ streicht ihn von ihrer Mitgliederliste. Er wird gedrängt, die Leitung der „Zeitschrift für Kreislaufforschung“ abzugeben. 1935 wird ihm die Lehrerlaubnis entzogen, und er muss seine Professorenstelle an der Uni Köln aufgeben. Bruno Kisch macht sich als Kardiologe selbstständig, doch im September 1938 wird ihm – wie hunderten jüdischen Ärztinnen und Ärzten in ganz Deutschland – die Approbation aberkannt. Ein weiteres Mal ist er arbeitslos.

Im Dezember 1938 emigriert Bruno Kisch mit seiner Familie in die USA. Ein Jahr später eröffnet er in New York eine Arztpraxis und arbeitet als Dozent für die New Yorker Yeshiva University und die Yale University in New Haven. Deutschland bleibt er bis an sein Lebensende eng verbunden. Bruno Kisch stirbt am 12. August 1966 im

Groedel-Sanatorium in Bad Nauheim im Alter von knapp 70 Jahren an den Folgen einer verschleppten Lungenentzündung.

Seine Schwiegermutter Karoline Cohn, die in Köln zurückgeblieben ist, wird am 15. Juni 1942 in das Ghetto Theresienstadt deportiert und drei Monate später im Vernichtungslager Treblinka ermordet.

Ein zweiter Stolperstein für Bruno Kisch liegt auf dem Albertus-Magnus-Platz vor dem Hauptgebäude der Kölner Universität. An nämlicher Stelle erinnern zwei weitere Gedenksteine an den Literaturwissenschaftler Goswin Frenken (Jg. 1887), der 1944 im KZ Flossenbürg starb, und an den Sozialwissenschaftler Benedikt Schmittman (Jg. 1872). Er wurde 1939 im KZ Sachsenhausen ermordet.

Entfernung: 90 Meter
weiter auf Kaesenstraße (90 Meter)

Kaesenstraße 28: Ralph Mayer

Drei Stolpersteine liegen vor der Kaesenstraße 28, einem wuchtigen Mehrfamilienhaus, das seit 1990 auf der Denkmalliste der Stadt Köln steht. Dort, in der zweiten Etage, wohnte von 1933 bis 1938 Ralph Mayer mit seinen Eltern Edith Minna und Philipp Erich Mayer.

Zur Welt kommt Ralph Georg Emil Mayer am 15. Mai 1924 in Köln. Sein Vater ist ein wohlhabender Mann. Philipp Erich Mayer hat die „Strohhutfabrik Silberberg und Mayer“ geerbt und sitzt im Vorstand der „Vereinigten Hutwerke AG“. Ralphs Mutter Edith Minna, zwölf Jahre jünger als der Vater, stammt aus Berlin. Die ersten neun Jahre seines Lebens verbringt Ralph mit den Eltern und seiner verwitweten Großmutter Laura Mayer in der Overstolzenstraße 15. Das Haus unweit des Kölner Volksgartens ist seit vielen Jahren in Familienbesitz, und schon sein Vater ist dort aufgewachsen.

Doch 1933 bietet Philipp Mayer das Haus überraschend zum Verkauf an – ein Käufer findet sich erst 1934. Dem Vorstand der Vereinigten Hutwerke AG scheint er zu dem Zeitpunkt nicht mehr anzugehören. Ralph und seine Eltern ziehen zunächst in die Kaesenstraße 28. Im Jahr 1938 – andere Quellen sprechen von 1934/35 –

Ralph Mayer (2. v. r.) mit Angehörigen seiner Retterfamilien Breuer und Jonnart, nach 1945
Yad Vashem, Sammlung Gerechte unter den Völkern

fliehen sie nach Belgien und lassen sich in Brüssel nieder. Großmutter Laura bleibt in Köln zurück. Die alte Dame findet Aufnahme bei ihrer verwitweten Schwester Berta Münchhausen in der Kamekestraße 29.

Ralph fühlt sich schnell heimisch in Belgien. Die Familie hat eine Wohnung am Square Vergote 10 im Brüsseler Stadtteil Woluwe-Saint-Lambert gefunden. Weggefährten aus jener Zeit erzählen, dass die Familie oft Flüchtlinge aus Deutschland beherbergt habe. Mit dem Einmarsch der deutschen Wehrmacht in Belgien im Mai 1940 ändert sich die Situation der jüdischen Exilanten schlagartig. Tausende werden festgenommen und in Internierungslager abgeschoben. Im Juni 1942 beginnen die Deportationen in die Todeslager im Osten, denen auch Ralphs Eltern zum Opfer fallen. Am 31. Juli 1943 werden Philipp und Edith Mayer in das Vernichtungslager Auschwitz-Birkenau deportiert und dort ermordet. Ralphs Großmutter Laura Mayer ist bereits im Juni 1942 von Köln in das Ghetto Theresienstadt verschleppt worden, wo sie am 12. März 1943 stirbt.

Ralph Mayer verdankt sein Überleben zwei belgischen Familien aus dem Freundeskreis der Eltern: dem Ehepaar Albert und Simone

Jonnart und dem Kustos des heutigen „Musée Art & Histoire“, Jacques Breuer. Bis zum Juni 1943 lebt er versteckt im Haus der Familie Jonnart. Dann wird er von einem Denunzianten an die deutschen Besatzer verraten. In letzter Minute gelingt dem 19-Jährigen durch ein Dachfenster die Flucht. Doch Albert Jonnart, sein Wohltäter, wird festgenommen und stirbt im März 1945 in einem deutschen Zwangsarbeiterlager.

Ralphs nächste Station ist der Keller des „Musée Art & Histoire“. Dort verbringt er, versteckt von Jacques Breuer, ein weiteres Jahr bis zur Befreiung Brüssels im September 1944. Nach dem Krieg arbeitet er als Reporter für mehrere Zeitungen und lebt einige Jahre in Kanada. Seine letzten Lebensjahre verbringt er in Woluwe-Saint-Lambert.

Zu den Menschen, denen er sein Überleben verdankt, hält Ralph Mayer ein Leben lang Kontakt. Jedes Jahr zu Weihnachten besucht er die Familien Jonnart und Breuer. Allerdings: Über den dramatischen Hintergrund dieser Besuche, erinnert sich ein Urenkel von Jacques Breuer, sei in seiner Familie nie gesprochen worden.

Entfernung: 120 Meter
weiter auf Kaesenstraße Richtung Kreisverkehr *(30 Meter)*
im Kreisverkehr rechts halten und einbiegen in Eifelstraße *(90 Meter)*

Eifelstraße 27: Otto May

Seine positiven Beurteilungen helfen Amtsgerichtsrat Otto May wenig: Am 1. April 1933 wird der Jurist, seit 1928 Vorsitzender Richter beim Arbeitsgericht Köln, „bis auf weiteres“ beurlaubt. Vier Monate später versetzt man ihn aus „dienstlichem Bedürfnis“ an das Amtsgericht Köln. Erst ein Jahr zuvor hatte ihm sein Vorgesetzter eine besondere juristische Begabung bescheinigt. Otto May sei fleißig und verhandle schnell und geschickt. „Seine Leistungen sind gut. Führung tadellos.“ Doch der Mann ist „Nichtarier“, wie es zwei Jahre später in einer ebenfalls positiven Beurteilung heißt. Und damit nicht länger erwünscht in deutschen Gerichtssälen.

Otto Norbert May wird am 1. Mai 1893 als Sohn von Siegmund und Sophie May in Köln geboren und hat eine zwei Jahre jüngere

Schwester. Sein Vater ist Metzgermeister und führt in der Weyerstraße 122 eine gutgehende Fleischerei. Siegmund May hat es zu einem gewissen Wohlstand gebracht: Er besitzt mehrere Mietshäuser in Kölns bester Wohnlage. 1908 gibt er sein Geschäft auf – die Räumlichkeiten werden an einen Zigarrenhändler vermietet –, und 1913 bezieht die Familie eine elegante Sechs-Zimmer-Wohnung in der Eifelstraße 27. Auch an Sieglinde und Sophia May erinnern Stolpersteine vor dem Haus.

Ein Jahr zuvor hat Otto May an der Bonner Universität ein Jurastudium begonnen; bereits im Juli 1914 legt er sein Referendarexamen ab. Kurz darauf beginnt der Erste Weltkrieg, und der 21-Jährige wird eingezogen. Otto May ist damit einer von rund 100 000 jüdischen Soldaten, die für Deutschland in den Krieg ziehen. Etwa 13 000 von ihnen bezahlen dafür mit ihrem Leben, tausende andere kehren als Invalide nach Hause zurück.

Auch Otto May wird im Kampf verwundet. Er erleidet eine Kopfverletzung und wird für seine Verdienste mit dem Eisernen Kreuz II. Klasse ausgezeichnet. Nach Ende des Krieges setzt er seine juristische Ausbildung fort. Am 1. Oktober 1927 wird er zum Amtsgerichtsrat ernannt, am 16. Mai 1928 zum nebenamtlichen und am 1. April zum hauptamtlichen Vorsitzenden Richter beim Arbeitsgericht Köln. Mit der Machtübernahme der Nationalsozialisten endet Otto Mays juristische Karriere. Nach seiner Versetzung an das Amtsgericht Köln ist er noch zwei Jahre als Richter tätig. Am 1. Oktober 1935 wird er erneut beurlaubt und Ende des Jahres in den Ruhestand versetzt. „Ist Jude", lautet die knappe Begründung.

In den nächsten Jahren engagiert sich Otto May verstärkt in der Kölner Synagogengemeinde und im zionistischen Ortsverband Köln. 1938 heiratet er Josepha Pollak, geschiedene Flachslander, die nach der Hochzeit zu ihm und den Eltern in die Eifelstraße 27 zieht. Auch an sie erinnert vor dem Haus ein Stolperstein. Ein Jahr später emigriert das Ehepaar nach Palästina und lässt sich in Tel Aviv nieder. Dort lebt bereits Otto Mays Schwester Ella Cossmann mit ihrer Familie.

Über den weiteren Lebensweg von Otto May ist nichts bekannt. Laut seiner Einbürgerungsurkunde arbeitet er in Tel Aviv als „articled clerk", also als Referendar. Seine Eltern wohnen bis Ende des Jahres 1941 in der Eifelstraße 27, müssen ihre Wohnung jedoch mit mehreren jüdischen Mitbewohnerinnen und Mitbewohnern teilen. Im

Herzl-Gedächtnis Sportfest. Amtsgerichtsrat Otto May hält eine Ansprache vor dem Makkabi Hazair, 1934
NS-DOK Köln, Bp 30666

Januar 1942 ziehen sie in ein sogenanntes Ghettohaus in der Kölner Innenstadt und werden am 26. September in das Ghetto Theresienstadt deportiert. Dort stirbt Siegmund May am 14. Juli 1943. Sophie May, geborene Bamberger, wird am 15. Mai 1944 im Vernichtungslager Auschwitz-Birkenau ermordet.

Weitere Stolpersteine vor dem Haus erinnern an jüdische Bewohnerinnen und Bewohner, die 1941 in die Ghettos Litzmannstadt und Riga verschleppt wurden: Gertrud Adler (Jg. 1901), Emmy Berlin (Jg. 1885), Helene Berlin (Jg. 1884), Emilie Katz (Jg. 1876), Sally Katz (Jg. 1876), Julie Nussbaum (Jg. 1875), Mathilde Nussbaum (Jg. 1877), Josef Nussbaum-Kappel (Jg. 1881), Maier Strauss (Jg. 1875), Wally Strauss (Jg. 1880), Cläre Weinberg (Jg. 1889).

Entfernung: 250 Meter
auf Eifelstraße zurück zum Kreisverkehr, links abbiegen (80 Meter)
links abbiegen auf Volksgartenstraße (170 Meter)

Gerhard und Bella Tietz, Anfang der 1930er-Jahre
NS Dok Köln, N 3580,4

Volksgartenstraße 58: Bella und Gerhard L. Tietz

Bis zu seinem Elternhaus in der Hardefuststraße 3 sind es von der Volksgartenstraße nur wenige Gehminuten. Dort, in einer großen Villa, die seine Mutter inzwischen allein bewohnt, hat Gerhard Leonhard Tietz einen Großteil seines Lebens verbracht. Nach seiner Heirat im Jahr 1930 bezieht der 36-Jährige, seit einigen Jahren Direktor und Vorstandsmitglied der Leonhard Tietz AG, erstmals eine eigene Wohnung in der Volksgartenstraße 58. Nur vier Jahre später wird Gerhard L. Tietz mit seiner ukrainischen Ehefrau Bella, geborene Schuty, und der gemeinsamen Tochter Tamara Hella nach Großbritannien fliehen.

Gerhard L. Tietz, am 16. November 1894 in Elberfeld geboren, ist der jüngste Sohn des Warenhausgründers Leonhard Tietz und dessen Ehefrau Flora. Seinem Vater gehört die bekannte Warenhauskette Tietz mit Filialen in ganz Deutschland, und Gerhard wächst mit zwei Schwestern und einem älteren Bruder im Wohlstand einer großbürgerlichen Unternehmerfamilie auf. Sein beruflicher Weg ist vorge-

Gerhard L. Tietz im Karneval um 1930
NS Dok Köln N 3580,3

zeichnet: Auch er wird eines Tages in den Familienkonzern einsteigen.

Als sein Vater 1914 stirbt, ist Gerhard erst 20 Jahre alt, und sein elf Jahre älterer Bruder Alfred übernimmt die Leitung der Warenhauskette. 1926 oder 1927 wird auch Gerhard in den Vorstand der Leonhard Tietz AG berufen. Von 1929 an bekleidet er eine Direktorenstelle, muss seinen Posten jedoch 1933 auf Druck der Nationalsozialisten niederlegen. Gerhard L. Tietz, sein Bruder Alfred und weitere Familienmitglieder werden gezwungen, sich aus dem Vorstand des Konzerns zurückzuziehen. Noch im selben Jahr verkauft die Familie das Unternehmen weit unter Wert. Nun heißt es: „Westdeutsche Kaufhof AG".

1934 emigrieren Bella und Gerhard L. Tietz mit ihrer Tochter Tamara nach London, wo ein Jahr später ein zweites Kind, Vera, geboren wird. 1940 zieht Gerhards hochbetagte Mutter zu ihnen. Gerhard Leonhard Tietz stirbt am 9. Februar 1978 in London. Seine Ehefrau Bella, geborene Schuty, überlebt ihn um knapp zwei Jahre. Ihr Todesdatum ist der 30. Januar 1980.

Entfernung: 340 Meter
weiter auf Volksgartenstraße (260 Meter)
rechts abbiegen auf Kleingedankstraße (80 Meter)

Kleingedankstraße 16: Hildegard und Bruno Möller

Die Stolpersteine für Hildegard und Bruno Möller wurden bereits 2001 verlegt, nur wenige Jahre, nachdem Gunter Demnig mit seinem Kunst- und Erinnerungsprojekt begonnen hatte. So erklärt sich, dass die kleinen Messingplatten mit den Lebensdaten des jüdischen Ehepaares ein wenig verwittert sind. Nur mühsam lassen sich die Inschriften darauf entziffern.

Bruno Möller wird am 9. März 1893 als Sohn von Max und Ella Möller in Köln geboren. Sein Vater stammt aus Danzig und lebt seit den 1880er-Jahren in Köln. Seine Mutter kommt aus Halberstadt. Dort hatte Brunos verstorbener Großvater Benjamin Herzberg eine Pferdehandlung. Geheiratet haben die Eltern 1892 in Berlin, wo die Mutter damals wohnte.

Bruno scheint das einzige Kind des Ehepaares geblieben zu sein. Er besucht eine sogenannte Mittlere Knabenschule und wird Kaufmann wie der Vater. Als 1914 der Erste Weltkrieg beginnt, gehört der 21-Jährige zu den rund 100 000 jüdischen Soldaten, die auf deutscher Seite kämpfen. Bruno Möller wird schwer verwundet – das bezeugen die Verwundetenabzeichen, die er erhält. Für besondere Tapferkeit wird er mit dem Eisernen Kreuz I. und II. Klasse ausgezeichnet. Sein Name ist auf einer Liste des Ghettos Litzmannstadt verzeichnet, auf der die Träger von Kriegsauszeichnungen aufgeführt sind.

Bruno Möller ist bereits 41 Jahre alt und lebt noch bei seiner verwitweten Mutter, als er 1934 Hildegard Rheinhold heiratet. Hilde, am 29. November 1904 in Köln geboren, ist in bescheidenen Verhältnissen aufgewachsen. Ihr Vater Max Rheinhold ist Handelsgehilfe, ihre Mutter Selma, geborene Bier, stammt aus einer kinderreichen Metzgerfamilie. Das frisch verheiratete Ehepaar zieht gemeinsam mit Brunos Mutter Ella in die Maternusstraße 8.

Anfang der 1940er-Jahre finden wir Bruno Möllers Namen unter der Adresse Kleingedankstraße 16. Er ist als Bewohner „ohne Gewerbe“ registriert und muss – wie seit dem 1. Januar 1939 Pflicht im NS-Staat – den Zusatznamen Israel tragen. Vermutlich war der Auszug aus der Maternusstraße kein freiwilliger. Seine betagte Mutter lebt inzwischen am Salierring 48.

Am 22. Oktober 1941 wird das Ehepaar in das Ghetto Litzmannstadt deportiert und muss sich dort mit mehreren Personen

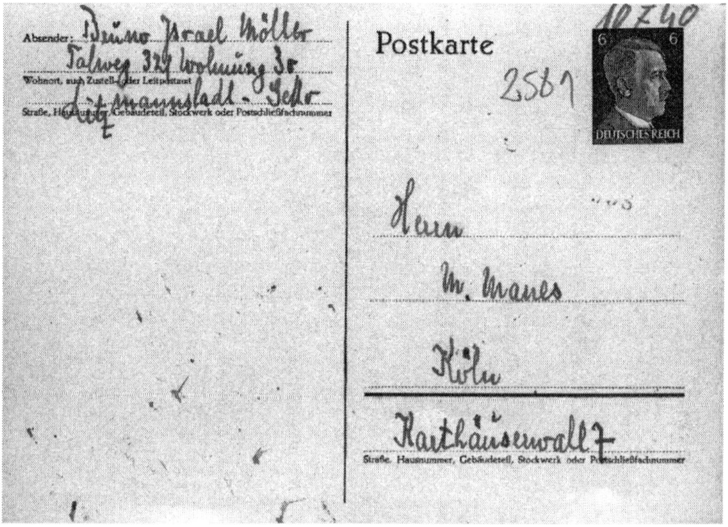

Absender: Bruno Israel Möller
Talweg 32/9 Wohnung 30
Wohnort, auch Zustell- oder Leitpostamt
Litzmannstadt - Getto
Straße, Hausnummer, Gebäudeteil, Stockwerk oder Postschließfachnummer

Postkarte

2581

6 6
DEUTSCHES REICH

Herrn
M. Manes
Köln
Karthäuserwall 7
Straße, Hausnummer, Gebäudeteil, Stockwerk oder Postschließfachnummer

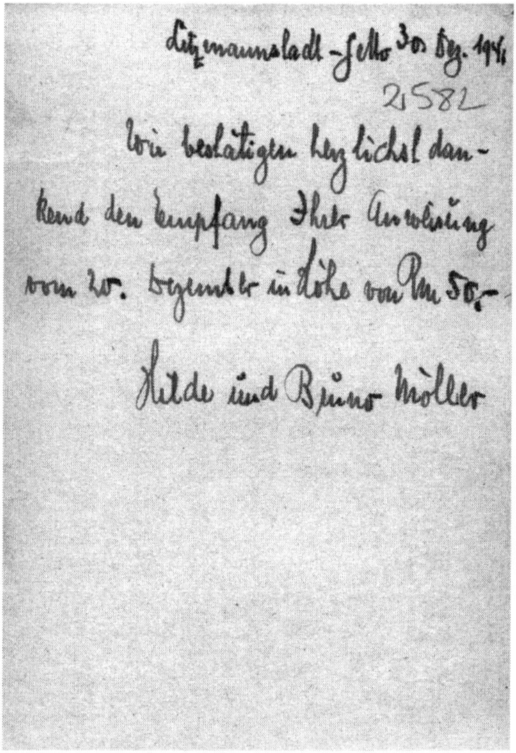

Litzmannstadt-Getto 30. Dez. 1941

2582

Wir bestätigen herzlichst dankend den Empfang Ihrer Anweisung vom 20. Dezember in Höhe von RM 50.-

Hilde und Bruno Möller

Postkarte aus dem Ghetto Litzmannstadt von Bruno und Hilde Möller. Sie bestätigen den Erhalt von Unterstützungsgeld *Archiwum Panstwowe w Lodzi PSZ 2319 Bl. 2581, 2582* ein Zimmer im Talweg 32/30 teilen. Das letzte Lebenszeichen von Bruno und Hilde Möller datiert vom 30. März 1943. Sie seien zu einer „Arbeit außerhalb des Ghettos“ abkommandiert worden, heißt es in den Unterlagen des Ghettos. Vermutlich gehörte das Ehepaar zu den knapp 1000 Personen, die an diesem Tag in das Vernichtungslager Auschwitz-Birkenau deportiert und dort später ermordet wurden.

Auch Brunos Mutter Ella Möller und Hildes Eltern Max und Selma Rheinhold fallen dem Vernichtungsfeldzug der Nazis gegen die jüdische Bevölkerung zum Opfer. Sie werden 1942, 1944 und 1945 im Ghetto Theresienstadt ermordet.

Entfernung: 290 Meter
zurückgehen zur Volksgartenstraße (80 Meter)
links abbiegen auf Volksgartenstraße (210 Meter)

Volksgartenstraße 24: Paul Egon Cahn

Hinter Paul Egon Cahn liegt ein weiter Weg, als er im Jahr 1949 zum ersten Mal US-amerikanischen Boden betritt. Geboren am Rand der Vulkaneifel. Umgezogen nach Köln. Ausgewandert nach Nakuru in Kenia. Sesshaft geworden in den USA. Ein Verfolgter, der einen Ort zum Bleiben sucht.

Paul Egon Cahn kommt am 22. September 1918 in Andernach am Rhein zur Welt. Mit zwei Schwestern – der 1917 geborenen Erika und der 1922 geborenen Ingeborg – wächst er in einer Sieben-Zimmer-Wohnung in der Wilhelmstraße 13 auf. Dort betreibt sein Vater Simon Siegfried Cahn eine Tabakgroßhandlung. Seine Mutter Regina, geborene Levy, ist Näherin. 1932 beendet Paul Egon Cahn die Schule und beginnt am 15. Juli bei der Firma „Zylinderschleiferei und Motorenbau A. Calabrese“ in Andernach eine Ausbildung zum Automechaniker.

Firmeninhaber Antony Calabrese ist zufrieden mit dem neuen Lehrling. „Herr Cahn“ sei ein guter Arbeiter, fleißig, willig und ehrlich. Er habe sich nach seiner Ausbildung zum Lagerspezialisten weitergebildet und sei „in der Lage, sämtliche vorkommende(n) Arbeiten auszuführen“, bescheinigt er ihm. Fünf Jahre arbeitet Paul Egon Cahn

Familienfoto 1920/21 in Ochtendung: Simon Siegfried Cahn (o. r.), seine Ehefrau Regina (M. r.), Paul Egon Cahn (u. M.), darüber seine Schwester Erika
Leo Baeck Institute, Paul Egon Cahn Collection (AR 25431), Box 3 Folder 3

für den Motorenbauer, stets zu dessen „vollster Zufriedenheit". Dennoch wird er am 15. Juni 1937 entlassen. Der Grund: „Herr Cahn" sei „nicht-arischer Abstammung". So steht es in Antony Calabreses Empfehlungsschreiben vom 20. Juni 1937, das sich heute zusammen mit weiteren Unterlagen der Familie Cahn im Leo-Baeck-Institute in New York befindet.

Noch im selben Jahr verlassen Paul Egon Cahn und seine Familie Andernach und ziehen nach Köln in die Volksgartenstraße 24. Am 21. September fängt der 19-Jährige als Chauffeur bei der Pelzhandlung „Rosenthal und Wirth" in der Krebsgasse an. Auch hier ist man voll des Lobes für den stets „pünktlichen, fleißigen, ehrlichen und aufmerksamen" Fahrer. „Der ihm anvertraute Wagen – ein Buick 16/80 – war stets in allerbester Verfassung und immer fahrbereit", heißt es in einem Schreiben seines Arbeitgebers. Auch sei der Angestellte immer nüchtern gewesen.

Zeitgleich betreibt Paul Egon Cahn seine Auswanderung nach Kenia. Die britische Kronkolonie verfolgt eine restriktive Einwanderungs-

Simon Siegfried und Regina Cahn
Leo Baeck Institute, Paul Egon Cahn Collection (AR 25431), Box 3 Folder 3

politik. Nur rund 650 Jüdinnen und Juden aus Deutschland gelingt während der NS-Zeit die Einreise in das ostafrikanische Land. Paul Egon Cahn ist einer von ihnen. Am 5. März 1938 kündigt er bei „Rosenthal und Wirth“ und bricht wenig später über Marseille nach Nakuru auf. Es ist die drittgrößte Stadt Kenias und rund 150 Kilometer von Nairobi entfernt. Vor Ort wird der Emigrant zunächst vom örtlichen Flüchtlingskomitee unterstützt, dem „Kenya Jewish Refugee Committee“, das ihm eine Unterkunft auf einer Farm besorgt. Sobald er eine Arbeitsstelle gefunden hat, muss er das vorgestreckte Geld zurückzahlen. Auch seine beiden Schwestern verlassen 1938 Deutschland. Erika Cahn flieht nach Schottland, Ingeborg Cahn nach Australien. An sie wie auch an die Eltern Cahn erinnern ebenfalls Stolpersteine vor dem Haus.

Bis 1949 arbeitet Paul Egon in Nakuru für die Firma „Motor Mart & Exchange LtD“ als Automechaniker. Seine Versuche, die Eltern über England nachzuholen, scheitern an bürokratischen Hürden und fehlenden finanziellen Mitteln. Weder das Flüchtlingskomitee in Kenia noch die Organisation „Self Aid of German Emigrants" in London sehen sich imstande, sein Anliegen zu unterstützen. „Die Auswanderung Ihrer Eltern nach Kenia erscheint uns so schwierig, dass wir glauben, sie außer Betracht lassen zu müssen", heißt es in einem Brief aus London vom 29. Juni 1939. Paul Egon Cahns verzweifelter Kampf um die Rettung seiner Eltern, dokumentiert durch eine umfangreiche Korrespondenz, dauert bis zu deren Deportation im Dezember 1941 in das Ghetto Riga. Dort verliert sich die Spur von Simon Siegfried Cahn. Regina Cahn wird 1944 in das KZ Stutthof bei Danzig verschleppt und dort ermordet.

Im Juli 1949 verlässt Paul Egon Cahn Kenia und emigriert zu Verwandten in die USA. Er lässt sich in New York nieder, arbeitet auch dort als Automechaniker und heiratet 1964 die gebürtige Hamburgerin Senta Gottschalk. Paul Egon Cahn stirbt 2010 in New York im Alter von 82 Jahren.

Entfernung: 90 Meter
weiter auf Volksgartenstraße (90 Meter)

Volksgartenstraße 10: Erich Klibansky

In der Kölner Innenstadt, ein wenig versteckt zwischen der Helenen- und der Albertusstraße, ist ihm ein kleiner Platz gewidmet: der Erich-Klibansky-Platz. An dieser Stelle stand bis zur Schließung im Sommer 1942 das orthodoxe jüdische Privatgymnasium Jawne, dessen Leiter Erich Klibansky 13 Jahre lang war. Daheim war der Pädagoge in der Volksgartenstraße 10, wo fünf Stolpersteine an ihn, seine Ehefrau Meta, geborene David, und die gemeinsamen Söhne Hans Raffael, Alexander und Michael erinnern.

Erich Klibansky kommt am 28. November 1900 in Frankfurt am Main zur Welt. Sein Vater Pinkus leitet ein Jugendpensionat, das auch Erich einige Jahre besucht. Er hat einen zwei Jahre jüngeren Bruder, Josef. Anders als Erich und dessen Familie überlebt der Jurist den Holocaust. Erich studiert Geschichte, Germanistik und Romanistik, wechselt mehrmals den Studienort. Privat ist er mit Meta David ver-

Schulleiter Dr. Erich Klibansky am Fenster des Jawne-Gebäudes, Köln 1936
NS-DOK Köln, Sammlung Corbach, Bp C 161

bandelt, einer zwei Jahre jüngeren Lehrerin, die an der Israelitischen Töchterschule in Hamburg unterrichtet.

1925 promoviert Erich Klibansky mit einer Arbeit über „Die topographische Entwicklung der kurmainzischen Ämter in Hessen". Inzwischen ist er mit Meta verheiratet, und nach seinem Studienabschluss geht das Ehepaar gemeinsam nach Breslau, wo der frisch gebackene Lehrer eine Stelle an einem privaten jüdischen Reform-Real-Gymnasium antritt. Am 10. April 1928 wird in Breslau Hans Raffael, ihr erstes Kind, geboren. Ein Jahr später zieht die Familie nach Köln. Erich Klibansky ist eine Direktorenstelle an der Jawne angeboten worden.

Das „Private jüdische Reformgymnasium mit Realschule für Knaben und Mädchen", wie die Einrichtung seit 1929 heißt, ist die einzige höhere Schule für jüdische Schülerinnen und Schüler im Rheinland. Gegründet wurde sie 1919. Die Mehrzahl der Kinder stammt aus streng orthodoxen, osteuropäischen Familien. Doch seit jüdische Schülerinnen und Schüler an den öffentlichen Schulen zunehmend

Verlobung von Meta David und Erich Klibansky im Januar 1927
NS-DOK Köln, Sammlung Corbach, BP C 43

ausgegrenzt werden, schicken auch liberale und nicht-religiöse Familien ihren Nachwuchs auf die Jawne. Seit 1933 schnellen die Anmeldezahlen nach oben, und innerhalb von vier Jahren verdoppelt sich die Zahl der Zöglinge.

Erich Klibansky, inzwischen Vater von drei Söhnen – 1931 wird Alexander, 1935 Michael geboren –, reagiert auf die bedrohlichen politischen Veränderungen in Deutschland mit einer Ausweitung des Fächerkanons. Im Eiltempo versucht er, die ihm anvertrauten Kinder und Jugendlichen auf ein Leben im Exil vorzubereiten. Auf dem Stundenplan der Jawne stehen seit 1937 Palästinakunde, modernes Hebräisch und Englisch. Außerdem werden die oberen Klassen von muttersprachlichen Lehrern auf das „Cambridge Certificate of Proficiency in English" vorbereitet. Das Sprachdiplom ist die Voraussetzung für ein Studium in Großbritannien und anderen englischsprachigen Ländern.

Mit dem Novemberpogrom im Jahr 1938 verschärft sich die Situation für die jüdische Bevölkerung weiter. Auch darauf reagiert Erich Klibansky mit Besonnenheit und Pragmatismus. Mit Hilfe des „Central British Council for Refugees" und unterstützt von jüdischen

Spendern in London organisiert er zwischen Januar und Juli 1939 vier Kindertransporte von Köln nach Großbritannien. Er rettet damit etwa 130 Schülerinnen und Schülern der Jawne das Leben.

Meta, die drei Söhne und er wohnen inzwischen in dem Schulgebäude. Es soll eine Zwischenlösung sein, bis auch sie nach Großbritannien ausreisen können. „Wir ‚wohnen' in dem kleinen Zimmer, in dem letztes Jahr unser Kurs von 8–9 stattfand", schreibt Erich Klibansky im Oktober 1939 an seinen Freund, den Herzspezialisten Bruno Kisch. „Das kleine Stückchen dunkler Flur davor ist unsere Küche, Badezimmer usw., und in dem anschließenden Klassenzimmer links schlafen die Söhne." Doch die Hoffnungen auf eine baldige Ausreise der Familie erfüllen sich nicht. Aus dem Provisorium wird ein Dauerzustand, der im Sommer 1942 brutal endet.

Am 20. Juli 1942 werden Erich Klibansky und seine Familie zusammen mit mehr als 1100 Männern, Frauen und Kindern aus dem Rheinland von Köln-Deutz in das Ghetto Minsk deportiert und dort vier Tage später ermordet. Die Jawne war drei Wochen zuvor offiziell geschlossen worden.

Am Standort der zerstörten Jawne erinnern heute der Erich-Klibansky-Platz und der Löwenbrunnen an das Schicksal des Schuldirektors und an die Ermordung von rund 1100 jüdischen Kindern aus Köln. Dort, in der Albertusstraße 26, befindet sich auch der „Lern- und Gedenkort Jawne".

Entfernung: 110 Meter
weiter auf Volksgartenstraße (40 Meter)
links abbiegen auf Metzer Straße (70 Meter)

Metzer Straße 31: Henriette Aron

Im Viertel kennt man sie als die Kamellen-Oma. „Et Jüddchen", auch das sagen einige, wenn von Henriette „Henny" Aron die Rede ist. „Ein Bonbon gab es immer extra", erinnert sich Gunther Kuhn an die stets freundliche Ladenbesitzerin. Als kleiner Junge kaufte er oft Süßigkeiten bei ihr. Lakritzschnecken für ein paar Pfennige, rot-weiße Zuckerstangen und klebrige Pfefferminzbonbons. 2015 ließ er, der schon weit über 80 Jahre alt war, in der Metzer Straße 31 einen Stolperstein für Henny Aron verlegen. Denn dort befand sich in den 1930er-Jahren die Zuckerwarenhandlung der „Kamellen-Oma".

Henny Aron, geboren am 12. Juli 1898 in Oberwinter bei Ahrweiler, verschlägt es Mitte der 1930er-Jahre nach Köln. Sie ist das einzige Kind von Adolf und Fanny Aron und wächst in gutbürgerlichen Verhältnissen auf. Zwei Geschwister sind kurz nach der Geburt gestorben. Adolf Aron, ein gebürtiger Schlesier, ist von Beruf Glasermeister und besitzt in Bad Honnef mehrere Geschäfte, darunter eine Glaserei und eine Glas- und Porzellanhandlung. 1928 stirbt Hennys Mutter, und Adolf Aron heiratet ein zweites Mal. Mag sein, dass Henny weiterhin im Haushalt des Vaters lebt. Sie ist inzwischen 30 Jahre alt und unverheiratet. Ob sie einen Beruf erlernt hat, weiß man nicht.

1933 oder 1934 schließt Adolf Aron seine Geschäfte, und Henny zieht nach Köln. Im Erdgeschoss der Metzer Straße 31 eröffnet sie 1935 eine Zuckerwarenhandlung. Henny Aron ist beliebt bei den Kundinnen und Kunden. Vor allen die Kinder mögen die freigiebige Ladenbesitzerin, die stets ein freundliches Wort und eine Kamelle für sie hat.

Doch die Repressalien gegen die jüdische Bevölkerung zeigen zunehmend Wirkung. 1940 oder 1941 muss Henny Aron ihr Ladenlokal und die Wohnung in der Metzer Straße räumen. Sie zieht in die Bonner Straße 33, wo ein zweiter Stolperstein an sie erinnert. Am 22. Oktober 1941 wird sie in das Ghetto Litzmannstadt im besetzten Polen deportiert. Man weist ihr ein Zimmer in der Kelmstraße 15 zu, das sie mit mehreren Personen teilen muss. Offenbar geht sie im Ghetto einer Arbeit nach.

Im Mai 1942 wird Henriette Aron, die „Kamellen-Oma" aus Köln, in die Vernichtungsstätte Kulmhof/Chelmno abtransportiert und dort sehr bald nach ihrer Ankunft ermordet. Ihr Vater Adolf Aron überlebt das Kriegsende im Ghetto Theresienstadt und stirbt 1947 in Bad Honnef im Alter von 77 Jahren.

Entfernung: 110 Meter
weiter auf Metzer Straße Richtung Ringe bis Lothringer Straße. Der Stein befindet sich vor dem Eckhaus auf der linken Seite.
(110 Meter)

Lothringer Straße 1: Max Salomon

„De Pläät“, so nennt man Max Salomon in der Stadt. De Pläät, die Glatze, vom Kleinen Kölner Klub (KKK). 1922 gründet der Kaufmann gemeinsam mit seinem Bruder Willi und einigen Freunden Kölns ersten jüdischen Karnevalsverein. Bis zu dessen Ende in den 1930er-Jahren amtiert der begeisterte Karnevalist als Präsident des KKK.

Max Salomon, am 3. Juni 1886 geboren, wächst mit drei Geschwistern in Köln auf. Sein Vater Salomon Salomon stammt aus der polnischen Stadt Pniewy, seine Mutter Henriette Lion aus dem Ruhrgebiet: Ihre Familie ist in Bochum zu Hause. Max tritt nach seinem Schulabschluss in die Fußstapfen des Vaters. Er macht eine Ausbildung zum Kaufmann und reist einige Jahre als Vertreter für Strickgarne über Land. Der Erste Weltkrieg bedeutet eine erste Zäsur im Leben des Max Salomon. Sein Bruder Otto fällt an der Front. Er selber verbringt die letzten Kriegsmonate jenseits des Kampfgeschehens als Zahlmeister in Belgrad.

Im November 1919 heiratet er Christina Berger, eine fünf Jahre jüngere Bäckertochter aus Krefeld, und zieht mit ihr in die Lothringer Straße 1. Dort eröffnet Max Salomon in der ersten Etage ein Strumpf- und Textilwarengeschäft. Am 7. Januar 1922 wird Tochter Erika geboren, das einzige Kind des Paares. Auch an Erika und Christina Salomon erinnern zwei Stolpersteine vor dem Haus.

Der junge Geschäftsmann und Vater hat noch ein zweites Leben. Max Salomon ist begeisterter Karnevalist. 1910 steht er das erste Mal in der Bütt der Kölner Karnevalsgesellschaft „Konventsmöhne“. Seine bekannteste Figur ist die „Kölsche Marktfrau“, ein dralles, verschmitzt lächelndes Weib mit Kopftuch, Kittelschürze und großem Mundwerk. Ihr wird Max Salomon mehr als 50 Jahre treu bleiben.

1922 gründet Max Salomon mit einigen Gleichgesinnten den Kleinen Kölner Klub, Kölns ersten jüdischen Karnevalsverein. Von 1925 an lädt der KKK die Kölschen Jecken regelmäßig zum Maskenball ins Weinhaus Heiß in der Antonsgasse, später dann in die Wolkenburg und schließlich in die mehrere tausend Menschen fassende Rheinlandhalle in Köln-Ehrenfeld. Die Sitzungen, auf denen Karnevalsgrößen wie der jüdische Schauspieler und Kabarettist Hans David Tobar auftreten, sind bei den jüdischen wie den nicht-jüdischen Jecken gleichermaßen beliebt.

Max Salomon,
Präsident des KKK
NS-DOK Köln,
N 3224,59

1933 endet das fröhliche Miteinander. Jüdische Künstler sind nicht länger erwünscht im Kölner Karneval. Der KKK verzichtet fortan auf öffentliche Veranstaltungen und trifft sich nur noch im privaten Kreis. Ein Jahr später rollt der erste antisemitische Rosenmontagswagen, der sogenannte Palästina-Wagen, durch die Straßen der Stadt. Die Karnevalisten haben sich mit langen schwarzen Bärten und hohen Hüten als orthodoxe Juden kostümiert. Ihr Motto: „Die Letzten ziehen ab." 1936 folgt ein weiterer Wagen mit judenfeindlichen Motiven. Dessen Motto „Däm han se op d'r Schlips getrode" (Dem haben sie auf den Schlips getreten) spielt auf perfide Weise auf die Nürnberger Gesetze und die damit einhergehende Entrechtung der jüdischen Bevölkerung an.

Familie Salomon in ihrer Wohnung Lothringer Straße 1
NS-DOK Köln, N 3224,1/011

Für Max Salomon bedeutet die Machtübernahme der Nationalsozialisten auch das wirtschaftliche Aus. 1935 muss er sein Geschäft schließen. Vier Jahre später, nur wenige Wochen nach Beginn des Zweiten Weltkriegs, flieht die Familie über Rotterdam in die USA. Am 2. Dezember 1939 erreichen Max, Christina und ihre Tochter Erika New York, wo Verwandte sie willkommen heißen.

Max Salomon baut sich in Los Angeles eine neue Existenz auf. Seiner Heimatstadt Köln und dem Kölner Karneval bleibt er bis zu seinem Tod im Jahr 1970 eng verbunden. Er hält Kontakt zu den Kölner Karnevalisten und veranstaltet in Los Angeles einmal im Jahr einen „Rheinischen Abend“. Bei einem Besuch in Köln im Jahr 1962 ehrt ihn die „Große Karnevalsgesellschaft von 1823“, deren Mitglied er vor 1933 war, mit ihrem höchsten Orden.

Seit 2017 gibt es einen Nachfolgeverein des KKK, den „Kölsche Kippa-Köpp e.V“. Die „Köpp“, wie sie sich nennen, sehen „das Wiederaufleben eines bewusst jüdischen Vereins als zusätzliche Bereicherung für den kölschen Karneval und vielleicht sogar darüber hinaus“. An Kölns ersten jüdischen Karnevalsverein erinnert seit 2021 der

Kleine-Kölner-Klub-Weg in der Grünanlage zwischen Kartäuserwall und Sachsenring.

Entfernung: 180 Meter
zur Kreuzung zurück und weitergehen auf Elsaßstraße (180 Meter)

Elsaßstraße 59: Sophia Meyer

Hatte Sophia Meyer bis zur Machtübernahme der Nationalsozialisten ein erfülltes oder zumindest ein zufriedenes Leben? Hätte sie gern geheiratet, Kinder bekommen? Fragen, die sich heute nicht mehr beantworten lassen. Denn Sophia Meyer, am 9. Januar 1871 in Weisweiler geboren, hat auf dieser Welt nur wenige Spuren hinterlassen.

Zusammen mit zwei Schwestern und zwei Brüdern wächst sie in einem Handwerkerhaushalt in Weisweiler auf. Als sie zehn Jahre alt ist, ändert die Familie ihren jüdisch klingenden Nachnamen Cahn durch eine „Genehmigungsurkunde der Königlichen Regierung zu Aachen vom 20. September 1881“ in Meyer. Sophias Vater Salomon Meyer, dem sie einen Großteil ihres Lebens widmet, ist Glasermeister und führt in der Hauptstraße 119 eine Glaserei. In Weisweiler sind der jüdische Geschäftsmann und seine Familie wohlgelitten. „Ein rüstiger Rentner“, schreibt die örtliche Tageszeitung „Der Bote von Inden“ anlässlich des 93. Geburtstags von Salomon Meyer. Der alte Herr rauche noch täglich sein Pfeifchen und lese die Zeitung. Seine Glaserei habe er erst kurz nach seinem 80. Geburtstag geschlossen. „Trotz seines hohen Alters ist er körperlich und geistig frisch. Auch an der Politik nimmt er noch lebhaft Anteil.“ Bürgermeister Haack und Gemeindevorsteher Breuer gratulieren ebenfalls und überreichen dem ältesten Mitglied ihrer Gemeinde ein kleines Geldgeschenk.

Stets an der Seite des Vaters: Sophia Meyer. Anders als ihre beiden Schwestern ist sie unverheiratet geblieben und betreibt in der Hauptstraße 58 eine Kurzwarenhandlung. Ihre Mutter Henriette ist 1923 gestorben, und Vater und Tochter teilen sich die Wohnung über Sophias Ladenlokal. Salomon Meyer sei mit 93 Jahren noch imstande, „das seiner Tochter gehörende Geschäft in deren Abwesenheit zu führen". Auch das erwähnt „Der Bote von Inden" in seinem Geburtstagsartikel. Und fast jeden Abend mache er zusammen mit der Tochter „ein Spielchen".

Als Salomon Meyer am 14. März 1938 bald hundertjährig in der gemeinsamen Wohnung stirbt, ist Sophia Meyer 67 Jahre alt. Die Zeiten haben sich geändert. Jüdische Geschäftsleute sind nicht mehr gern gesehen in Weisweiler, und die jüdische Gemeinde zählt nur noch 23 Mitglieder. In der Pogromnacht vom 9. auf den 10. November 1938 wird der Betsaal an der Hauptstraße verwüstet und die Einrichtung auf dem Marktplatz verbrannt. Vermutlich ist auch die Kurzwarenhandlung Meyer in dieser Nacht ein Ziel des braunen Mobs. Anfang 1939 verlässt Sophia Meyer Weisweiler und zieht nach Köln zu ihrer Schwester Rosalie Sass, die mit ihrer Familie in der Elsaßstraße 59 wohnt.

Im Juni 1942 findet sich eine letzte Spur von Sophia Meyer. Ihr Name steht auf einer Liste mit Personen, die wenige Tage später von Köln-Deutz in das Ghetto Theresienstadt deportiert werden sollen. „606. Meyer, Sophie von Beethovenstraße. Kein Vermögen." Offenbar hat die inzwischen 71-Jährige vor ihrer Deportation vorübergehend in einem sogenannten Ghettohaus in der Beethovenstraße gelebt. 962 Menschen, darunter auch Sophia Meyers Schwester Rosalie und ihr Schwager Siegmund Sass, werden an diesem 15. Juni 1942 nach Theresienstadt transportiert. Am 19. September wird Sophia Meyer weiterverschleppt in das Vernichtungslager Treblinka. Bei diesem Transport gibt es keine Überlebenden.

Sophia Meyers Schwager Siegmund Sass wird am 1. Oktober 1942, ihre Schwester Rosalie am 23. April 1943 im Ghetto Theresienstadt ermordet. Auch an sie und ihre Tochter Alma Sass (Jg. 1902), die 1941 im Ghetto Riga getötet wurde, erinnern Stolpersteine vor dem Haus.

Luxemburger Straße

Start: Einhardstraße 2
KVB-Haltestelle: Arnulfstraße
Länge: 1,6 Kilometer | **Stationen:** 6
Adressen: Einhardstr. 2 – Emmastr. 2 – Emmastr. 27 – Breibergstr. 8 (2 Verlegestellen) – Luxemburger Str. 307 – Sülzgürtel 43 (Ende)
KVB-Haltestelle: Berrenrather Straße/Gürtel

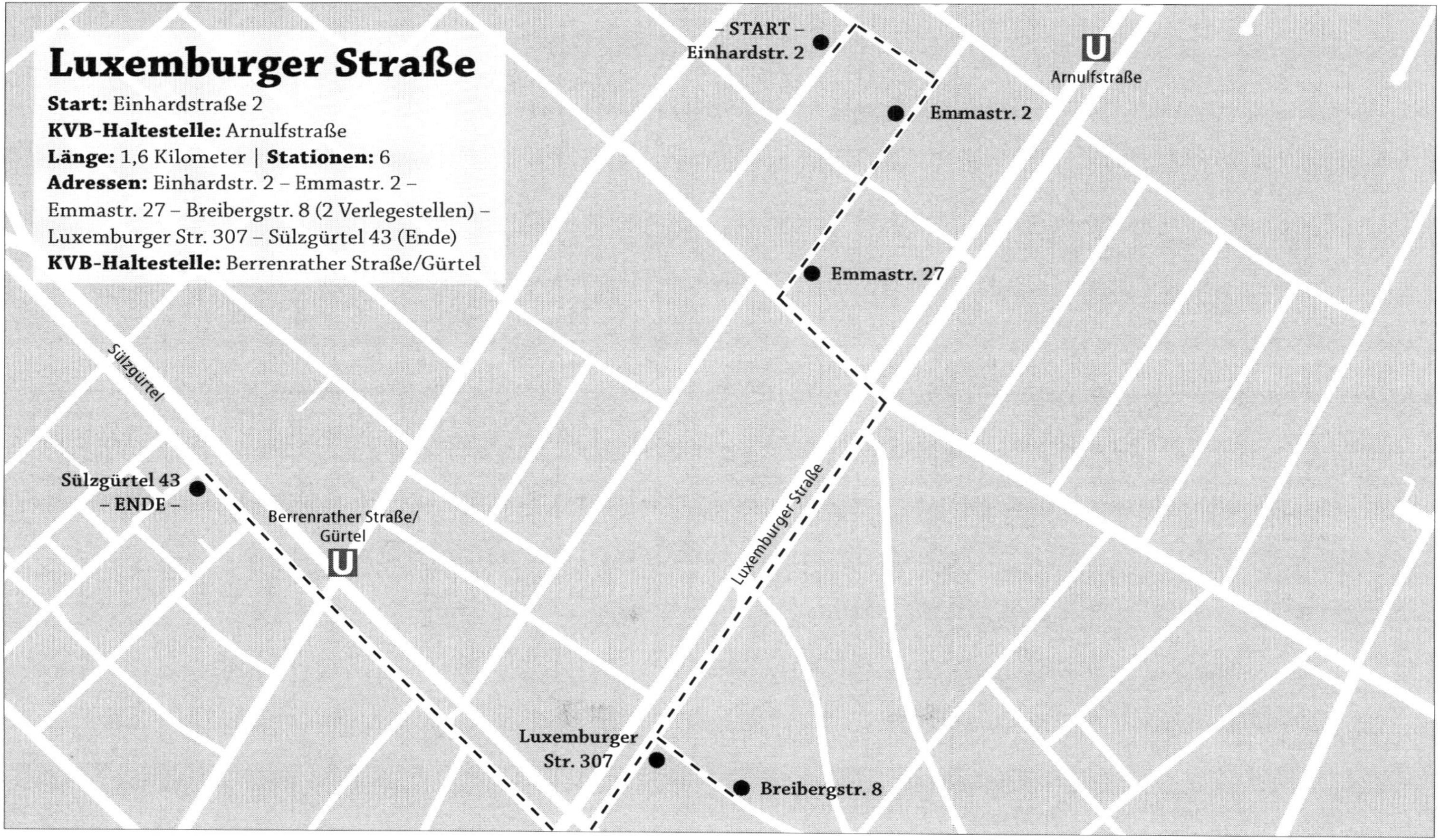

Luxemburger Straße, Ecke Breibergstraße
NS-DOK Köln, N 1171,1

Mehr als vier Kilometer misst die Luxemburger Straße zwischen dem verkehrsreichen Barbarossaplatz und der Kölner Stadtgrenze. Die vielbefahrene Ausfallstraße kann auf eine rund 2000 Jahre alte Geschichte zurückblicken. Angelegt wurde sie im 1. Jahrhundert n. Chr. von den Römern. Zunächst endete die Trasse im heutigen Zülpich; später wurde sie bis nach Trier verlängert. Sie führte mitten durch ein gigantisches Gräberfeld, eine Nekropole mit mehr als 1500 reich ausgestatteten Gräbern. Viele der dort gefundenen Gläser finden sich heute im Römisch-Germanischen Museum.

Zwischen 1824 und 1846 wurde auf der Spur des alten Römerwegs die heutige Luxemburger Straße gebaut. Moderne Gebäude wie die Agentur für Arbeit, das Amtsgericht Köln und das Unicenter prägen vor allem den city-nahen Abschnitt der vierspurigen Straße. Von den wuchtigen, mehrgeschossigen Wohnhäusern der Vorkriegszeit, die ihr Erscheinungsbild bis zum Gürtel und darüber hinaus bestimmen, haben sich viele erhalten oder sind nach dem Zweiten Weltkrieg wieder aufgebaut worden.

Unsere rund 1,6 Kilometer lange Wanderung führt zu mehreren Verlegestellen in Seitenstraßen der Luxemburger Straße. In der Einhardstraße 6 wird an die bekannte Musikerin und Komponistin Maria Herz, geborene Bing, erinnert, in der Emmastraße 27 an die

Kunsthistorikerin, Künstlerin und Journalistin Luise Straus-Ernst. Unsere letzte Station ist der Sülzgürtel 43. Dort stand bis zu seinem teilweisen Abriss im Jahr 2010 das Kinderheim Köln-Sülz. Es wurde 1917 eröffnet und war damals das größte Waisenhaus Europas. Zeitweise lebten bis zu 1000 Kinder und Jugendliche in dem weitläufigen Gebäudekomplex. Die Sinti-Kinder Gertrud und Hugo Rose, an die wir erinnern wollen, verbrachten zwei Jahre in dem Waisenhaus, ehe sie 1944 in das Vernichtungslager Auschwitz-Birkenau verschleppt und dort ermordet wurden.

Einhardstraße 2: Maria Herz

Maria Herz, geborene Bing, gehört zu den wohl produktivsten Komponistinnen ihrer Zeit. Ihr Werkverzeichnis umfasst Liedvertonungen, Klavierkonzerte und Orchesterstücke, darunter ein „Konzert für Violoncello und Orchester", eine „Chor-Phantasie für gemischten Chor, Sopransolo und Orchester" und eine „Rundfunkmusik für acht Instrumente".

Die Musikerin, am 19. August 1878 in Köln geboren, stammt aus einer bekannten Kölner Kaufmannsfamilie. Ihr Großvater Moritz Bing war Mitbegründer der Firma „Gebrüder Bing & Söhne", einer Großhandlung für „Bänder, Mode und Seidenstoffe" mit Dependancen in Krefeld und Berlin. Seit 1909 hat das Geschäft seinen Sitz im „Bing-Haus" am Neumarkt 15–21. Heute beherbergt das trutzige Gebäude das Gesundheitsamt der Stadt Köln. Im Foyer erinnert eine Bronzetafel an das Schicksal der Familie Bing.

„Mariechen" wächst mit zwei älteren Brüdern in einem großbürgerlichen Elternhaus auf. Als sie fünf Jahre alt ist, stirbt ihr Vater Samuel Bing, und ihre Mutter Henriette steigt als Teilhaberin in das Familienunternehmen ein. Maria erfährt die typische Ausbildung einer „Tochter aus gutem Hause". Sie bekommt Klavier- und Violin-Unterricht. Zu ihren Lehrern zählen so bekannte Musiker wie der Pianist und Musikpädagoge Max von Pauer, Dozent am Kölner Konservatorium, und der Komponist Josef Schwarz, der sie in Kompositionslehre unterrichtet.

1901 heiratet Maria Bing den sechs Jahre älteren Chemiker Albert Herz und zieht mit ihm nach England. Das Ehepaar lässt sich in Bradford in West Yorkshire nieder und bekommt vier Kinder: Herbert Hermann (Jg. 1902), Robert Samuel (Jg. 1903), Nora Evelyn (Jg. 1906) und Marjorie Betty (Jg. 1910). Auch an sie erinnern Stolpersteine vor dem Haus. Gleichzeitig setzt Maria Herz ihre musikalische Ausbildung fort. Sie nimmt Unterricht in Harmonie- und Kompositionslehre, organisiert Konzertveranstaltungen und tritt als Pianistin auf. 1908 entstehen die ersten eigenen Kompositionen.

Mit dem Beginn des Ersten Weltkrieges im August 1914 endet für die sechsköpfige deutsche Familie das beschauliche Leben in Mittelengland. Maria und Albert Herz sind ein paar Tage zuvor mit ihren Kindern zu einer Familienfeier nach Deutschland gereist und geraten buchstäblich zwischen die Fronten. Albert Herz wird als Chemiker sofort eingezogen. Die restliche Familie geht nach Köln, um dort das Ende des Krieges abzuwarten. Eine baldige Rückkehr nach England scheint undenkbar.

Als Albert Herz 1918 aus dem Kriegsdienst entlassen wird, beschließen Maria und er, sich dauerhaft in Deutschland niederzulassen. Bereits zwei Jahre später sind ihre Pläne Makulatur: Am 14. Juli 1920 stirbt Albert Herz mit nur 48 Jahren an der Spanischen Grippe. Weltweit kostet die Pandemie schätzungsweise 50 Millionen Menschen das Leben.

Für Maria Herz beginnt damit eine Zeit großer Veränderungen. Mit den Kindern zieht sie zu ihrem verwitweten Bruder Moritz Bing. Auch dessen Ehefrau ist kurz zuvor ein Opfer der Spanischen Grippe geworden. Rund zehn Jahre leben die Geschwister zusammen am Oberländer Ufer 208, ehe Maria Herz Anfang der 1930er-Jahre eine Wohnung in der Einhardstraße 2 bezieht. Sie hat sich inzwischen einen Namen als Komponistin gemacht und pflegt einen regen Austausch mit Musikerinnen und Musikern in ganz Europa. Zwischen 1920 und 1933 entstehen rund 30 Werke. Vorläufiger Höhepunkt ihrer Karriere ist am 15. Oktober 1929 die Uraufführung der Komposition „Vier kurze Orchesterstücke für große Orchester" im Kölner Gürzenich unter der Leitung des Chefdirigenten Hermann Abendroth.

Die Machtübernahme der Nationalsozialisten beendet die Karriere der jüdischen Komponistin. 1935 flieht Maria Herz gemeinsam mit ihrem Sohn Robert nach England und lässt sich in Birmingham nieder. 1947 emigriert sie zu ihren Töchtern nach New York. Nora Evelyn und Marjorie Betty Herz sind in den 1930er-Jahren in die USA

Maria Herz
Zentralbibliothek Zürich, Nachlass Maria Herz, Mus NL 165

geflohen. Maria Herz' ältester Sohn Herbert Hermann lebt seit 1934 in der Schweiz.

Maria Herz, geborene Bing, stirbt am 22. Oktober 1950 in New York im Alter von 72 Jahren. Als Komponistin ist sie längst verstummt. Ihr letztes Werk, ein Konzert für Klavier, Flöte und Streicher, stammt aus den 1930er-Jahren. Erstmals aufgeführt wird das Stück im Herbst 2000 – 50 Jahre nach ihrem Tod – in Zürich, wo ihre Enkel Albert Herz und Irene Gould mit ihren Familien leben.

Drei Stolpersteine am Oberländer Ufer 209 erinnern an den Bruder von Maria Herz, Moritz Bing (Jg. 1875, Flucht in die Schweiz 1938), und dessen Töchter Susanne Schmalenbach (Jg. 1905, Flucht in die Schweiz 1938) und Maria Fittler (Jg. 1908, Flucht in die Schweiz 1936).

Entfernung: 160 Meter
zum Nikolausplatz (35 Meter)
rechts abbiegen auf Nikolausplatz (85 Meter)
rechts abbiegen auf Emmastraße (40 Meter)

Familie Kahn, Ida und Robert Kahn (u.), Roberts Mutter Julchen (o. r.), Cousin Moritz mit Ehefrau (l. o.), um 1920
NS-DOK Köln, N 2049,5

Emmastraße 2: Ida und Helwig Kahn

Ida Kahn war eine fröhliche Frau. Das jedenfalls legen Fotos aus den beginnenden 1930er-Jahren nahe, die sie im Kreis ihrer Verwandten in Köln zeigen. Geboren wird sie am 20. Januar 1890 als Ida Cahn in Neuwied. Sie ist das jüngste Kind von Josef und Elisabeth Cahn und hat vier Geschwister. Ihr Vater betreibt im Stadtzentrum eine Seifenmanufaktur, die ihre Brüder Albert und Julius nach seinem Tod übernehmen.

1920 heiratet Ida in ihrer Heimatstadt den Kaufmann Robert Kahn und zieht mit ihm nach Mannheim. Dort wird am 20. April 1923 Sohn Helwig geboren. Robert Kahn führt in Mannheim ein Bekleidungsgeschäft. Er hat bereits eine gescheiterte Ehe hinter sich, und auch die Verbindung mit Ida ist nicht von Dauer. Zehn Jahre nach der Hochzeit lässt sich das Ehepaar scheiden, und Ida zieht mit ihrem Sohn nach Köln. Wahrscheinlich wohnt sie zunächst bei ihrer Schwester Rosa Hartoch in der Sudermannstraße 1. Rosa ist mit dem Bettenhaus-Besitzer Heinrich Hartoch verheiratet („Spezialhaus für prima Bettwaren“) und hat zwei erwachsene Kinder.

Helwig Kahn mit seiner Mutter Ida (l.) und einer Tante
Privatbesitz Deborah Kane / WDR Stolpersteine

Finanziell sind Ida Kahn und ihr Sohn abgesichert. Robert Kahn, der inzwischen mit seiner dritten Frau und der gemeinsamen Tochter in Holland lebt, zahlt vorerst noch einen monatlichen Unterhalt von 300 Reichsmark. Außerdem durfte sie nach der Trennung einen Großteil der Möbel aus der gemeinsamen Wohnung, Schmuck, Pelze und Silberwaren behalten.

1935 oder 1936 beziehen Ida und Helwig Kahn eine eigene Wohnung in der Emmastraße 2. Schwester und Schwager sind in die USA geflüchtet, das Bettenhaus Hartoch ist verkauft. Spätestens jetzt beginnen für Mutter und Sohn schwere Zeiten. Helwig besucht zunächst das Gymnasium in der Kreuzgasse, scheint jedoch später auf das jüdische Privatgymnasium Jawne gewechselt zu sein. Ob der Schulwechsel ein freiwilliger war, lässt sich heute nicht mehr feststellen. Nach der Pogromnacht im November 1938 kann der 16-Jährige mit einem Kindertransport nach England fliehen.

Ida Kahn fehlen entweder die Mittel oder der Mut zur Flucht. Ihr Ex-Mann ist in den Niederlanden untergetaucht und zahlt vermutlich keinen Unterhalt mehr. 1940 muss sie ihre Wohnung in der Emmastraße verlassen und zieht an den Ehrenfeldgürtel 134 in ein überwiegend von Jüdinnen und Juden bewohntes Haus. „Masseuse" ist als Berufsbezeichnung im Kölner Adressbuch des Jahres 1940/41 eingetragen.

Am 22. Oktober 1941 wird sie mit dem ersten großen Kölner Transport in das Ghetto Litzmannstadt in Lodz deportiert, wo sie mehrere Monate verbringt. Im Mai 1942 schließlich wird Ida Kahn, geborene Cahn, in die Vernichtungsstätte Kulmhof/Chelmno verschleppt und dort wohl sofort nach der Ankunft ermordet.

Helwig Kahn wird nach dem Beginn des Zweiten Weltkriegs als „enemy alien" – als feindlicher Ausländer also – auf der Isle of Man interniert und im Juni 1940 nach Kanada verschifft. 1942 kehrt er zurück nach England und tritt in die britische Armee ein. David Kane, wie er sich seitdem nennt, stirbt am 1. September 2008 in Brisbane, Australien.

Entfernung: 150 Meter
weiter auf Emmastraße (150 Meter)

Emmastraße 27: Louise Straus-Ernst

Berührungsängste sind Louise Straus-Ernst fremd. Nächtelang streift die Journalistin 1929 für eine Reportage im Magazin „Der Querschnitt" durch die Kölner Schwulenszene. „Den größten Teil des Publikums bilden junge Männer mit kühnen Haartollen: Viele sind geschminkt, sie tragen rosa, gelbe, himmelblaue Sporthemden und Hosen, viele Knickerbocker, an die Krawatten gesteckte rote Rosen", schildert sie das Treiben im Szenetreff „Augustenhof". Den Artikel allerdings veröffentlicht sie unter dem Pseudonym „Ernst Luart" – vermutlich aus Sorge, ein weiblicher Autorenname könnte potenzielle Leserinnen und Leser abschrecken.

Louise Straus-Ernst, am 2. Dezember 1893 in Köln geboren, stammt aus einer liberalen jüdischen Fabrikantenfamilie. Ihr Vater Jacob Straus ist Mitbegründer der Kölner Strohhut- und Filzhutfabrik „Löwenstern und Straus". Mitte der 1920er-Jahre beschäftigt das erfolgreiche Unternehmen rund 100 Angestellte und kann auf eine

Dr. Louise Straus-Ernst mit Max und Jimmy Ernst, sowie Gala und Paul Eluard mit Tochter, 1922
Jimmy Ernst: Nicht gerade ein Stilleben, Köln 1985

bald 40-jährige Firmengeschichte zurückblicken. Louise besucht die „Städtische Studienanstalt für Mädchen“ am Marienplatz und gehört zu den ersten Frauen in Köln, die das Abitur ablegen. 1912 schreibt sie sich an der Rheinischen Friedrich-Wilhelm-Universität in Bonn für Kunstgeschichte, Archäologie und Geschichte ein. Dort lernt sie den Maler, Grafiker und Bildhauer Max Ernst kennen, den sie im Oktober 1918 heiratet und zwei Jahre später zum Vater eines Sohnes machen wird.

Louise zieht ihr Studium in vier Jahren durch. 1916 promoviert sie über die „Entwicklung des zeichnerischen Stils in der Cölner Goldschmiedekunst des XII. Jahrhunderts“ und findet am Wallraf-Richartz-Museum in Köln eine Anstellung als „wissenschaftliche Hilfsarbeiterin“. Drei Jahre später übernimmt sie für einige Monate kommissarisch die Leitung des Museums.

Max Ernst, zwei Jahre älter als Louise, macht sich als Dada-Künstler einen Namen. 1919 gründet er zusammen mit seinen Kollegen Johannes Baargeld und Hans Arp die „Kölner Dada-Gruppe“. Es folgen zwei Ausstellungen in Köln. Ein Jahr später beteiligt sich der

Louise Straus-Ernst
Louise Straus-Ernst, Nomadengut, Hannover 1999

29-Jährige in Berlin an der Gruppenausstellung „Erste Internationale Dada-Ausstellung“.

Schnell entwickelt sich die Dachwohnung des Ehepaares am Kaiser-Wilhelm-Ring 14 zu einem beliebten Künstler-Treffpunkt. Hier verkehren Maler, Galeristen und Autoren, darunter der Dichter und Kabarettist Joachim Ringelnatz. 1922 verlässt Max Ernst Deutschland und zieht nach Paris. Louise und der gemeinsame Sohn Jimmy bleiben in Köln zurück. Vier Jahre später wird die Ehe geschieden.

Für Louise Straus-Ernst beginnt mit der Trennung eine Zeit beruflicher Neuorientierung. Die alleinerziehende Mutter arbeitet als Buchhalterin und Sekretärin, macht Museumsführungen und bietet Kurse in Kunstgeschichte an. Das Geld ist knapp, oft ist sie mit der Miete im Rückstand. Gleichzeitig beginnt die promovierte Kunsthistorikerin verstärkt, journalistisch zu arbeiten. Sie schreibt Reportagen und Kunstkritiken für den „Querschnitt“, die „Rheinischen Heimatblätter“, die „Vossische Zeitung“ und mehrere Kunstzeitschriften. 1928 zieht sie aus der Dachwohnung am Ring, in der sie alles an ihren geschiedenen Ehemann erinnert, in die Emmastraße 27.

Louise Straus-Ernst bleibt fünf Jahre in dem schmucklosen grauen Mehrfamilienhaus wohnen, ehe sie vor dem Terror der Nazis kapituliert. Im März 1933, nur wenige Tage nach dem Reichstagsbrand in Berlin, dringen Angehörige der SS in die Wohnung der Journalistin ein und durchwühlen die Zimmer. Louise Straus-Ernst, bislang wenig an Politik interessiert, handelt rasch: Zwei Monate nach dem Überfall verlässt sie Deutschland und geht nach Paris. Jimmy bleibt in der Obhut seines Großvaters Jacob Straus in Köln zurück. 1938 emigriert der 18-Jährige in die USA.

Häufige Ortswechsel, finanzielle Not und der verzweifelte Versuch, in schweren Zeiten zu überleben, bestimmen fortan das Leben von Louise Straus-Ernst. 1939 zieht sie mit ihrem Lebensgefährten Fritz Neugass, einem deutsch-jüdischen Fotografen und Kunstkritiker, nach Südfrankreich. Nach dem Einmarsch der deutschen Wehrmacht im Mai 1940 wird sie für einige Wochen in dem Sammellager Gurs interniert und lässt sich nach ihrer Freilassung zunächst in Cannes und später in Manosque nieder, einer Kleinstadt nordöstlich von Aix-en-Provence. Am 29. April 1944 wird sie erneut festgenommen und in das Internierungslager Drancy bei Paris verschleppt. Von dort aus wird die 50-Jährige am 30. Juni in das Vernichtungslager Auschwitz-Birkenau deportiert und ermordet. Das genaue Todesdatum von Louise Straus-Ernst ist nicht bekannt.

Entfernung: 600 Meter
weiter auf Emmastraße (40 Meter)
links abbiegen auf Sülzburgstraße (120 Meter)
rechts abbiegen auf Luxemburger Straße, auf die linke Straßenseite wechseln (350 Meter)
links abbiegen auf Breibergstraße (90 Meter)

Breibergstraße 8: Ida von der Becke-Klüchtzner

Zum letzten Mal lebend gesehen wird Ida Charlotte Adelheid von der Becke-Klüchtzner, geborene Goldschmidt, am Abend des 13. September 1944. Am nächsten Tag findet man die 75-Jährige tot in ihre Wohnung. „Freitod durch Veronalvergiftung“, so steht es in ihrer

Sterbeurkunde vom 16. September 1944. „Die genaue Zeit des Todes konnte nicht mehr festgestellt werden."

Ida von der Becke-Klüchtzner wird am 2. März 1869 in Kassel geboren. Sie ist das jüngste Kind von Eduard und Charlotte Goldschmidt, einer alteingesessenen jüdischen Fabrikantenfamilie. Ihr Vater ist Teilhaber des Kasseler Unternehmens „Gebrüder Goldschmidt, Indigo- und Farbwarenhandlung" und sitzt im Vorstand des örtlichen Israelitischen Waisenhauses. Ihre Mutter stammt aus Frankfurt am Main. Charlotte Goldschmidt, geborene Feist, hat jüdische Wurzeln, ist jedoch evangelisch getauft.

Am 20. September 1893 heiratet Ida in Kassel den Offizierssohn Erich von der Becke-Klüchtzner. Einen Tag nach der standesamtlichen folgt die kirchliche Trauung. Der Bräutigam, 1862 in Dresden geboren, ist Protestant, und auch Ida ist laut Heiratsurkunde evangelischen Glaubens. Ob sie auf Wunsch der Mutter bereits als Kind oder erst anlässlich ihrer Hochzeit getauft wurde, muss offen bleiben. Wie schon sein Vater hat Erich von der Becke-Klüchtzner eine militärische Laufbahn eingeschlagen: Der 31-Jährige ist Leutnant im 4. Lothringischen Infanterieregiment Nr. 136, einem Infanterieverband der Preußischen Armee. Stationiert ist er in der Garnisonsstadt Dieuze, die seit 1871 zum „Reichsland Elsaß-Lothringen" gehört.

Die Kleinstadt am Fluss Seille, knapp 80 Kilometer von Straßburg entfernt, soll in den nächsten Jahren der Lebensmittelpunkt von Ida von der Becke-Klüchtzner und ihrer Familie werden. Am 26. Juli 1894 wird dort das erste Kind des Paares geboren, Tochter Irene Charlotte Anna. Vier Jahre später folgt Sohn Lothar Otto Karl Emil Paul. Mit dem Beginn des Ersten Weltkriegs wird Erich von der Becke-Klüchtzner nach Köln versetzt, wo rund 100 000 Soldaten darauf warten, an die Front abkommandiert zu werden. Der 52-Jährige bekleidet inzwischen den Rang eines Majors.

Die Familie findet in der Maastrichter Straße 26 eine Wohnung, die Ida von der Becke-Klüchtzner bald drei Jahrzehnte ihr Zuhause nennen wird. 1926 trennt sich das Paar, und Erich von der Becke-Klüchtzner zieht nach Ehrenfeld. 1931 verlässt der Oberst a. D. Köln und lässt sich in Baden-Baden nieder. Dort stirbt er 1939. Ida von der Becke-Klüchtzner und ihre Tochter Irene wohnen weiterhin in der Maastrichter Straße. Sohn Lothar ist bereits 1917 – vermutlich auf einem der Schlachtfelder des Ersten Weltkriegs – gestorben.

Wann genau Ida von der Becke-Klüchtzner ohne die Tochter in die Breibergstraße 8 zieht, lässt sich heute nicht mehr feststellen. Auch darüber, was letztendlich den Ausschlag für ihren Suizid gibt, kann nur spekuliert werden. Vermutlich hat sie kurz vorher die Aufforderung erhalten, sich im Barackenlager Köln-Müngersdorf einzufinden. Am 1. Oktober soll von Köln aus ein Deportationszug in das Ghetto Theresienstadt abgehen – und aller Wahrscheinlichkeit nach hätte die 75-Jährige zu den Deportierten gehört.

Ihre Tochter Irene überlebt den Zweiten Weltkrieg und scheint bis zu ihrem Tod in Köln gewohnt zu haben.

Breibergstraße 8: Max und Ella Friederike Elkan

Max und Ella Friederike Elkan stammten aus unterschiedlichen Regionen Deutschlands. Gestorben sind sie – das zumindest legen die wenigen erhaltenen Dokumente nahe – am gleichen Ort: im Ghetto Litzmannstadt im besetzten Polen.

Max Elkan kommt am 9. März 1877 in Eschweiler zur Welt. Sein Vater Abraham Elkan betreibt in der Marienstraße 25 eine „Ochsenmetzgerei und Viehhandlung en gros & en detail". Max besucht zunächst das örtliche Gymnasium und beginnt nach der Mittleren Reife eine kaufmännische Lehre bei der Konfektionsfirma „Gebrüder Klarbach" in Essen. Kurz nach der Jahrhundertwende zieht er nach Köln und eröffnet in der Streitzeuggasse 29 eine „Agentur und Kommission in keramischen Galanteriewaren". Zwei Jahre später ist daraus das „Musterlager in keramischen Glas- und Galanteriewaren" geworden.

Max Elkan ist bereits 37 Jahre alt, als er am 14. März 1914 im bayerischen Traunstein die zwölf Jahre jüngere Kaufmannstochter Ella Friederike Conrad heiratet. Ella, geboren am 11. Juni 1889, stammt aus München. Ihr Vater Georg Conrad hat in der Rosenthalstraße 19 eine „Weiß-, Wäsche- und Wollwarenhandlung en gros". Ein halbes Jahr nach der Hochzeit trennen sich die Wege des Paares bereits wieder. Der Erste Weltkrieg hat begonnen, und Max Elkan gehört zu den rund 100 000 jüdischen Soldaten, die auf deutscher Seite mitkämpfen. Offenbar hat sich der Geschäftsmann, der auf die 40 zugeht, freiwillig gemeldet.

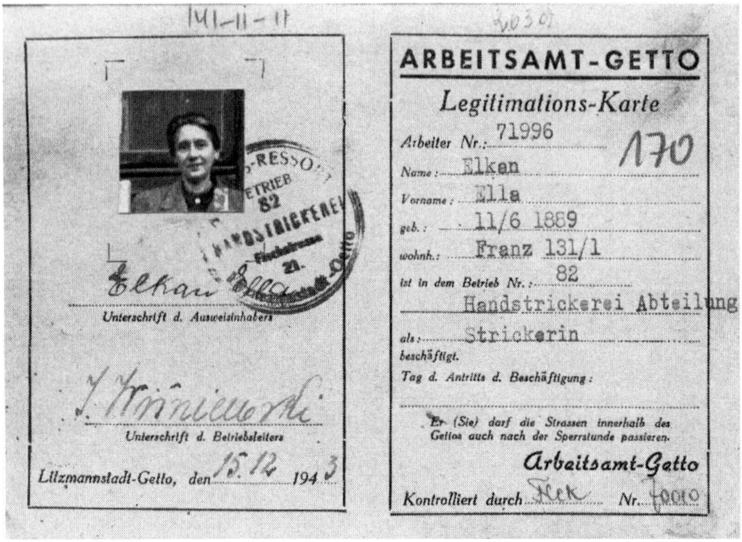
141-11-11

Elkan Ella

Unterschrift d. Ausweisinhabers

Unterschrift d. Betriebsleiters

Litzmannstadt-Getto, den 15.12. 1943

ARBEITSAMT-GETTO

Legitimations-Karte

Arbeiter Nr.: 71996 170

Name: Elkan

Vorname: Ella

geb.: 11/6 1889

wohnh.: Franz 131/1

ist in dem Betrieb Nr.: 82

Handstrickerei Abteilung

als: Strickerin

beschäftigt.

Tag d. Antritts d. Beschäftigung:

Er (Sie) darf die Strassen innerhalb des Gettos auch nach der Sperrstunde passieren.

Arbeitsamt-Getto

Kontrolliert durch ... Nr. ...

Arbeitsausweis von Ella Elkan im Ghetto Litzmannstadt

Archiwum Panstwowe w Lodzi

Nach seiner Rückkehr expandiert der „Großvertrieb für Glas-, Kristall- und keramische Waren“ weiter. Das kinderlose Ehepaar führt das Unternehmen gemeinsam. Auch Ella Elkan hat Prokura, sprich: die volle Handlungsberechtigung. Das Geschäft habe dem Bruder und seiner Frau ein gutbürgerliches Leben ermöglicht, gibt Max Elkans Schwester Emma Mendel 1957 im Zuge eines Entschädigungsverfahrens beim „Bundesamt für zentrale Dienste und offene Vermögensfragen“ zu Protokoll. „Er besaß ein Auto und bewohnte eine schöne, gut eingerichtete Etage in Köln-Klettenberg, machte jedes Jahr mit seiner Frau eine längere Sommerreise usw.“ Das Ehepaar habe außerdem viele Wertsachen besessen: „Silber, Kristall, Schmuck und ein wertvolles Briefmarkenalbum.“

Doch die Zeiten ändern sich. Laut Emma Mendel gehen die Einnahmen der Großhandlung „seit 1933 aus nationalsozialistischen Gründen“ kontinuierlich zurück. 1939 wird das Geschäft geschlossen. Im selben Jahr müssen Max und Ella Elkan ihre Wohnung in der Breibergstraße 8 aufgeben, die elf Jahre ihr Zuhause war, und ziehen in ein bescheidenes Zweiparteienhaus in der Riehler Straße 7.

Am 30. Oktober 1941 wird das jüdische Ehepaar in das Ghetto Litzmannstadt in Lodz deportiert. Max Elkan überlebt den brutalen Ghetto-Alltag nur wenige Monate. Am 8. Juni 1942 stirbt der 65-Jährige entkräftet von Hunger und anderen Entbehrungen. Ella Elkan arbeitet nach seinem Tod als Strickerin und Näherin in einer Handstrickerei. Erhalten ist eine „Arbeitslegitimationskarte" vom 15. Dezember 1943, ausgestellt auf ihren Namen. Darin wird der Bewohnerin der Franzstraße 131-1 erlaubt, die Straßen des Ghettos auch nach der Sperrstunde zu passieren. Wie lange sie dieses „Privileg" nutzen darf, ist nicht bekannt. Der Passierschein ist das letzte Lebenszeichen von Ella Friederike Elkan, geborene Conrad.

Entfernung: 110 Meter
auf Breibergstraße zurück zur Luxemburger Straße
(90 Meter) links abbiegen auf Luxemburger Straße (10 Meter)

Luxemburger Straße 307: Ernst Heydt

„Ernst Heydt, Baracke 38. Häftlingsnummer 3768 (später 5_82). Kategorie ‚Arbeitsscheuer Jude'. Inhaftiert seit 21.06.1938. Am 4.4.1941 Verschleppung nach Groß-Rosen." Mit diesen Angaben erinnert die Gedenkstätte KZ Sachsenhausen an den Kölner Kaufmann Ernst Heydt, der dort knapp drei Jahre einsaß.

Ernst Heydt stammt aus einer kinderreichen jüdischen Arbeiterfamilie. Seine Mutter Henriette, geborene Levy, hat bereits vier Kinder aus zwei Beziehungen, als er am 31. Dezember 1898 zur Welt kommt. Nach ihm werden zwei weitere Kinder geboren. Die Familie lebt seit Mitte der 1890er-Jahre in Köln. Ernst Heydts Vater Isidor ist gebürtiger Kölner, doch das Ehepaar hat nach der Hochzeit einige Zeit in Gelsenkirchen und in Elsdorf gewohnt.

Isidor Heydt ist ein umtriebiger Mann, der sich für keine Arbeit zu schade ist, um die kontinuierlich wachsende Familie zu ernähren. Er arbeitet als Handlungsgehilfe und Pelzhändler, als Brückenkontrolleur, Gepäckträger und als Schaffner bei der Deutschen Reichsbahn.

Ernst Heydt wird Kaufmann wie sein jüngerer Bruder Hugo. Nur 1,60 Meter soll er gemessen haben. Das zumindest geht aus Unter-

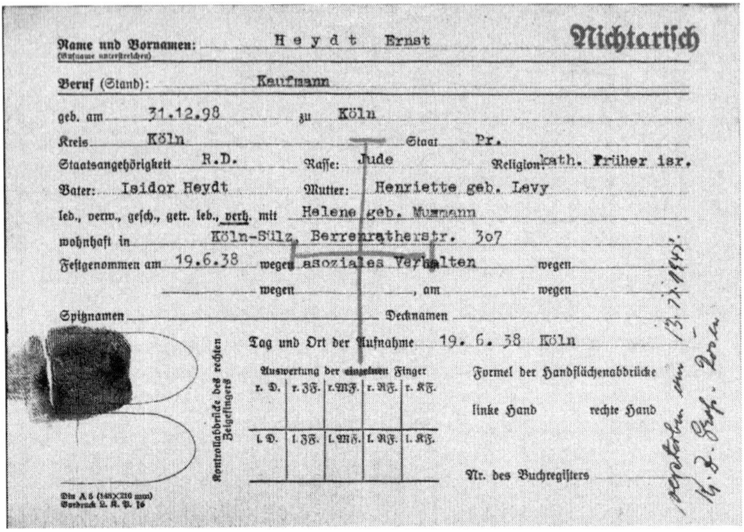

Nichtarisch

Name und Vornamen: Heydt Ernst
(Rufname unterstreichen)

Beruf (Stand): Kaufmann

geb. am 31.12.98 zu Köln

Kreis Köln Staat Pr.

Staatsangehörigkeit R.D. Rasse: Jude Religion: kath. früher isr.

Vater: Isidor Heydt Mutter: Henriette geb. Levy

led., verw., gesch., getr. leb., verh. mit Helene geb. Mu[illegible]mann

wohnhaft in Köln-Sülz, Berrenratherstr. 307

Festgenommen am 19.6.38 wegen asoziales Verhalten wegen

wegen , am wegen

Spitznamen Decknamen

Tag und Ort der Aufnahme 19. 6. 38 Köln

Kontrollabdrücke des rechten Zeigefingers

Auswertung der einzelnen Finger

r. D.	r. Z.F.	r. M.F.	r. R.F.	r. K.F.
l. D.	l. Z.F.	l. M.F.	l. R.F.	l. K.F.

Formel der Handflächenabdrücke

linke Hand rechte Hand

Nr. des Buchregisters

Din A 5 (148×210 mm)
Vordruck L. K. P. 16

Erkennungsdienstliche Karteikarte der Polizeileitstelle Köln für Ernst Heydt. Die Adresse ist fälschlicherweise mit Berrenrather Str. 307 angegeben
LAV NRW R, BR 2386, Nr. 1111

lagen des KZ Groß-Rosen hervor, in das er 1941 eingewiesen wird. Am 22. November 1932 heiratet er die drei Jahre ältere Helena Maria Fischer, geborene Murmann. Helena ist verwitwet und Christin. Aus Unterlagen der Kölner Kriminalpolizei geht hervor, dass auch Ernst Heydt dass auch Ernst Heydt getauft ist. Vermutlich ist er vor der Hochzeit zum Katholizismus konvertiert. Das Ehepaar lebt zunächst am Thürmchenswall 56 und zieht wenig später in die Luxemburger Straße 307.

Am 19. Juni 1938 wird der Kaufmann von der Kripo Köln wegen „asozialen Verhaltens" festgenommen. Seine Verhaftung erfolgt im Rahmen der reichsweiten Aktion „Arbeitsscheu Reich". Bereits im April gab es eine erste Verhaftungswelle, bei der auf Anordnung Heinrich Himmlers bis zu 2000 sogenannte Asoziale, darunter Arbeitslose, Schausteller und fliegende Händler, in das KZ Buchenwald verschleppt wurden. Festzunehmen seien Personen, die „die ihnen angebotenen Arbeitsplätze ohne berechtigten Grund abgelehnt oder die Arbeit zwar angenommen, aber nach kurzer Zeit ohne stichhaltigen Grund wieder aufgegeben haben", heißt es in dem entsprechenden Erlass. Zwei Monate später erfolgt die nächste Verhaftungswelle. Bei der sogenannten Juni-Aktion werden rund 2300 weitere Männer festgenommen, darunter überproportional viele Juden.

Zwei Tage nach seiner Festnahme wird Ernst Heydt zusammen mit rund 800 Juden aus dem ganzen Deutschen Reich in das KZ Sachsenhausen deportiert. Dort verbringt er knapp drei Jahre unter unmenschlichen Bedingungen in Baracke 38, einer sogenannten Judenbaracke. Dabei handelt es sich um hoffnungslos überfüllte Flachbauten, in denen bis zu 400 Menschen auf engstem Raum zusammengepfercht werden. Die „asozialen" jüdischen Gefangenen müssen auf ihrer Kleidung einen schwarz-gelben Winkel tragen und stehen in der Gefangenenhierarchie auf der untersten Stufe.

Ernst Heydt überlebt die Torturen, denen er in Baracke 38 ausgesetzt ist. Am 8. September 1941 wird der 43-Jährige in das KZ Groß-Rosen im damaligen Niederschlesien deportiert, einem Nebenlager von Sachsenhausen. Eine andere Quelle gibt als Verlegedatum den 4. April 1941 an. Dort stirbt Ernst Heydt am 13. November 1941. Seine Ehefrau hat sich bereits 1939 von ihm getrennt – die Ehe sei „aufgegeben" worden, lautet ein Vermerk auf der Heiratsurkunde. 1941 nimmt Helena Heydt, geborene Murmann, wieder den Nachnamen ihres verstorbenen ersten Ehemannes an.

Weitere Stolpersteine für Mitglieder der Familie Heydt finden sich in der Berrenrather Straße 213. Dort liegen Steine für Ernst Heydts Schwester Elise Custodis (Jg. 1901), die 1942 im Vernichtungslager Kulmhof/Chelmno ermordet wurde, und für seine 1921 geborene Nichte Charlotte Sara. Sie überlebte den Holocaust. Zwei Steine am Salierring 45a erinnern an seinen Bruder Max (Jg. 1893) und dessen Ehefrau Ida Heydt, geborene Marx (Jg. 1895). Sie wurden 1941 in das Ghetto Litzmannstadt deportiert und 1942 ermordet. Ein weiterer Stein am Mauritiuswall 76–78 erinnert an seinen 1942 ermordeten Bruder Hugo Heydt (siehe Kapitel „Griechenmarkt").

Entfernung: 550 Meter
auf Luxemburger Straße stadtauswärts (100 Meter)
rechts abbiegen auf den Sülzgürtel und auf die linke Straßenseite wechseln (450 Meter)

Kinderfest im Waisenhaus Köln-Sülz, 1. Mai 1936
(Fotograf: Julius Radermacher)
NS-DOK Köln, Bp 7233

Sülzgürtel 43: Hugo und Gertrud Rose

Es existieren weder Fotos noch Geburts- oder Sterbeurkunden von Gertrud und Hugo Rose. Lediglich zwei Stolpersteine vor dem ehemaligen Kinderheim Köln-Sülz erinnern an das Geschwisterpaar, das 1944 im Alter von fünf und sechs Jahren im Vernichtungslager Auschwitz-Birkenau ermordet wurde.

Hugo wird 1938 in Gotha, Gertrud 1939 in Wien geboren. Ihre Eltern Hanni und Oswald Rose gehören zur Volksgruppe der Sinti. Oswald arbeitet als Artist bei einem Wanderzirkus, als er 1933 in Merseburg die 15-Jährige Hanni Landsberg kennenlernt. Beide haben ihre Kindheit und Jugend auf den Landstraßen des Deutschen Reichs verbracht. Hanni ist einige Monate zur Schule gegangen und beherrscht zumindest das Alphabet. Oswald war nicht einmal das vergönnt. Der 21-Jährige ist Analphabet.

Gemeinsam reist das Paar in einem hölzernen Wohnwagen Richtung Westen und lässt sich Ende 1933 für ein Jahr in Köln nieder. Die Stadt beherbergt Anfang der 1930er-Jahre mehrere hundert Sinti- und Roma-Familien. Ein Großteil von ihnen lebt auf einem der zahlreichen Stellplätze, die über das gesamte Stadtgebiet verteilt sind. Oskar und Johanna Rose kommen auf einem Platz an der Merheimer Straße unter, wo bereits Verwandte von ihnen wohnen. Johanna ist hochschwanger, und am 2. Januar 1934 wird in Köln Adolf, das erste Kind des Paares, geboren. Ein Jahr später geben sich Hanni Landsberg und Oswald Rose auf dem Standesamt in Köln-Nippes das Ja-Wort. Kurz darauf verlassen sie die Stadt. Hanni ist zum zweiten Mal schwanger. Im März 1935 bringt sie im Aachener Marianneninstitut, einem Geburtshaus für arme Wöchnerinnen, ihren zweiten Sohn Gottlieb zur Welt.

Die nächsten Jahre verbringen Hanni und Oswald Rose und ihre Kinder weitgehend auf der Straße. Viele Städte und Gemeinden verweigern den reisenden „Zigeunern" die Ausstellung von Wandergewerbescheinen und stempeln sie damit als sogenannte Asoziale und Arbeitsscheue ab. Sinti und Roma können jederzeit festgenommen und ohne juristisches Verfahren auf unbestimmte Zeit interniert werden.

Im Frühjahr 1938 verkaufen Hanni und Oswald Rose ihren Wohnwagen und lassen sich vorübergehend in Gotha nieder. Dort wird am 17. Mai 1938 ihr dritter Sohn geboren, Hugo. Ein knappes Jahr später ziehen sie weiter nach Wien. Für Oswald Rose soll die österreichische Hauptstadt zum Schicksalsort werden. Der dreifache Vater wird bei einer Razzia festgenommen. Am 26. Juni 1939 kommt er in „Schutzhaft" und durchläuft mehrere Konzentrationslager. Am 18. August 1941 wird er in der Tötungsanstalt Schloss Hartheim bei Linz ermordet. Seine Tochter Gertrud, die am 31. Juli 1939 in Wien geboren wird, lernt Oswald Rose nicht mehr kennen.

Hanni Rose kehrt im Herbst 1941 mit ihren Kindern zurück nach Köln, wo Verwandte von ihr leben. Nur wenige Wochen später wird die 24-Jährige bei dem Versuch, ein Huhn zu stehlen, festgenommen und für unbestimmte Zeit in polizeiliche Vorbeugungshaft genommen. Der Einspruch zweier Rechtsanwälte, die auf die finanzielle Notlage der vierfachen Mutter verweisen, bleibt ohne Erfolg. Am 21. März 1942 wird Hanni Rose in das KZ Ravensbrück deportiert, ohne ihre Kinder noch einmal gesehen zu haben.

Ihre beiden ältesten Söhne finden Aufnahme bei Verwandten in Köln und Bonn. Hugo und Gertrud werden in das Kinderheim Köln-Sülz eingewiesen. Dort leben bereits drei weitere sogenannte Zigeunerkinder, darunter die drei Jahre alte Ilga Grünholz aus einer Familie deutscher Lowara. Auch an Ilga, die 1943 im Vernichtungslager Auschwitz-Birkenau ermordet wird, und an die beiden namenlosen Sinti-Kinder erinnern Stolpersteine vor dem Haus.

Hugo und Gertrud Rose verbringen zwei Jahre in dem Kinderheim am Sülzgürtel. Im Februar 1944 werden auch sie nach Auschwitz-Birkenau deportiert. Zum Verhängnis wird ihnen ein Erlass des Reichskriminalpolizeiamts vom 28. Januar 1944, worin Kinderheime dazu aufgefordert werden, der Behörde alle „Zigeunerkinder" zu melden, die unter ihrer Obhut stehen. Auf welchen Weg die Geschwister in das Vernichtungslager gelangen, lässt sich nicht mehr klären. Sicher ist, dass sie am 23. Februar 1944 in Auschwitz als Neuzugänge registriert werden. Hugo erhält die Nummer Z-9284, Gertrud die Nummer Z-9993. Der Zeitpunkt ihres Todes ist nicht bekannt.

Weitere Stolpersteine für Verwandte von Hugo und Gertrud Rose, die ebenfalls 1943 in Auschwitz ermordet wurden, findet man unter der Adresse Im Stavenhof 7. Erinnert wird an Emil Herzberger (Jg. 1907), seine Frau Emma (Jg. 1913) und ihre Kinder Maria (Jg. 1936), Anita (Jg. 1938) und Josef (Jg. 1940).

Dürener Straße

Start: Nietzschestraße 8 | **KVB-Haltestelle:** Hildegardis-Krankenhaus **Länge:** knapp 6 km **Laufzeit:** 1,5 Stunden **Stationen:** 10 **Adressen:** Nietzschestr. 8 – Dürener Str. 89 – Immermannstr. 53 – Joseph-Stelzmann-Str. 62 – Gleueler Str. 113 – Dürener Str. 199–203 – Uhlandstr. 10 – Virchowstr. 3 – Friedrich-Schmidt-Str. 54a – Aachener Str. 399 (Ende) **KVB-Haltestelle:** Aachener Straße/Gürtel

Hinweis: Der Rundgang lässt sich um rund 2,5 Kilometer abkürzen. Gestartet wird statt an der Nietzschestraße an der Dürener Straße 89 (KVB-Haltestelle Hildegardis-Krankenhaus). Endpunkt ist statt der Aachener Straße die Virchowstraße (KVB-Station Kitschburger Straße). Die Route empfiehlt sich auch als Fahrradtour.

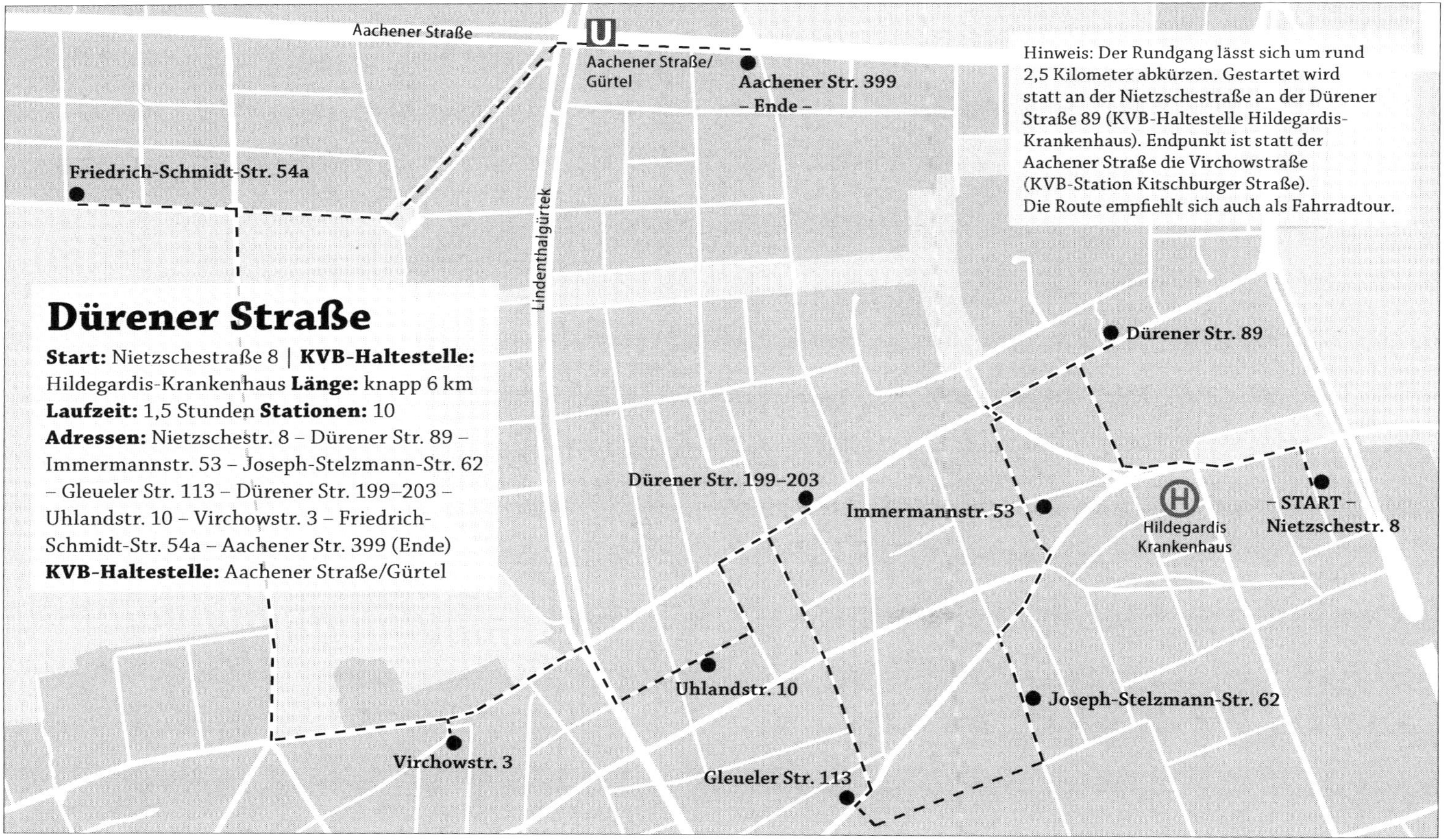

Dürener Straße, Köln um 1919,
NS-DOK Köln, N 1091,2

Auch Lindenthal ist ein relativ junger Stadtteil. Erst 1888 wurde der Vorort nach Köln eingemeindet. Allerdings war das Gebiet im Westen der Stadt bereits in der Jungsteinzeit besiedelt. Funde aus dem 5. vorchristlichen Jahrtausend belegen die Existenz eines Bandkeramiker-Dorfes zwischen der Dürener Straße und dem Frechener Bach. Bei Ausgrabungsarbeiten in den 1930er-Jahren wurden zahlreiche Tonscherben, Werkzeuge und die Grundrisse von rund 100 Häusern gefunden. Heute markieren ein eineinhalb Tonnen schwerer Felsbrocken und eine Informationstafel die längst wieder zugeschüttete Ausgrabungsstätte im Kölner Grüngürtel.

Bis ins 19. Jahrhundert wurde Lindenthal hauptsächlich landwirtschaftlich genutzt. Bewirtschaftet wurde das Gebiet von großen, oft Jahrhunderte alten Gutshöfen wie dem Krieler und dem Decksteiner Hof oder dem Rittergut Hohenlind. Ende der 1840er-Jahre begann man entlang der damals noch unbefestigten Dürener Straße mit dem Bau einer Wohnsiedlung, die nach und nach die alten Hofanlagen verdrängte. Innerhalb weniger Jahrzehnte entwickelte sich Lindenthal zu einer der beliebtesten Wohngegenden der Stadt. 20 Jahre nach seiner Eingemeindung zählte das Viertel bereits 18 000 Einwohnerinnen und Einwohner.

In den Mietshäusern rechts und links der baumbestandenen, mehr als sechs Kilometer langen Dürener Straße wohnten städtische Beamte, wohlhabende Witwen und erfolgreiche Kleinunternehmer. In den Nebenstraßen entstanden prächtige Villen. Auch Kölns langjährigen Oberbürgermeister Konrad Adenauer zog es nach Lindenthal. 1911 bezog der Politiker mit seiner Familie eine elegante Doppelhaushälfte in der Max-Bruch-Straße 8. Und er sorgte dafür, dass das Viertel Mitte der 1920 Jahre mit dem Rautenstrauch- und dem Clarenbachkanal um eine Attraktion reicher wurde.

Im Zweiten Weltkrieg wurde Lindenthal zu rund 85 Prozent zerstört. Es dauerte fast zwei Jahrzehnte, den Stadtteil wieder aufzubauen. Heute zählt er zu den begehrtesten Wohngegenden Kölns.

Unsere knapp sechs Kilometer lange Tour – die sich bequem abkürzen lässt – führt entlang der Dürener Straße durch zahlreiche Nebenstraßen bis kurz vor den Melatenfriedhof. Wir beginnen in der Nietzschestraße 8. Dort lebten Renette Auerbach und ihre Tochter Dagmar, denen 1938 durch einen Zufall die Flucht nach Palästina gelang. Unsere letzte Station ist die Aachener Straße 399. Die dort liegenden Stolpersteine erinnern an den ermordeten jüdischen Kaufmann Ernst Weinberg aus Erkelenz und seine Familie.

Nietzschestraße 8: Renette und Dagmar Auerbach

Als Renette Auerbach, geborene Aronson, im Herbst 1938 mit ihrer Tochter Dagmar nach Palästina fährt, ahnt sie nicht, dass daraus eine Reise ohne Wiederkehr wird. Nach Deutschland wird sie nicht mehr zurückkommen.

Geboren wird Renette Auerbach am 11. Mai 1897 im niederländischen Leiden, der Heimatstadt ihrer Mutter. Renetta Estella Aronson stirbt bei der Geburt der Tochter, und Renette wächst bei ihrem Vater auf. Eduard Aronson stammt aus Garsden, einer Kleinstadt im Westen Litauens, und ist von Beruf Arzt. In Fachkreisen genießt der Mediziner einen exzellenten Ruf. Er hat bereits mehrere Bücher und zahlreiche Aufsätze in medizinischen Fachzeitschriften veröffentlicht. Anfang des 20. Jahrhunderts zieht er mit Renette nach Bad Ems, wo seit 2010 eine Straße nach ihm benannt ist, und eröffnet in der Mainzer Straße 6 eine Praxis für Allgemeinmedizin.

Renette Auerbach (l.) und ihre Verwandte Ellie Wallach-Beyer
NS-DOK Köln, Bp 30514

Am 12. Juni 1923 heiratet Renette den vier Jahre älteren Kaufmann Heinrich Auerbach. Der gebürtige Kölner stammt aus wohlhabendem Hause. Sein Vater Abraham Auerbach handelt mit Stahlwaren und besitzt in Köln mehrere Immobilien. Das frischvermählte Paar lässt sich in München nieder, wo sich Heinrich Auerbach als Verlagsbuchhändler selbstständig macht. Am 24. September 1928 wird Tochter Dagmar geboren.

Schon drei Jahre später trennen sich die Eheleute. Heinrich Auerbach geht in die Schweiz; Renette zieht mit der Tochter nach Köln. Der Schwiegervater hat ihr eine Wohnung in seinem Haus in der Maastrichter Straße 49 angeboten. Auch nach Abraham Auerbachs Tod im Jahr 1935 bleiben Mutter und Tochter in dem Mehrparteienhaus wohnen. Erst als das Gebäude 1938 verkauft wird, mieten sie sich in die Nietzschestraße 8 ein.

Für Dagmar beginnt mit der Trennung der Eltern ein mehrjähriges Hin und Her zwischen Deutschland und der Schweiz. Bis Mitte der 1930er-Jahre lebt sie bei der Mutter in Köln und besucht den Vater nur gelegentlich. Als sie eingeschult werden soll, schicken die Eltern

Dagmar Auerbach mit zwei Freundinnen an ihrem 10. Geburtstag, Nietzschestraße 8, 24. 9. 1938
NS-DOK Köln, Bp 30518/2

die Sechsjährige auf ein Internat in der Schweiz. Vermutlich wollen sie das Mädchen vor antisemitischen Übergriffen schützen, denen jüdische Schülerinnen und Schüler in Deutschland zunehmend ausgesetzt sind.

1936 oder 1937 kehrt Dagmar zurück nach Köln. In Deutschland hat sich die Situation für die jüdische Bevölkerung weiter verschlechtert. Tausende Jüdinnen und Juden fliehen ins benachbarte Ausland, andere bemühen sich – oft vergeblich – um Visa für Australien oder die USA. Auch Renette Auerbachs betagter Vater Eduard Aronson verlässt Deutschland. Der renommierte Mediziner emigriert nach Palästina.

Im Herbst 1938 besuchen Renette Auerbach und ihre Tochter den Vater in seiner neuen Heimat. Sie wollen nur wenige Wochen bleiben, doch es soll anders kommen. In der Reichspogromnacht vom 9. auf den 10. November bricht sich der Judenhass in Deutschland endgültig Bahn. Auch in Köln werden hunderte jüdische Geschäfte zerstört, die Synagogen brennen. Es kommt zu Massenfestnahmen. Als Renette Auerbach davon erfährt, beschließt sie, nicht nach Deutschland zurückzukehren. Nur wenige Wochen später stirbt Eduard Aronson, und Mutter und Tochter lassen sich dauerhaft in Tel Aviv nieder.

Ihre wirtschaftliche Lage sei schwierig gewesen, erzählt Dagmar Auerbach bei einem Besuch in Köln im Jahr 2000. Dennoch habe sie ein Gymnasium besuchen und eine Ausbildung als Lehrerin machen können. 1962 geht Tamara, wie sie sich inzwischen nennt, mit ihrem zweiten Ehemann Alvin Jacobs in die USA. Dort studiert die vierfache Mutter Psychologie und eröffnet in Los Angeles eine Praxis für Psychotherapie.

Renette Auerbach stirbt am 11. April 1984 im Alter von 87 Jahren in Tel Aviv.

Entfernung: 610 Meter
auf Nietzschestraße zur Bachemer Straße (65 Meter)
links abbiegen auf Bachemer Straße und dort rechts halten (300 Meter)
rechts abbiegen auf Classen-Kappelmann-Straße (190 Meter)
rechts abbiegen auf Dürener Straße (55 Meter)

Dürener Straße 89: Edith Stein

Nur einige wenige Fotos erinnern an die neugotische Klosteranlage in der Dürener Straße, die bis zu ihrer Zerstörung im Zweiten Weltkrieg die Heimat des Kölner Karmels „Maria vom Frieden" war. Dort, wo heute ein modernes Wohn- und Geschäftshaus steht, lebte von 1933 bis 1938 Edith Stein. Eine Tafel an der Front des Gebäudes erinnert an die jüdisch-stämmige Ordensfrau, die im August 1942 im Vernichtungslager Auschwitz-Birkenau ermordet wurde.

Am 12. Oktober 1891 in Breslau geboren, findet Edith Stein erst als Erwachsene zum christlichen Glauben. Mit sechs älteren Geschwistern wächst sie in einem jüdisch-orthodoxen Elternhaus auf. Vier weitere Geschwister sterben noch im Kindesalter. Ihr Vater Siegfried führt in Breslau eine Holzhandlung. Nach seinem Tod 1893 übernimmt Ediths Mutter Auguste den Betrieb und ermöglicht ihren Kindern ein Leben in Geborgenheit und relativem Wohlstand.

Edith Stein schlägt zunächst eine akademische Laufbahn ein: In Breslau und Göttingen studiert sie Philosophie, Psychologie,

Edith Stein um 1920

Geschichte und Germanistik. 1916 promoviert die 25-Jährige bei dem Philosophen Edmund Husserl über das Thema „Zum Problem der Einfühlung" und arbeitet anschließend zwei Jahre als seine Assistentin. Gleichzeitig beginnt sie, erste Vorträge über Theologie, Philosophie und Pädagogik zu halten, und übersetzt unter anderem die Schriften des katholischen Theologen John Henry Newman aus dem Englischen ins Deutsche. 1923 nimmt sie eine Stelle als Lehrerin am Lyzeum St. Magdalena in Speyer an.

Schon während ihres Studiums hatte sich Edith Stein mehr und mehr dem Christentum zugewendet. Die Autobiografie der Karmelitin Teresa von Avila, die ihr im Sommer 1921 in die Hände fällt, gibt schließlich den Ausschlag: Am 1. Januar 1922 lässt sie sich katholisch taufen. Die Schrift der heiligen Teresa habe ihrem langen Suchen nach dem wahren Glauben ein Ende gemacht, schreibt sie in ihren Erinnerungen „Wie ich in den Kölner Karmel kam".

Dennoch entscheidet sich Edith Stein zunächst gegen ein Leben im Kloster. Schon ihre Taufe sei für die Mutter „ein Schlag" gewesen. Einen zweiten, fürchtet sie, würde Auguste Stein nicht verkraften. „Sie würde nicht daran sterben, aber es würde sie mit einer Verbitterung erfüllen, die ich nicht verantworten könnte."

Edith Stein
um 1938/39

Erst elf Jahre später, noch zu Lebzeiten der Mutter, erfüllt sich Edith Steins Traum von einem Leben im Kloster. Am 15. Oktober 1933 wird sie im Kölner Karmel „in die Klausur aufgenommen" und erhält den Ordensnamen Teresa Benedicta a Cruce. Mitentscheidend für ihren Entschluss, diesen Schritt allen familiären Widerständen zum Trotz zu wagen, mag die politische Situation in Deutschland gewesen sein. Edith Stein erkennt früh, „dass Gott wieder einmal schwer Seine Hand auf Sein Volk gelegt hat" und der jüdischen Bevölkerung schlimme Zeiten bevorstehen.

Einen Vorgeschmack auf das Kommende hat sie bereits am eigenen Leib erfahren: Im April 1933 empfiehlt ihr das „Deutsche Institut für Wissenschaftliche Pädagogik" in Münster, für das sie seit mehr als einem Jahr arbeitet, auf weitere Vorlesungen zu verzichten. Zumindest, bis sich „die Lage geklärt" habe. Aber Edith Stein weiß: „Wenn es hier nicht mehr geht, dann gibt es in Deutschland überhaupt keine Möglichkeit mehr für mich."

Fünf Jahre lebt Edith Stein im Kölner Karmel. 1936 entsteht ebendort ihr Hauptwerk „Endliches und ewiges Sein. Versuch eines Aufstiegs zum Sinn des Seins". Doch selbst die Klostermauern vermögen nicht, die jüdischstämmige Ordensschwester und alle, die ihr zur Seite stehen, vor den Übergriffen der Nazis zu schützen. Kurz nach der Pogromnacht im November 1938 flieht sie in die Niederlande und findet Zuflucht im Karmelitinnenkloster Echt. Nach dem Einmarsch der deutschen Wehrmacht im Mai 1940 ist sie auch dort nicht mehr sicher. Am 2. August 1942 wird Edith Stein gemeinsam mit ihrer ebenfalls konvertierten Schwester Rosa Stein von der Gestapo abgeholt und in das SS-Sammellager Westerbork verschleppt. Von dort aus werden die Geschwister in das Vernichtungslager Auschwitz-Birkenau deportiert und am 9. August 1942 ermordet. Sie nehme, hatte Edith Stein am 9. Juni 1939 in ihrem Testament geschrieben, den Tod, den Gott ihr zugedacht habe, „in vollkommener Unterwerfung unter Seinen heiligsten Willen mit Freuden“ entgegen.

Am 1. Mai 1987 wird Edith Stein im Stadion Köln-Müngersdorf von Papst Johannes Paul II. im Rahmen eines Deutschlandbesuchs seliggesprochen. „Wir verneigen uns heute mit der ganzen Kirche vor dieser großen Frau, die wir von jetzt an als Selige in Gottes Herrlichkeit anrufen dürfen“, heißt es in der Predigt des Papstes. Edith Stein sei ein Beispiel heroischer Christusnachfolge, eine Frau des Geistes und der Wissenschaft, „die in der Kreuzeswissenschaft den Gipfel alles Weisheit“ erkannt habe. „Wir dürfen sie fortan als Märtyrerin verehren und um ihre Fürsprache am Throne Gottes bitten.“ Elf Jahre später, am 11. Oktober 1998, wird Edith Stein in Rom heiliggesprochen.

Weitere Stolpersteine für Edith Stein liegen vor dem Karmel „Maria vom Frieden" in der Straße Vor den Siebenburgen 6 und in der Werthmannstraße 1 vor dem St. Elisabeth-Krankenhaus Köln-Hohenlind. Dort befindet sich auch ein Gedenkstein für ihre Schwester Rosa Stein (Jg. 1883), die am 24. Dezember 1936 im Elisabeth-Krankenhaus getauft wurde.

Entfernung: 400 Meter
auf Dürener Straße stadtauswärts (230 Meter)
links abbiegen auf Hans-Sachs-Straße und gleich auf die andere Straßenseite wechseln und rechts abbiegen auf Schallstraße (170 Meter)
Der Stein befindet sich an der Kreuzung Schallstraße/Immermannstraße vor dem linken Eckhaus.

Immermannstraße 53: Nina Sawina

Am 9. Juli 1944 reißt dem Direktor des „Kölner Hofs" der Geduldsfaden. Die ukrainische Zwangsarbeiterin Nina Sawina sei wiederholt zu spät zum Dienst erschienen und unterhalte, obwohl entsprechend verwarnt, ein verbotenes sexuelles Verhältnis mit einem Deutschen. Außerdem habe sie auf der Straße kein „Ostabzeichen" getragen und „freche Antworten" gegeben, teilt er der Geheimen Staatspolizei mit – und unterschreibt damit indirekt das Todesurteil der jungen Frau.

Nina Sawina, am 21. September 1923 in Stalino, dem heutigen Donezk, geboren, wächst in einer von Gewalt geprägten Welt auf. Der Vater sei 1937 vom sowjetischen Geheimdienst verhaftet worden, gibt sie nach ihrer Festnahme gegenüber der Polizei zu Protokoll. Mit drei Geschwistern sei sie in Stalino aufgewachsen und zur Schule gegangen. Dort habe sie auch „das Deutsch-Sprechen" gelernt.

Als im Oktober 1941 die deutsche Wehrmacht in Stalino einmarschiert, flieht ein Großteil der Bevölkerung ins Umland. Und das aus gutem Grund: Die deutschen Besatzer führen Massenerschießungen durch, denen vor allem die jüdische Bevölkerung zum Opfer fällt. Gleichzeitig beginnt in den besetzten Gebieten eine Hetzjagd auf arbeitsfähige junge Männer und Frauen. Zwei Jahre nach Kriegsbeginn benötigt die unter Personalnot leidende deutsche Industrie dringend Arbeitskräfte, um die Produktion aufrechtzuerhalten. Insgesamt werden während der Kriegsjahre mehr als zwölf Millionen Männer, Frauen und Kinder aus Russland und der Ukraine, aus Polen, Belgien, Frankreich und Italien nach Deutschland verschleppt und als Arbeitssklaven missbraucht.

Am 30. März 1942 fallen auch Nina Sawina und ihre Schwester Lisa, die in Stalino geblieben sind, in die Hände der deutschen Besatzer und werden gezwungen, ihre Heimat zu verlassen. In Köln trennen sich Tage später die Lebenswege der beiden jungen Frauen. Lisa wird dem St. Elisabeth-Krankenhaus Köln-Hohenlind zugeteilt, Nina der Landmaschinenfabrik „Heinrich-Schaumann & Co" im oberbergischen Morsbach.

Im Mai 1942 gerät Nina Sawina das erste Mal in ernsthafte Schwierigkeiten. Während eines Streiks ukrainischer Zwangsarbeiterinnen fungiert sie als Dolmetscherin und erregt damit das Missfallen der Firmenleitung. Gemeinsam mit einer Kollegin wird sie zu

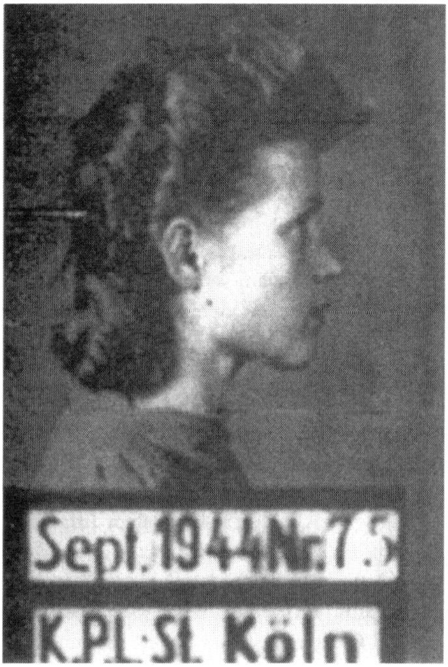

Erkennungsdienstliches Foto von Nina Sawina, September 1944
The National Archives UK, WO 311 / 490.

zwei Monaten Gefängnis verurteilt, die sie in der Strafanstalt Klingelpütz in Köln absitzt. Nach ihrer Entlassung wird der 19-Jährigen eine Stelle als Küchen- und Zimmermädchen im Hotel „Kölner Hof" in der Bahnhofstraße 5–7 zugewiesen.

Dort fällt Nina Sawina im Frühjahr 1944 durch angebliche Unzuverlässigkeit und häufige Fehlzeiten auf. Die Kolleginnen und Kollegen bemerken, dass sie regelmäßig mit einem Stammgast, dem Unternehmersohn Peter Jonen, auf dessen Zimmer verschwindet. Auch in der Stadt wird sie mit dem jungen Mann gesehen. Der Hoteldirektor spricht Peter Jonen schließlich auf sein Verhältnis mit der Zwangsarbeiterin an und weist ihn aus dem Hotel. Sexuelle Beziehungen zwischen Deutschen und sogenannten Ostarbeiterinnen und Ostarbeitern sind streng verboten, und die Hotelleitung fürchtet, von den Behörden belangt zu werden, wenn sie das Verhältnis duldet.

Doch Nina Sawina und Peter Jonen setzen ihre verbotene Beziehung fort. Nachdem die junge Frau ein weiteres Mal zu spät zum Dienst erschienen ist, eskaliert die Situation. Am 9. Juli erstattet der Hoteldirektor Anzeige gegen das Paar wegen „verbotenen Umgangs“ und des dringenden Verdachts, „geschlechtlich miteinander verkehrt zu haben“. Zu diesem Zeitpunkt ist Nina Sawina bereits untergetaucht. In den nächsten Wochen wechselt sie mehrmals ihr Versteck, bis sie am 21. September 1944 während einer Razzia bei einer Bekannten in der Immermannstraße 53 festgenommen wird.

Für Nina Sawina beginnt damit ein monatelanger Leidensweg. Er endet in den Abendstunden des 14. Februar 1945: Zwei Gestapo-Beamte erschießen die 22-Jährige auf einem Feld in Brauweiler. Ihre Leiche wird auf dem örtlichen Friedhof verscharrt. Zuvor hatte sie knapp fünf Monate im Gestapo-Hilfsgefängnis in der ehemaligen Abtei Brauweiler verbracht.

Entfernung: 350 Meter
weiter auf Schallstraße (100 Meter)
rechts abbiegen auf Bachemer Straße und weiter auf Gleueler Straße (150 Meter)
links abbiegen auf Joseph-Stelzmann-Straße (120 Meter)

Joseph-Stelzmann-Straße 62: Karl Schallenberg

Karl Schallenberg wächst mit dem Duft von Ananas und Orangen, von Zitronen, Bananen und Mandarinen in der Nase auf. Seine Eltern Ida und David Schallenberg führen in der Schaafenstraße 25a einen Großhandel für „Butter, Margarine, Speiseöl, Schmalz und Südfrüchte“. Und auch er selber bleibt der Lebensmittelbranche bis zu seiner Flucht nach Palästina im Jahr 1935, wenn nicht sogar länger, verbunden.

Karl Schallenberg, am 13. Juni 1888 in Köln geboren, ist der Drittjüngste von zwei Brüdern und drei Schwestern. Nach seinem Schulabschluss wird er Kaufmann wie der Vater – und erweist sich schnell als tatkräftiger Geschäftsmann. Er reaktiviert die zwischenzeitlich geschlossene Lebensmittelgroßhandlung der Eltern und erweitert das Angebot um Käse, Fleisch und Wurstwaren. 1926 beruft ihn die Kölner Industrie- und Handelskammer in die „Notierungskommission für Butter“.

Postkarte der Firma Gormanns & Schallenberg
NS-DOK Köln, N 5286,1vs.

Außerdem betreibt Karl Schallenberg gemeinsam mit seiner Schwester Else und deren Ehemann Leopold Gormanns seit den 1920er-Jahren am Neumarkt 32 einen Großhandel für Haus- und Küchengeräte. 1930 kommt ein weiterer Geschäftszweig dazu: In der heutigen St.-Tönnis-Straße in Köln-Worringen eröffnet er das Lebensmittelgeschäft „Kascha". Der eingängige Name setzt sich aus den Initialen seines Vor- und Nachnamens zusammen.

Verheiratet ist der Geschäftsmann mit der Kaufmannstochter Else Lewinsohn. Die junge Frau, geboren am 7. Februar 1890, stammt aus Berlin, wo ihr Vater Itzig Isidor Lewinsohn die „Putzhandlung D. Jontow" führt. Karl und Else haben im Sommer 1919 geheiratet und wohnen in der Josef-Stelzmann-Straße 62. Dort kommt am 3. Februar 1921 ihre Tochter Ida Hannah zur Welt. Am 11. Juli 1924 folgt Tochter Ruth. Die Mädchen besuchen zunächst die jüdische Volksschule in der Lützowstraße und wechseln anschließend auf das jüdisch-orthodoxe Privatgymnasium Jawne. Auch an Else, Ida und Ruth Schallenberg erinnern Stolpersteine vor dem Haus.

Nach dem Machtwechsel 1933 geraten die Geschäfte von Karl Schallenberg und seiner Familie zunehmend in Schwierigkeiten. Am 1. April 1933 rufen die Nationalsozialisten zum Boykott jüdischer

Karl Schallenberg
NS-DOK Köln, N 3773

Geschäfte auf. Auch das „Kascha“ und die Lebensmittelgroßhandlung in der Schaafenstraße sind davon betroffen. Die Kundschaft bleibt aus, und 1934 schließt das „Kascha“ nur vier Jahre nach seiner Eröffnung. Der Großhandel für Haushaltswaren am Neumarkt ist bereits seit dem Tod von Karls Schwager Leopold Gormanns im Jahr 1932 geschlossen.

1935 verliert Karl Schallenberg sein letztes Standbein: Auch das Geschäft in der Schaafenstraße muss dichtmachen. Noch im selben Jahr flüchtet die Familie zu Karl Schallenbergs Schwester Else Gormanns nach Palästina. Sie ist 1934 mit ihren Söhnen Willy und Paul aus Deutschland geflohen und wohnt jetzt in Herzliya, einer kleinen Siedlung in der Nähe von Tel Aviv.

In die Geschäftsräume des Familienunternehmens in der Schaafenstraße zieht eine Wollgarngroßhandlung ein. 1938 oder 1939 wird das Haus, in dem Karl Schallenberg und seine Geschwister aufgewachsen sind, verkauft. Auch sein Bruder Kurt und seine Schwestern Susanna und Hedwig sind inzwischen ins Ausland geflohen. Sein sechs Jahre älterer Bruder Otto lebt in Frankfurt am Main, wo er 1942 im jüdischen Krankenhaus das Zeitliche segnet.

Karl Schallenberg stirbt am 3. Juli 1957 in Herzliya. Die Todesdaten seiner Ehefrau Else und der Töchter sind nicht bekannt. Else Gormanns kehrt 1958 mit ihrem Sohn Willy nach Köln zurück und bezieht eine Wohnung in der Schaafenstraße 25, nur wenige Häuser von ihrem früheren Elternhaus entfernt.

Drei Stolpersteine in der Uhlandstraße 50 erinnern an Karl Schallensbergs Schwester Else Gormann (Jg. 1884) und ihre Söhne Willy (Jg. 1910) und Paul (Jg. 1919).

Entfernung: 450 Meter
(Die Strecke führt teilweise durch das Gelände der Kölner Universitätsklinik.)
weiter auf Joseph-Stelzmann-Straße bis auf Höhe der Bardenheuerstraße (120 Meter)
kurz danach rechts abbiegen auf das Klinikgelände (300 Meter)
an der Gleueler Straße auf die gegenüberliegende Straßenseite wechseln (30 Meter)

Gleueler Straße 113: Vera Bergmann

Vera Anna Bergmann, geborene König, lebte 39 Monate in Köln. 39 Monate, die geprägt waren von Demütigungen, Angst und Verfolgung. Im November 1939 zog sie von Heppenheim an der Bergstraße zu einer jüdischen Bekannten in die Gleueler Straße 113. Im Januar 1943, nur wenige Tage vor ihrem 65. Geburtstag, setzte sie ihrem Leben in einer Kölner Pension ein Ende.

Geboren wird Vera Bergmann am 26. Januar 1878 in Moskau. Ihr Vater ist ein wohlhabender deutscher Geschäftsmann, und die Familie lebt seit vielen Jahren in Russland. Erst nach Hermann Königs Pensionierung kehrt sie zurück nach Deutschland und lässt sich in Berlin nieder. Von dort zieht Vera zu einem unbekannten Zeitpunkt mit ihrer Mutter Clothilde nach Wiesbaden.

Die Damen leben „in sehr guten Verhältnissen im eigenen Haus in der Lanzstraße“, schreibt Vera Bergmanns Neffe Fritz in seinen

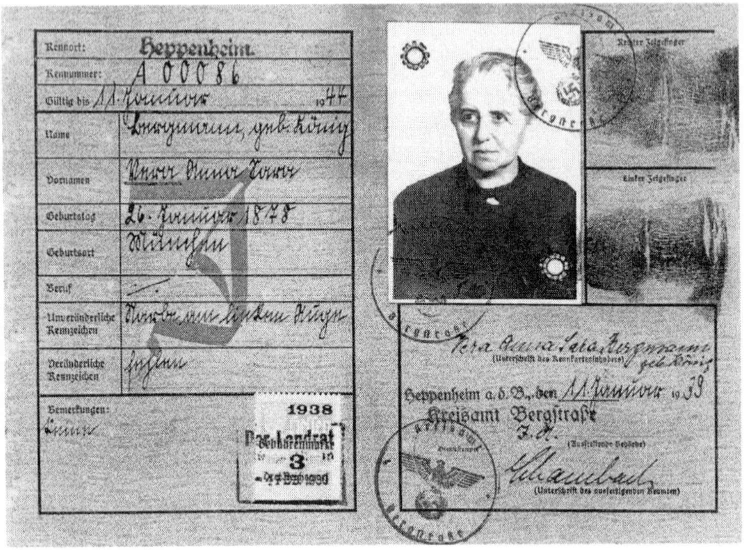
Kennort: Heppenheim
Kennnummer: A 00086
Gültig bis 11. Januar 1944
Name
Vornamen
Geburtstag 26. Januar 1878
Geburtsort
Beruf
Unveränderliche Kennzeichen
Veränderliche Kennzeichen
Bemerkungen:
1938
Der Landrat
3
Rechter Zeigefinger
Linker Zeigefinger
(Unterschrift des Kennkarteninhabers)
Heppenheim a. d. B., den 11. Januar 1939
Kreisamt Bergstraße
(Ausstellende Behörde)
(Unterschrift des ausfertigenden Beamten)

„Judenkennkarte" von Vera Bergmann aus Heppenheim
NS-DOK Köln, N 2890,2

Lebenserinnerungen. Die Tante habe zusammen mit ihrer Mutter viele Reisen unternommen, sei „im Geigenspiel bei erstklassigen Lehrern" ausgebildet worden und habe viel Kammermusik gespielt. „Tante Vera war für uns der Inbegriff der Vornehmheit. Sie duftete immer nach Parfüm, und ihr Besuch war für alle immer etwas Besonderes." Irgendwann in diesen Jahren tritt Vera vom jüdischen zum protestantischen Glauben über. Was sie zu diesem Schritt bewogen hat, ist nicht überliefert.

1925 stirbt Veras vier Jahre ältere Schwester Alice Bergmann. Ein Jahr später heiratet Vera überraschend ihren verwitweten Schwager Oskar Bergmann und zieht zu ihm nach Jena. Mit seinem Tod elf Jahre später beginnt für die 58-Jährige eine mehrjährige Odyssee durch Deutschland. Zunächst kommt sie bei ihrem Neffen Walter Bergmann in Halle an der Saale unter. Als der im Oktober 1938 mit seiner Lebensgefährtin nach London emigriert, zieht sie nach Heppenheim an der Bergstraße. Dort hat ihr Neffe Fritz eine Wohnung besorgt. Nachdem sich in der Nachbarschaft herumgesprochen hat, dass die neue Mieterin jüdischer Abstammung ist, muss sie am

30. September 1939 auch diese Unterkunft verlassen. Die Stimmung im Haus lasse „leider drastische Maßnahmen befürchten", teilt ihr der Vermieter in seinem Kündigungsschreiben mit. Ihm persönlich sei „dieser Schritt im hohen Maße peinlich".

Vera Bergmanns nächste Station ist die Gleueler Straße 113 in Köln. Ihre Mitbewohnerin, die 15 Jahre ältere Pianistin Alexandra Franke, ist eine langjährige Freundin der Familie. Auch in Köln bleibt Vera Bergmann nicht lange verschont vor den Terror der Nazis. Im August 1942 erhält sie die Aufforderung, sich Anfang September für die „Verschickung" in das Ghetto Theresienstadt in der Messehalle Deutz einzufinden. Doch sie darf wieder heimkehren. Warum sie an diesem Tag nicht auf der Deportationsliste steht, mag einem bloßen Zufall geschuldet sein.

Im Januar 1943 erreicht sie ein zweiter Deportationsbescheid. Dieses Mal beschließt Vera Bergmann, ihr Schicksal selbst in die Hand zu nehmen. Sie werde ihrem Leben ein Ende setzen, informiert sie ihren Neffen Fritz. „Ich fuhr zu ihr, und wir sprachen an dem Abend vor der geplanten Verschickung lang und lieb miteinander", beschreibt Fritz Bergmann die letzten Stunden seiner Tante. „Am nächsten Morgen war ich wieder bei ihr. Sie war inzwischen in eine jüdische Pension gebracht worden, wo sie am Morgen abgeholt werden sollte. Sie hatte viel Veronal [ein Schlafmittel] eingenommen und sich Skopolaminspritzen gemacht [ein Beruhigungsmittel]. Ein jüdischer Arzt kam und fragte mich, ob er ihr den Magen auspumpen sollte, was ich natürlich ablehnte. So schaffte man sie in das jüdische Krankenhaus im Fort Müngersdorf, wo sie, ohne das Bewusstsein erlangt zu haben, am 23. Januar 1943 starb."

Ein weiterer Stolperstein vor dem Haus erinnert an Vera Bergmanns Bekannte, die Pianistin Alexandra Franke, geb. Gutkind (Jg. 1863). Sie wurde 1942 in das Ghetto Theresienstadt deportiert und starb dort am 23. Februar 1944.

Entfernung: 570 Meter
auf Gleueler Straße stadteinwärts (30 Meter)
links abbiegen auf Leiblplatz (50 Meter)
weiter auf Theresienstraße (400 Meter)
rechts abbiegen auf Dürener Straße (90 Meter)

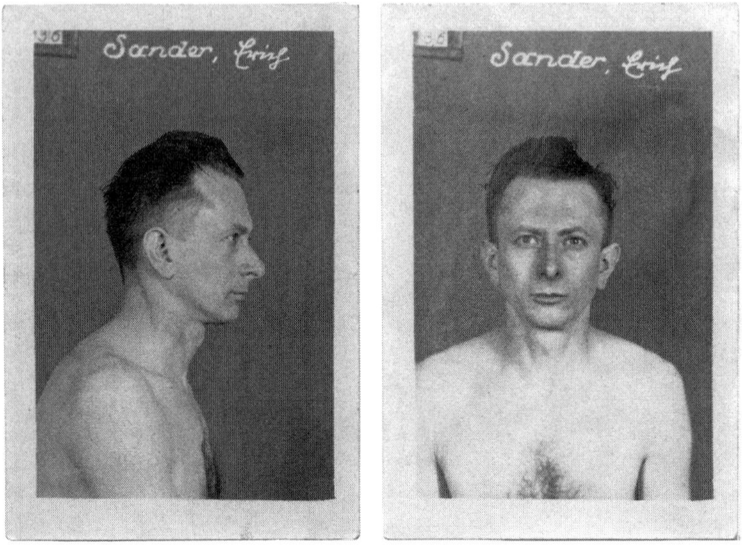

Erich Sander im Zuchthaus Siegburg, 6. Januar 1942
August Sander Stiftung, Bonn

Dürener Straße 199–203: Erich Sander

„Was mein Befinden angeht, so könnt ihr völlig beruhigt sein", schreibt Erich Sander am 22. Juni 1935 aus der Strafanstalt Rheinbach an seine Eltern. „Die Verpflegung ist sehr gut und reichlich; das Sonntagsessen kann sich wohl in jeder Gastwirtschaft draußen sehen lassen" – Sätze, die nur ironisch gemeint sein können. Drei Wochen sind vergangen seit der Verurteilung des 31-Jährigen wegen „Vorbereitung zum Hochverrat". Vor ihm liegen mehr als neun Jahre Haft, die er weitgehend im Zuchthaus Siegburg verbringen und deren Ende er nicht erleben wird.

Erich Sander, am 22. Dezember 1903 im österreichischen Linz geboren, ist der älteste Sohn von Anna und August Sander. Sein Vater, ein gebürtiger Siegerländer, betreibt in Linz die „Fotografische Kunstanstalt 1. Ranges, August Sander". 1910 verlegt die Familie ihren Wohnsitz von Österreich nach Köln und zieht drei Jahre später in die Dürener Straße 201, die heutige Dürener Straße 199–203. August Sander, der heute als einer der wichtigsten Fotokünstler des 20. Jahrhunderts gilt, ist ein gefragter Fotograf. Auch Erich interessiert sich für die Kunst der Fotografie. Doch anders als sein Bruder Gunther entscheidet er sich gegen eine entsprechende Laufbahn. Nach dem Abitur am Städtischen Realgymnasium Lindenthal schreibt er sich an der Wirtschafts- und Sozialwissenschaftlichen Fakultät der Universität zu Köln ein. Seine nächsten Jahre sind bestimmt von zahlreichen Orts- und Studienwechseln. Im Wintersemester 1931/32 beendet Erich Sander sein Studium ohne Abschluss. Eine lange erwogene Dissertation im Fach Geschichte – angeblich über das Verhältnis von Militarismus und Sozialismus – wird nie realisiert.

Stattdessen verstärkt der 29-Jährige sein politisches Engagement. Am 1. April 1932 tritt er in die wenige Monate zuvor gegründete „Sozialistische Arbeiterpartei Deutschlands" (SAP) ein. Im Oktober wird er zum Leiter der Kölner Gruppe gewählt. Erich Sander war bereits als Jugendlicher politisch aktiv und gehörte mehrere Jahre der „Kommunistischen Partei Deutschlands" (KPD) an. Seit 1929 ist er Mitglied der „Kommunistischen Partei-Opposition", einer Abspaltung der KPD. Mit der Machtübernahme der Nationalsozialisten 1933

Erich Sander mit Fahrrad unterwegs in Frankfurt a. M, nicht datiert
August Sander Stiftung, Bonn

Erich Sander beim Lesen, Zuchthaus Siegburg zwischen 1938 und 1944
August Sander Stiftung, Bonn

geraten er und seine Gesinnungsgenossen wegen ihrer politischen Überzeugung zunehmend in Gefahr. Die SAP geht in den Untergrund. Ihr Propagandamaterial lässt sie im Ausland drucken und von Kurieren ins Rheinland schmuggeln. Die Koordination der illegalen Aktionen liegt in der Hand von Erich Sander und einem Genossen. Gemeinsam bauen sie ein weit verzweigtes Vertriebsnetz auf und sorgen für die Verteilung einschlägiger Zeitschriften wie „Das Banner der revolutionären Einheit“, „Arbeitskampf“ und „Sozialistische Warte“. In einem von Erich Sander angemieteten Turmzimmer in der Sülzburg bei Lohmar finden zweimal in der Woche Schulungen der SAP-Mitglieder statt, getarnt als Treffen von Naturfreunden.

Ihre Aktivitäten bleiben nicht unbemerkt. Am 11. September 1934 wird Erich Sander in der elterlichen Wohnung von der Gestapo verhaftet und vier Tage später in das Untersuchungsgefängnis Klingelpütz überstellt. „Erich lag noch im Bett. Er sprang auf mit weit geöffneten großen Augen, zog seine Kleider an und während dieser Zeit schnüffelten die Halunken schon in den Büchern“, schildert August Sander in einem Brief die Festnahme seines Sohnes.

Am 28. Mai 1935 stehen Erich Sander und 17 weitere Angeklagte vor dem IV. Strafsenat des Oberlandesgerichts Hamm. Der Prozess dauert vier Tage und endet mit der Verurteilung der fünf Hauptangeklagten zu langen Haftstrafen. Erich Sander wird zu zehn Jahren Zuchthaus und dem Verlust der bürgerlichen Ehrenrechte verurteilt. An der ganzen Angelegenheit sei nichts zu ändern, schreibt er nach dem Prozess an die Eltern. „Man muss sich einfach damit abfinden."

Erich Sander verbüßt den Großteil seiner Strafe im Zuchthaus Siegburg und arbeitet dort unter anderem als Gefängnisfotograf. Seine Hoffnung, nach zehn Jahren entlassen zu werden, erfüllen sich nicht. Am 23. März 1944 stirbt der 40-Jährige an den Folgen einer zu spät erkannten Blinddarmentzündung.

Entfernung: 400 Meter
auf Dürener Straße stadtauswärts (190 Meter)
links abbiegen auf Wittgensteinstraße (120 Meter)
rechts abbiegen auf Uhlandstraße (90 Meter)

Uhlandstraße 10: Inge Rubens

Inge Rubens hatte einen Traum. Das Abitur wollte sie machen. Studieren. Chemikerin werden. Doch keiner ihrer Wünsche erfüllte sich.

Inge Rubens, am 30. Juni 1921 in Köln geboren, wächst zusammen mit ihrem acht Jahre jüngeren Bruder Peter Paul in einem Zweifamilienhaus in der Uhlandstraße 10 auf. Ihre Mutter Anna stammt aus einer Metzgerfamilie in Weckede, ihr Vater Rudolf ist Mitinhaber der „Rheinischen Papierwarenfabrik Max Klestadt" in Köln-Bickendorf. Ein Großonkel hatte das Unternehmen in den 1880er-Jahren gegründet. Seit 1920 führt Rudolf Rubens die Druckerei, die auf die Herstellung von Kassenblöcken, Hut- und Wäschebeuteln spezialisiert ist, gemeinsam mit seinem Bruder Hans und einem weiteren Verwandten.

Inge besucht zunächst eine städtische Volksschule und anschließend das „Städtische Oberlyzeum mit Frauenschule" im Weyertal. Im Oktober 1935 wechselt sie auf das jüdische Privatgymnasium Jawne. Auf dem städtischen Lyzeum habe sie nach dem Erlass der

Inge Rubens
NS-DOK Köln, N 2836

Nürnberger Gesetze nicht bleiben können, erklärt Inge Rubens den Schulwechsel in einem Lebenslauf, den sie Anfang der 1960er-Jahre verfasst. Sie habe jedoch die Hoffnung gehabt, „dass sich die Verhältnisse in Deutschland bessern werden“ und sie eventuell zu einem späteren Zeitpunkt studieren könne.

Doch im Frühjahr 1937 verlässt die 16-Jährige überraschend das Gymnasium in der St.-Apern-Straße. Es habe sich ergeben, „dass es unmöglich für mich war, in Deutschland die Universität zu besuchen“, begründet Anna Rubens den Schulabbruch. Seit im April 1933 das „Gesetz gegen die Überfüllung deutscher Schulen und Hochschulen“ verabschiedet wurde, ist es für Jüdinnen und Juden nahezu unmöglich, einen Studienplatz zu bekommen. Selbst das Abitur zu machen erscheint Inge inzwischen undenkbar, „da immer mehr Schüler die Schule verließen“.

In der Familie sei daher beschlossen worden, sie auf eine mögliche Auswanderung nach England vorzubereiten. Dort soll sich Inge eine Stelle als Hausmädchen suchen. Für junge jüdische Frauen ist ein

Inge Rubens, ca. 1942–1944
NS-DOK Köln, N 2836

Domestic Permit zu diesem Zeitpunkt die einzige Möglichkeit, eine eine Arbeits- und Aufenthaltserlaubnis für England zu bekommen. Inge arbeitet zunächst einige Monate als Kontoristin in der Firma ihres Vaters. Anschließend macht sie eine Ausbildung im Israelitischen Altersheim in Unna und nimmt im November 1938 eine Stellung als Haushälterin bei einer jüdischen Familie in Köln an.

Das Haus in der Uhlandstraße 10 ist inzwischen verkauft, und Inge wohnt mit den Eltern, dem Bruder und ihrer hochbetagten Großmutter Rosie Rubens in der Wilhelm-Waldeyer-Straße 14. Pläne der Eltern, zu Verwandten nach Chile auszuwandern, haben sich zerschlagen. Um 1940 muss die Familie die Wohnung in der Lindenstraße verlassen und wird in ein Zimmer in der Lindenstraße eingewiesen. Ein Großteil des Mobiliars ist bereits verkauft; der Druckereibetrieb in Köln-Bickendorf wird zwangsaufgelöst, „weil die Besitzer Juden waren".

Über die Niederlande flieht Inge im August 1939 nach England. „Hier war ich jahrelang im Haushalt gegen geringe Entlohnung tätig und hatte nicht die Möglichkeit, mein beabsichtigtes Chemiestudium aufzunehmen", schreibt sie. Im Oktober 1944 heiratet die 23-Jährige den englischen Fotografen John William Stanley Routley. Ein Jahr später wird ihr Sohn Peter geboren, 1948 und 1949 folgen die Töchter Rowena und Christine. Ihre Hoffnung auf ein Studium hat Inge endgültig aufgegeben. „Das Einkommen meines Mannes ist so gering, dass wir gerade den Haushalt bescheiden aufrecht erhalten können", schreibt sie. Inge Routley, geborene Rubens, stirbt am 4. Mai 1991 im Alter von 70 Jahren in London.

Ihre Eltern Rudolf und Anna Rubens und ihr Bruder Peter Paul werden am 22. Oktober 1941 in das Ghetto Litzmannstadt deportiert und in der Vernichtungsstätte Kulmhof/Chelmno ermordet. Auch an sie erinnern Stolpersteine vor dem Haus.

Ein Stolperstein in der Palmstraße 1 erinnert an Inge Rubens' angeheiratete Tante Edith Rubens, geborene Lorant (Jg. 1908). Sie floh 1936 mit ihrem Ehemann Hans Rubens und ihren Eltern Julius und Selma Lorant nach Chile.

Entfernung: 550 Meter
auf Uhlandstraße stadtauswärts (160 Meter)
rechts abbiegen auf den Lindenthalgürtel (100 Meter)
links abbiegen auf Dürener Straße (260 Meter)
links abbiegen auf Virchowstraße (30 Meter)

Virchowstraße 3: Max Zienow

Der Vater sei ein sehr offener Mensch gewesen, sagt Maria Zienow 2021 in einem Gespräch mit dem NS-Dokumentationszentrum der Stadt Köln. Offen und vertrauensselig. „Wenn er jemanden traf, der nett zu ihm war, hat er sich ihm völlig geöffnet" – ein Wesenszug, der ihm letztendlich zum Verhängnis geworden sei.

Max Zienow, am 12. März 1891 im westfälischen Saerbeck geboren, wächst in einem katholisch-protestantischen Beamtenhaushalt auf. Er und seine jüngeren Geschwister – eine Schwester und ein Bruder – seien stets zu Hochachtung, Ordnung, Disziplin und „innerer Sauberkeit" erzogen worden, beschreibt er 1944 in einem Brief an den Volksgerichtshof in Berlin den Wertekompass seiner Kindheit und

Max Zienow
Privatbesitz Maria Zienow

Jugend. Sein Vater Max Hermann August Zienow arbeitet beim Landesbauamt der Stadt Münster und hofft, dass der älteste Sohn eines Tages in seine Fußstapfen tritt. Max macht zunächst eine Ausbildung an der Königlichen Baugewerkschule in Münster und arbeitet bis zum Beginn des Ersten Weltkriegs als Militärtechniker beim örtlichen Militärbauamt.

Doch das Verhältnis von Vater und Sohn ist angespannt. Als Max Zienow, Soldat im Ersten Weltkrieg, während eines Genesungsurlaubs in Köln die ein Jahr ältere Hutmacherin Berta Teuber kennenlernt, beschließt er, nicht in seine Heimatstadt zurückzukehren. Unmittelbar nach seiner Entlassung aus dem Militärdienst im November 1918 zieht er nach Köln und tritt beim Städtischen Hochbauamt eine Stelle als Hochbautechniker an. Wenige Monate später heiraten Berta und er. Am 16. März 1921 wird Tochter Maria geboren.

1933 verliert Max Zienow seine Anstellung beim Hochbauamt. Er ist gewerkschaftlich organisiert und seit Ende der 1920er-Jahre Mitglied der SPD. Damit gilt der 42-Jährige im NS-Staat als politisch unzuverlässig. Für seine Familie und ihn beginnt mit seiner Entlassung eine Zeit wirtschaftlicher Unsicherheit. Max und Berta Zienow müssen ihre teure Wohnung in der Mommsenstraße, in die sie erst vier Jahre zuvor eingezogen sind, aufgeben und beziehen eine wesentlich bescheidenere Erdgeschosswohnung in der Virchowstraße 3.

Am 1. Mai 1937 trifft Max Zienow eine überraschende Entscheidung: Er tritt in die NSDAP ein. Über seine Beweggründe ist nichts bekannt. Mag sein, dass er hofft, als Parteimitglied beruflich wieder Fuß zu fassen. Er selber erklärt bei einem Verhör durch die Gestapo, er sei der Partei „gelegentlich einer Werbung" beigetreten. Drei Jahre später erhält er einen gutbezahlten Posten bei der Obersten Bauleitung der Reichsautobahnen in Köln.

Bei den regimetreuen Kollegen eckt Max Zienow schnell an mit angeblichen „hetzerischen Äußerungen". Statt den „deutschen Gruß" anzuwenden, ziehe er den Hut beim Grüßen, wirft ihm der Betriebsobmann vor. Außerdem trage er, obwohl Mitglied der NSDAP, häufig kein Parteiabzeichen. Ermahnungen seiner Ehefrau und wohlmeinender Kollegen, sich zu mäßigen, schlägt er in den Wind. Zum Verhängnis wird ihm schließlich eine Zufallsbegegnung im September 1943. An einer Haltestelle der Straßenbahnlinie 13 trifft Max Zienow eine alte Bekannte. Ihrer Aussage nach äußert er sich bei der Gelegenheit sehr abfällig über Adolf Hitler und dessen Politik. Elise Schriedels, eine glühende Anhängerin des Regimes, erstattet daraufhin Anzeige gegen Max Zienow.

Am 19. Januar 1944 wird Max Zienow verhaftet und in das Gefängnis Klingelpütz überstellt. Seine Beteuerungen, überzeugter Nationalsozialist zu sein, helfen ihm wenig. Im April überweist die Kölner Staatsanwaltschaft den Fall an den Volksgerichtshof in Berlin. Damit ist das Schicksal des „Staatsfeindes" besiegelt. Am 23. August 1944 wird Max Zienow von den Berliner Richtern wegen „Wehrkraftzersetzung und Feindbegünstigung" zum Tode verurteilt und am 9. Oktober im Zuchthaus Brandenburg-Görden hingerichtet.

Eine Woche später bekommen Berta und Maria Zienow Post aus Berlin. Die Veröffentlichung einer Todesanzeige sei „nicht zulässig", heißt es darin.

Entfernung: 1,2 Kilometer
zurück zur Dürener Straße (30 Meter)
links abbiegen auf Dürener Straße (70 Meter)

hinter der Tankstelle rechts abbiegen auf die Kitschburger Straße und dem Weg bis zur Friedrich-Schmidt-Straße folgen (970 Meter)
links abbiegen auf Friedrich-Schmidt-Straße (110 Meter)

Friedrich-Schmidt-Straße 54a: Rudolf Callmann

Die Liste der Ehrungen für Rudolf Callmann ist lang: Honorarprofessor an der Universität zu Köln, Träger des Großen Bundesverdienstkreuzes und der Jefferson-Medaille der Universität von Virginia, USA. Seit 1981 erinnert außerdem die Rudolf-Callmann-Medaille der „Deutschen Vereinigung für gewerblichen Rechtsschutz und Urheberrecht" an den Kölner Juristen. Man kann all das als Respektbezeugung sehen für einen weltweit anerkannten Rechtsexperten, der 1936 mit Frau und Tochter aus Deutschland fliehen musste, um das eigene und das Leben seiner Familie zu retten.

Rudolf Callmann, am 29. September 1892 in Köln geboren, stammt aus einem liberalen jüdischen Elternhaus. Sein Vater ist in Köln ein angesehener Mann. Maximilian Callmann sitzt im Stadtrat und führt am Gereonshof 37 eine Kanzlei für Marken- und Wettbewerbsrecht. Rudolf Callmanns Weg ist damit vorgezeichnet. Wie sein Vater – und später sein fünf Jahre jüngerer Bruder Hans Wilhelm – studiert er in Bonn, Berlin und Freiburg Rechtswissenschaften. Zu Beginn des Ersten Weltkriegs meldet er sich freiwillig an die Front und kehrt noch vor Kriegsende schwer verwundet nach Deutschland zurück.

1919 schließt Rudolf Callmann sein Studium mit einer Dissertation über den „Verkauf von Markenwaren" ab. Ein Jahr später heiratet er die Kölner Bankierstochter Maria Hess und tritt 1923 in die Kanzlei des Vaters ein. 1926 wird Ellen, das einzige Kind des Paares, geboren. Nach dem Tod des Vaters im Jahr 1929 übernehmen sein Bruder Hans Wilhelm und er das väterliche Anwaltsbüro.

In Fachkreisen macht sich der aufstrebende Jurist schnell einen Namen mit Artikeln über das deutsche Wettbewerbsrecht und den gewerblichen Rechtsschutz. Viel Aufmerksamkeit bringt ihm 1929 ein mehr als 500 Seiten starker „Kommentar zum Gesetz gegen den unlauteren Wettbewerb und zu den materiellrechtlichen Vorschriften des Gesetzes zum Schutz der Warenbezeichnungen" ein. Das Werk erlebt mehrere Auflagen, und bald gehört Rudolf Callmann zu den

Dr. Rudolf Callmann
Leihgabe Germania Judaica; NS-DOK Köln, Bp 1357

am meisten zitierten Juristen seines Fachbereichs. 1934 folgt eine Abhandlung über das deutsche Kartellrecht.

Doch in Deutschland weht inzwischen ein anderer Wind, und Rudolf Callmann muss aufgrund seiner jüdischen Herkunft um seine berufliche Zukunft bangen. Seit April 1933 gilt das „Gesetz über die Zulassung zur Rechtanwaltschaft“, das einem Berufsverbot für tausende „nicht-arische“ Rechtsanwälte gleichkommt. Als ehemaliger Weltkriegsteilnehmer darf Rudolf Callmann seine Kanzlei zwar vorerst weiterführen, aber auch er und seine Familie sind täglich von der antisemitischen Hetze der Nationalsozialisten betroffen.

1935 ziehen Rudolf, Maria und Ellen Callmann in die Friedrich-Schmidt-Straße 54a. Seit 2022 erinnern vor dem Haus zwei Stolpersteine auch an das Schicksal von Mutter und Tochter. Es soll die letzte Adresse der Familie Callmann in Köln werden. Im September 1936 emigriert sie in die USA.

Rudolf Callmann fasst schnell Fuß in der neuen Heimat. 1939 legt er an der Harvard-Universität sein Examen in amerikanischem Recht ab und eröffnet 1949 in New York eine Anwaltskanzlei. Auch in den

USA gehört er bald zu den führenden Experten in Fragen des Wettbewerbsrechts. Er veröffentlicht zahlreiche Bücher und setzt sich in den 1950er-Jahren für die Entschädigung jüdischer Opfer des NS-Regimes ein.

Am 12. März 1976, acht Jahre nach dem Tod seiner Frau Maria im Februar 1968, stirbt Rudolf Callmann in New York. Ellen Callmann lehrt viele Jahre Kunstgeschichte am privaten Muhlenberg College in Allenton, Pennsylvania. Sie stirbt am 12. Juli 2002 im Alter von 76 Jahren.

Zwei weitere Stolpersteine vor dem Haus erinnern an das Schicksal des jüdischen Ehepaares Mayer. Martha Mayer, geborene Joachimczyk (Jg. 1874), starb 1941 in Köln an einer Überdosis des Schlafmittels Veronal. Der Kaufmann Samuel Mayer (Jg. 1860) wurde im Oktober 1942 im Ghetto Theresienstadt ermordet.

Entfernung: 1,1 Kilometer
auf Friedrich-Schmidt-Straße stadteinwärts bis Hültzplatz (500 Meter)
am Hültzplatz links halten und abbiegen in Hültzstraße (400 Meter)
rechts abbiegen auf Aachener Straße (230 Meter)

Aachener Straße 399: Ernst Weinberg

Ernst Weinberg, am 5. September 1887 als Zweitältester von sechs Kindern geboren, stammt aus einer alteingesessenen Erkelenzer Kaufmannsfamilie. Seinem Vater Alexander Weinberg gehört das größte und modernste Warenhaus in Erkelenz, das „Konfektionshaus A. Weyl Nachfolger“ an der heutigen Kölner Straße 4. Als er 1919 stirbt, übernimmt Ernst gemeinsam mit seiner Mutter Friederika den Betrieb. Der Frontsoldat, erst wenige Monate zuvor heimgekehrt aus dem Ersten Weltkrieg, erweist sich schnell als geschickter Geschäftsmann. 1928 lässt er gegenüber dem „Konfektionshaus A. Weyl Nachfolger“ eine hochmoderne Ausstellungspassage mit sieben Schaufenstern bauen, eine Sensation nicht nur in Erkelenz. In Zeitungsanzeigen wirbt das Warenhaus „mit wirklich billigen Preisen“ und ist bald weit über die Grenzen der Stadt hinaus bekannt.

Ernst Weinberg als Soldat im Ersten Weltkrieg
Privatbesitz Familie Weinberg, Hubert Rütten

Ernst Weinberg, verheiratet mit der sieben Jahre jüngeren Kaufmannstochter Johanna Rosenberg und Vater von drei Söhnen, ist in Erkelenz ein angesehener Mann. Zweimal wird er in den Stadtrat gewählt und ist damit das zweite jüdische Ratsmitglied überhaupt in der Geschichte der Stadt. Er sitzt im Elferrat der „Erkelenzer Karnevalsgesellschaft 1832 e. V." und im Vorstand der jüdischen Gemeinde.

1933 wendet sich das Blatt. Die Schaufenster des Konfektionsgeschäfts werden mit Hetzparolen beschmiert, die „arischen" Kundinnen und Kunden aufgefordert, das „jüdische" Warenhaus zu boykottieren. Vor allem bei der städtischen Kundschaft zeigt die antisemitische Propaganda der Nationalsozialisten schnell Wirkung. Die ländliche Bevölkerung aus dem Umland hingegen lasse sich trotz der vielen diesbezüglichen Hinweise in Versammlungen nicht davon abhalten, ihre Einkäufe „beim Juden" zu erledigen, merkt der damalige Landrat Eduard Wessel in einem politischen Lagebericht an. Auch der Kreisleiter der NSDAP, Kurt Horst, macht Stimmung gegen den jüdischen Geschäftsmann. Was hier fehle, sei ein deutsches Konfektionshaus,

Der Elferrat der Erkelenzer Karnevalsgesellschaft, 1920er-Jahre. 7. v. l. mit der schwarzen Kappe Ernst Weinberg
Stadtarchiv Erkelenz, Nachlass Erich Maraite

sagt er bei einer Versammlung der Erkelenzer Gewerbeleute: „Wir dürfen es uns nicht gestatten, dass die Käufer aus dem Kreise zum Juden gehen."

1935 werden mehrfach sämtliche Schaufenster der Ausstellungspassage eingeschlagen. Ernst Weinberg wird wegen der „Verbreitung von Gräuelmärchen" verhaftet und eine Woche lange festgehalten. Zwei Jahre später gibt er auf und verkauft das Familienunternehmen. Neuer „arischer" Inhaber des Konfektionshauses „A. Weyl Nachfolger" ist der Kaufmann Adolf Martini, der es in „Warenhaus Martini" umbenennt, das heutige „Kaufhaus Martini". Noch im selben Jahr verlassen Ernst Weinberg und seine Familie Erkelenz und ziehen nach Köln in die Aachener Straße 399.

Auch in der Großstadt ist die jüdische Familie nicht sicher vor antisemitischer Hetze. 1939 gelingt den Söhnen Alexander, Alfred und

Otto mithilfe eines Kindertransports die Flucht in die Sicherheit Englands; Ernst und Johanna Weinberg bleiben in Deutschland zurück und müssen ihre Wohnung in der Aachener Straße verlassen. Sie ziehen zunächst in ein überwiegend von Juden bewohntes Miethaus in der Dürener Straße 270. Im April 1941 müssen sie auch diese Wohnung räumen und werden in die Ottostraße 44 unweit des „Israelitischen Asyls für Kranke und Altersschwache" eingewiesen. Es ist ihre letzte Station in Köln.

Mit dem zweiten großer Kölner Deportationszug wird das Ehepaar am 30. Oktober in das Ghetto Litzmannstadt deportiert und von da aus am 12. Mai 1942 weiterverschleppt in die Vernichtungsstätte Kulmhof/Chelmno. Dort werden Ernst und Johanna Weinberg noch am Tag ihrer Ankunft ermordet.

Weitere Stolpersteine vor dem Haus erinnern an Ernst Weinbergs Ehefrau Johanna, geborene Rosenberg (Jg. 1894), an die gemeinsamen Söhne Alexander (Jg. 1921), Alfred (Jg. 1923) und Otto (Jg. 1924) sowie an den Juristen Ernst Jacob (Jg. 1900) und dessen Ehefrau Lotte Julie Jacob, geborene Meyer (Jg. 1908). Das Ehepaar Jacob wurde im Dezember 1941 in das Ghetto Riga deportiert. Dort verliert sich die Spur von Ernst Jacob. Lotte Julie Jacob wurde im August 1944 in das Konzentrationslager Stutthof bei Danzig verschleppt und dort wenig später ermordet.
Für Johanna Weinberg liegt ein zweiter Stolperstein in der Ottostraße 44. Ihre Biografie findet sich im Kapitel „Ehrenfeld".

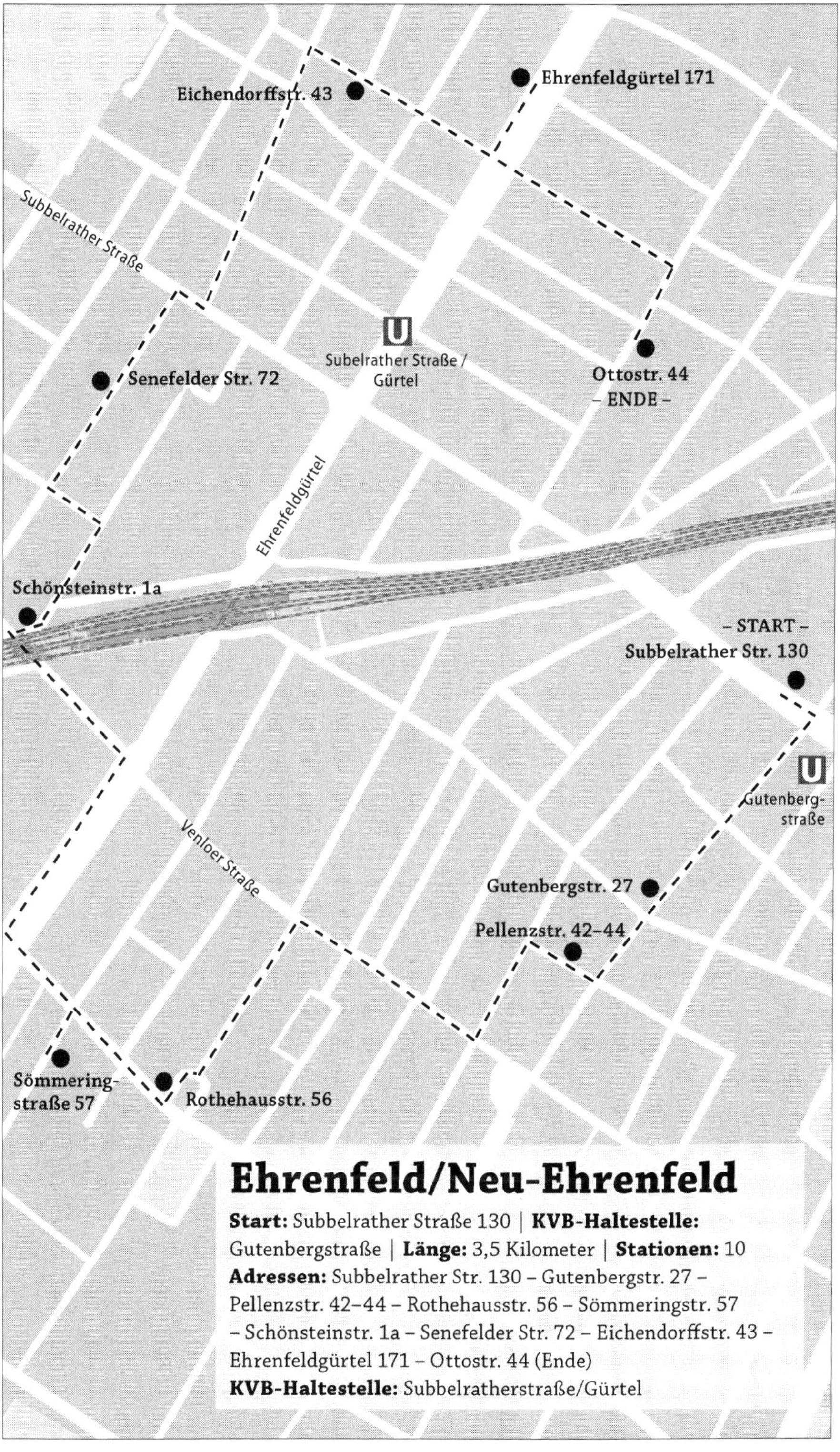

Ehrenfeld/Neu-Ehrenfeld

Start: Subbelrather Straße 130 | **KVB-Haltestelle:** Gutenbergstraße | **Länge:** 3,5 Kilometer | **Stationen:** 10
Adressen: Subbelrather Str. 130 – Gutenbergstr. 27 – Pellenzstr. 42–44 – Rothehausstr. 56 – Sömmeringstr. 57 – Schönsteinstr. 1a – Senefelder Str. 72 – Eichendorffstr. 43 – Ehrenfeldgürtel 171 – Ottostr. 44 (Ende)
KVB-Haltestelle: Subbelratherstraße/Gürtel

Blick von der Venloer Straße in die Gutenbergstraße, 1943/44
(Fotograf: Josef Bös)
NS-DOK Köln, Bp 4826

„Räuberfeld“ – so nannten die Kölnerinnen und Kölner Ehrenfeld in der Endphase des Zweiten Weltkriegs. Ein schwerer Bombenangriff in der Nacht des 21. April 1944 hatte einen Großteil der Häuser zerstört und hunderte Menschen innerhalb von knapp zwei Stunden obdachlos gemacht. Das Hauptgebäude des Ehrenfelder Bahnhofs war ausgebrannt. Fabriken und Industrieanlagen lagen in Schutt und Asche. In den Trümmern versteckten sich Kleinkriminelle, entflohene Zwangsarbeiterinnen und Zwangsarbeiter, Widerstandskämpferinnen und Widerstandskämpfer, Kriegsverweigerer und untergetauchte Jüdinnen und Juden, alle gejagt von den Sicherheitsbehörden – eine explosive Mischung, die sich nicht selten in Gewalt entlud.

Es sollte Jahrzehnte dauern, ehe sich Ehrenfeld zu dem entwickelte, was es heute ist: ein lebhaftes, multikulturell geprägtes Szene-Viertel, in dem viele Kunstschaffende, Studierende und junge Familien zu Hause sind. Schmale Backsteinhäuser aus dem 19. Jahrhundert erzählen von der Vergangenheit als reines Arbeiterviertel. Stuckverzierte alte Villen in Neu-Ehrenfeld zeugen vom Zuzug einkommensstarker Mittelstandsfamilien im ersten Viertel des 20. Jahrhunderts.

An der Venloer Straße steht die größte Moschee Deutschlands, die 2018 eröffnete DITIB-Zentralmoschee. An der Ottostraße, Ecke Nußbaumerstraße findet man in den Räumlichkeiten des ehemaligen „Israelitischen Asyls für Kranke und Altersschwache" das Jüdische Wohlfahrtszentrum.

Bei unserem Rundgang erinnern wir an unterschiedliche Verfolgtengruppen des NS-Regimes: an Jüdinnen und Juden, an Sinti und Roma, an politische Verfolgte und an eine junge Frau, die mit knapp 18 Jahren ein Opfer der Krankenmorde wurde.

Subbelrather Straße 130: Helena Schrank

Den Lebensweg von Helena Schrank, geborene Herz, lückenlos nachzuzeichnen ist nicht einfach. Brüche und Leerstellen prägen ihre Biografie, die am 25. März 1887 in Monheim ihren Anfang nimmt.

Helena ist das älteste Kind von Emanuel und Lina Herz, geborene Rosenberg. Ihr Vater stammt aus einer alteingesessenen Monheimer Familie und verdient seinen Lebensunterhalt als Viehhändler. Ihre Mutter Lina kommt aus Reckendorf in Bayern. Zwei Jahre nach Helena wird in der Kirchstraße 5, der heutigen Franz-Boehm-Straße 3, eine zweite Tochter geboren: Mathilde. 1893 kommt ein drittes Kind zur Welt: Josef. Doch der Säugling stirbt kaum fünf Monate nach der Geburt.

Helena wächst im Kreis jüdischer Verwandter und Nachbarn auf. Die jüdische Gemeinde von Monheim ist klein, und die meisten Familien sind miteinander verwandt oder verschwägert. Nach ihrem Schulabschluss macht sie – angeblich in Düsseldorf und Solingen – eine Ausbildung zur Friseurin. In ihren Heimatort kehrt sie offenbar erst zu Beginn des Ersten Weltkriegs zurück. Ihre Schwester Mathilde, die einigen Jahre in Köln und Andernach gewohnt hat, lebt bereits seit 1913 wieder bei den Eltern in Monheim.

Wie Helenas Leben in den nächsten Jahren verläuft, wissen wir nicht. Dann, im Juli 1926, taucht ihr Name auf der Passagierliste des Ozeandampfers „MS Columbus" auf. Passagierin 184, 39 Jahre alt, ledig, ist auf dem Weg nach New York. Dort wartet bereits ihr Verlobter Heinrich Schrank auf sie. Der Schlosser, fünf Jahre jünger als Helena, ist im November 1925 in die USA ausgewandert und hat sich

Ghetto Litzmannstadt 1942
© *Sabine Eichler / NS-DOK Köln, N 137,2*

in Baltimore eine neue Existenz aufgebaut. Das Paar hatte sich in Monheim kennengelernt, wo der gebürtige Bayer seit 1915 lebte.

Am 6. August 1926, nur wenige Tage nach Helenas Ankunft auf Ellis Island, wird geheiratet. Doch die Ehe scheitert, und im Juli 1933 kehrt Helena allein zurück nach Monheim. Wieder zieht sie in ihr Elternhaus. Dort leben inzwischen nur noch ihr betagter Vater und ihre Schwester. Lina Herz, die Mutter, ist bereits 1929 gestorben.

Es ist keine gute Zeit für eine Rückkehr nach Deutschland. Schon vor der Machtübernahme der Nationalsozialisten begannen in Monheim die ersten Repressalien gegen die jüdische Bevölkerung. Viele Bauern weigern sich, Geschäfte mit „nicht-arischen“ Viehhändlern zu machen. Inzwischen leben nur noch 20 Jüdinnen und Juden im Ort, und die Gemeinde schrumpft weiter.

Auch Helena Schrank entflieht ein weiteres Mal der dörflichen Enge Monheims. Zeitweise wohnt sie in Köln – für das Jahr 1935 ist ihr Aufenthalt in der Subbelrather Straße 130 dokumentiert. Eine Weile soll sie als Hausangestellte in Blumenthal in der Eifel gearbeitet, dann wieder bei Vater und Schwester in Monheim gelebt haben. Im November 1938 zieht sie mit einer Verwandten erneut nach Köln.

Von dort aus wird Helena Schrank am 22. Oktober 1941 in das Ghetto Litzmannstadt deportiert. Sechs Monate teilt sie sich mit acht Personen ein Zimmer in der Richterstraße 9/28, ehe sie am 10. Mai 1942 in die Vernichtungsstätte Kulmhof/Chelmno und damit in den sicheren Tod abtransportiert wird.

Auch Helena Schranks Vater und ihre Schwester gehören zu den Opfern des Holocausts. Mathilde Herz wird am 10. Dezember 1941 in das Ghetto Riga, Emanuel Herz am 21. Juni 1942 in das Ghetto Theresienstadt deportiert. Am 26. September 1942 transportiert man den 83-Jährigen in das Vernichtungslager Treblinka. Über das weitere Schicksal von Vater und Tochter ist nach jetziger Quellenlage nichts bekannt. Nach Kriegsende werden Emanuel und Mathilde Herz für tot erklärt.

In Monheim in der Franz-Boehm-Straße 3 erinnern drei Stolpersteine an die Schicksale von Helena Schrank, ihrem Vater Emanuel Herz (Jg. 1859) und ihrer Schwester Mathilde Herz (Jg. 1889).

Entfernung: 300 Meter
auf Subbelrather Straße stadteinwärts (40 Meter)
rechts abbiegen auf Gutenbergstraße (270 Meter)

Gutenbergstraße 27: Lydia Klein

Das Urteil der Ärzte ist vernichtend: Lydia Kleins intellektuelle Leistungen entsprächen denen einer Acht- bis Neunjährigen. Langsam sei die 14-Jährige, ungeschickt, desinteressiert und weder erziehungs- noch bildungstauglich. Fazit der „Rheinischen Provincial-Kinderanstalt für seelisch Abnorme“ in Bonn: Die Patientin leide an

„Schwachsinn im Grad einer Imbezillität" und gehöre in eine Pflegeeinrichtung für „Schwachsinnige".

Im September 1937 wird Lydia Klein, ein pausbäckiges Mädchen mit schlechten Zähnen und leichtem Übergewicht, gemeinsam mit ihrem jüngeren Bruder Josef in die „Heilerziehungs- und Pflegeanstalt Scheuern" bei Nassau-Lahn eingewiesen. Vier Jahre verbringt die junge Frau in dem christlichen Pflegeheim, ehe sie im Sommer 1941 in der Tötungsanstalt Hadamar ermordet wird. Lydia Klein gehört damit zu den rund 70 000 Opfern der Aktion T4, einer Tötungsaktion der Nationalsozialisten zwischen Januar 1940 und August 1941. Betroffen von den Massentötungen waren vor allem Menschen mit körperlichen, geistigen und psychischen Einschränkungen, all jene also, die in der NS-Ideologie als „unwertes Leben" und damit als Belastung für die „erbgesunde" Volksgemeinschaft galten.

Lydias kurzes Leben wird bestimmt von Krankheit, Armut und Vernachlässigung. Geboren wird sie am 9. Juli 1923 in Köln-Ehrenfeld. Ihr Vater August Klein ist laut Kölner Adressbuch städtischer Arbeiter. Sie hat vier Geschwister: Josef, Paula, Käthe und Christine. Kurz nach der Geburt erkrankt Lydia schwer. Ihre rechte Körperseite ist gelähmt, sie leidet unter motorischen Störungen, eine Gesichtshälfte ist ebenfalls beeinträchtigt. Wenig später wird bei dem Säugling eine Knochentuberkulose konstatiert. Insgesamt sei sie in ihrer Entwicklung verzögert, heißt es in ihrer Krankenakte.

Wie drei ihrer Geschwister besucht sie einige Jahre eine sogenannte Hilfsschule in Köln-Ehrenfeld, in der sie Lesen und Schreiben lernt. 1935 stirbt Lydias Mutter. Mag sein, dass dieser Verlust und die erneute Heirat des Vaters das Mädchen endgültig aus der Bahn werfen. Am 1. Januar 1937 wird Lydia in die psychiatrische Klinik der Lindenburg und anschließend in die „Rheinische Provincial-Kinderanstalt" in Bonn eingewiesen. Damit beginnt Lydias Leidensweg durch die Institutionen, der vier Jahre später mit ihrem Tod endet.

Neben ihren eigenen Beeinträchtigungen werden Lydia die angeblichen „Erbkrankheiten" ihrer „belasteten Familie" zum Verhängnis: der Selbstmord einer Tante, die Schlafkrankheit des Großvaters, die Gehörlosigkeit eines Cousins, die schlechten Schulleistungen der Geschwister, die Trunksucht der Mutter, die sich auch während ihrer fünf Schwangerschaften nicht zurückgehalten haben soll – all das reicht in den Augen der Nazis, um dem jungen Mädchen die „erbbiologische Wertigkeit" abzusprechen.

Lydia tut sich zunächst schwer in der Pflegeanstalt Scheuern, einer Einrichtung der evangelischen Kirche. Zur Schule geht sie nicht mehr. Stattdessen soll sie kleine Arbeiten im Haus verrichten, die sie zu überfordern scheinen. „K. tut so gut wie nichts", heißt es in ihrer Krankenakte. Erst als sie mit der Pflege einiger jüngeren Mitpatienten betraut wird, blüht sie auf. Hingebungsvoll betreut sie ein schwerkrankes kleines Mädchen. Das Kind sei „der Liebling der K.", obwohl es schwer zu pflegen sei, lautet ein Eintrag aus dem Jahr 1940. „Als das kleine Mädchen starb, weinte K. sehr, ging in den nächsten Tagen immer wieder auf den Friedhof an das Grab."

An dem Urteil der Ärzte über Lydias geistige Fähigkeiten ändert ihr soziales Engagement nichts. Die Patientin leide unter „angeborenem Schwachsinn erheblichen Grades" und leiste so gut wie nichts, bescheinigen ihr zwei Ärzte am 28. Juni 1940. Und unterschreiben damit das Todesurteil der knapp 18-Jährigen. Am 1. Juli 1941 wird Lydia Klein abtransportiert in die Landesheilanstalt Hadamar, eine von sechs Tötungsanstalten der Aktion T4. Die Einrichtung hat am 13. Januar 1941 ihren Betrieb aufgenommen und verfügt über eine Gaskammer und zwei Krematorien.

Lydia Klein stirbt nach offiziellen Angaben am 8. Juli 1941. Ihr Bruder Josef war bereits drei Monate vorher in Hadamar vergast worden.

Im Kölner Stadtgebiet erinnern mehr als ein Dutzend Stolpersteine an Opfer der Krankenmorde.

Entfernung: 160 Meter
weiter auf Gutenbergstraße (120 Meter)
rechts abbiegen auf Pellenzstraße (40 Meter)

Pellenzstraße 42–44: Samuel, Luise und Ruth Bogen

Ruth Bogen ist sechs Jahre alt, als sie alles Vertraute hinter sich lassen muss. Köln, die Stadt, in der sie am 1. Mai 1932 geboren wurde. Die Wohnung in der Schützenstraße 42–44, der heutigen Pellenzstraße,

Samuel Bogen mit seiner Tochter Ruth, um 1932
NS-DOK Köln, N 3188,3

in der sie ein Jahr gewohnt hat. Die Sprache, mit der sie aufgewachsen ist. Ein Foto aus jenen Tagen zeigt ein kleines Mädchen, das unter einer Wolke aus dunklem Haar skeptisch in die Kamera schaut. Neben Ruth stehen die Eltern, Samuel und Luise Bogen, geborene Hertz, mit denen sie am 13. November 1938 Hals über Kopf zu Verwandten nach Beek in Holland geflohen ist.

Hinter Samuel, Luise und Ruth Bogen liegen die Schrecken des Novemberpogroms und die leidvolle Erfahrung, als Juden im Land ihrer Geburt nicht mehr erwünscht zu sein. Die Eheleute sind seit 1931 verheiratet. Ruth ist ihr einziges Kind. Samuel Bogen, Jahrgang 1905 und Kaufmann von Beruf, stammt aus Köln. Luise Bogen wird 1909 in Keyenberg bei Erkelenz in eine deutsch-holländische Kaufmannsfamilie geboren.

Der Alltag in den Niederlanden gestaltet sich schwieriger als erwartet. Mehr als ein Jahr wohnen Ruth und ihre Mutter bei Max Hertz, einem Onkel von Luise Bogen. Samuel Bogen kommt abwechselnd bei Bekannten in Maastricht, Beesel und Rotterdam unter. Als

Die Familie Bogen im Flüchtlingslager Westerbork
Herinneringscentrum Kamp Westerbork

Max Hertz im Frühjahr 1940 nach Amsterdam zieht, verlieren Ruth und ihre Mutter ein zweites Mal ihr Zuhause. Eine gemeinsame Bleibe findet die Familie schließlich im „Zentralen Flüchtlingslager Westerbork", einem Auffanglager für geflüchtete Jüdinnen und Juden aus Deutschland und Österreich.

Vier Jahre verbringen Ruth und ihre Eltern in dem Lager, das nach der Besetzung der Niederlande durch die Deutschen für viele tausende geflüchtete Jüdinnen und Juden zur tödlichen Falle wird. Am 1. Juli 1942 wandeln die Besatzer Westerbork in ein „polizeiliches Judendurchgangslager" um. Seitdem dient es als Sammelbecken für jüdische Gefangene aus den gesamten Niederlanden. Zwei Wochen später beginnt die SS mit der Deportation der Lagerinsassen in die Vernichtungslager Sobibor und Auschwitz-Birkenau.

Ruth und ihre Eltern bleiben zunächst unbehelligt. Als „Alte Kamp-Insassen", als Lagerbewohner der ersten Stunde also, genießen sie einen Sonderstatus und sind damit „bis auf Weiteres" geschützt vor einer Deportation.

Doch im Herbst 1944 endet für die „Alten Kamp-Insassen" die Schonfrist. Am 4. September werden Samuel, Luise und Ruth Bogen in das Ghetto Theresienstadt verschleppt. Samuel Bogen wird am 29. September weitertransportiert nach Auschwitz-Birkenau. Er stirbt am 28. März 1945 in Melk, einem Außenlager des KZ Mauthausen. Ruth und ihre Mutter werden am 4. Oktober 1944 von Theresienstadt nach Auschwitz-Birkenau deportiert und dort am 6. Oktober ermordet.

Entfernung: 650 Meter
weiter auf Pellenzstraße (50 Meter)
links abbiegen auf Simrockstraße (120 Meter)
rechts abbiegen auf Venloer Straße (240 Meter)
links abbiegen auf Rothehausstraße (240 Meter)

Rothehausstraße 56: Lili Wieruszowski

Die Organistin, Kirchenmusikerin und Komponistin Lili Wieruszowski, am 10. Dezember 1899 in Köln geboren, wächst mit drei Schwestern in einer liberalen, gutbürgerlichen Familie auf. Ihr Vater Alfred Ludwig Wieruszowski ist Senatspräsident am Kölner Oberlandesgericht und Jura-Dozent an der Kölner Universität, ihre Mutter Jenny, geborene Landsberg, eine engagierte Frauenrechtlerin.

Alfred und Jenny Wieruszowski sind jüdischen Glaubens, lassen ihre vier Töchter jedoch evangelisch taufen. Sie habe weder Belege noch persönliche Erinnerungen, warum die Eltern das getan hätten, schreibt Lilis Schwester Ruth Pincus-Wieruszowski in ihrer Familienchronik „Erinnerungen an Alfred Wieruszowski". Religiöse Gründe seien es wohl nicht gewesen. Vielmehr hätten die Eltern auf die „Möglichkeit der Assimilation" gehofft. Ihren Kindern „sollten von vornherein alle Wege offenstehen, denn als Protestanten waren sie zu sehr wenig verpflichtet und besaßen doch eine Art von Zugehörigkeit".

Lili und ihre Schwestern wachsen „ohne eine Form religiöser Erziehung" auf, sind sich ihrer jüdischen Wurzeln aber sehr wohl bewusst. Sie könne sich nicht erinnern, dass sie jemals von den Eltern in die Kirche geschickt worden seien, schreibt Ruth Pincus-Wieruszowski. „Die betrat man nur zu Konzerten oder eventuell zur Christmette

Lili Wieruzowski
NS-DOK Köln, N 2201,2

in der Weihnachtszeit, um der geistlichen Musik zu lauschen." Dennoch steht an Heiligabend ein Weihnachtsbaum im Wohnzimmer der Familie, den „der Vater mit Liebe und Hingabe geschmückt hatte", und „zu Ostern wurde eine Rotte Kinder eingeladen, die im Garten Schokoladen- und Zuckereier suchten".

Lili Wieruszowski beweist schon früh ihr musikalisches Talent. Mit 15 Jahren erhält sie Orgel-, Cello- und Klavierunterricht bei Friedrich Wilhelm Franke, einem Lehrer an der Kölner Musikhochschule, und studiert nach dem Abitur in Köln und Berlin Musik. 1922 macht sie ihr Diplom in Kirchenmusik und arbeitet anschließend als Organistin für mehrere Kölner Kirchengemeinden. Vier Jahre zuvor ist ihre Mutter gestorben, und ihr Vater ist in zweiter Ehe mit der bedeutenden Kunstsammlerin Frieda Fischer verheiratet.

Nach der Machtübernahme der Nationalsozialisten darf Lili Wieruszowski nicht länger als Organistin arbeiten. Ihr Vater gibt seine Dozentenstelle an der Kölner Universität auf und kommt damit seinem Ausschluss aus dem Lehrbetrieb zuvor. Frieda Fischer verliert aufgrund ihrer Ehe mit einem Juden ihren Direktorenposten am „Museum für ostasiatische Kunst“, das sie gemeinsam mit ihrem ersten Ehemann Adolf Fischer aufgebaut hat – und das noch heute eine Attraktion in der Kölner Museumslandschaft ist.

Im September 1933 verlässt Lili Wieruszowski Deutschland und geht nach Basel. Dort hält sie sich zunächst mit Klavierunterricht und Vorträgen über Kirchenmusik mühsam über Wasser. In den 1940er-Jahren beginnt sie, Psalmen zu vertonen, und wird bekannt als Organistin und Komponistin von Kirchenmusik. Lili Wieruszowski stirbt am 2. März 1971.

Ihre Schwestern Marie, Helene und Ruth emigrieren in den 1930er-Jahren nach London, New York und Palästina. Alfred Wieruszowski entgeht wegen seiner „Mischehe“ mit einer Christin einer Deportation und stirbt im Februar 1945 im Alter von 87 Jahren eines natürlichen Todes.

Entfernung: 220 Meter
weiter auf Rothehausstraße (30 Meter)
rechts abbiegen auf Vogelsanger Straße (150 Meter)
links abbiegen auf Sömmeringstraße (40 Meter)

Sömmeringstraße 57: Moritz, Erna und Erich Spiro

Familie Spiro sind nur wenige gemeinsame Monate in der Sömmeringstraße 57 vergönnt, ehe Moritz Spiro in der Reichspogromnacht im November 1938 von Nazi-Schlägern zu Tode geprügelt wird. Geboren wird der Friseur am 8. Januar 1887 in Köln-Deutz., wo er auch aufwächst. Erna Spiro stammt aus Werden, einer Kleinstadt im Ruhrgebiet, die heute zu Essen gehört. Dort kommt sie am 6. August 1891 als Tochter von Isaac und Adelheid Bonn zur Welt. Ihr Vater ist von Beruf Kammerjäger und arbeitet zeitweise als Stadtbote. Als Erna 14 Jahre alt ist, zieht die Familie nach Köln.

Moritz Spiro und Erna Bonn finden während des Ersten Weltkriegs zueinander und heiraten am 26. Februar 1919. Fast 20 Jahre wohnen sie in der Vogelsanger Straße 148, wo Moritz nach Kriegsende einen Friseursalon eröffnet hat. Am 11. April 1921 wird in der Wohnung,

Grabstein Moritz Spiro auf dem jüdischen Friedhof Köln-Bocklemünd
© *Barbara Becker-Jákli*

assistiert von Großmutter Adelheid Bonn, Erich, das einzige Kind des Ehepaares geboren. Der Junge besucht die Israelitische Volksschule in der Lützowstraße und tritt nach seinem Schulabschluss im Jahr 1935 in die Fußstapfen des Vaters: Erich wird Friseur.

Anfang des Jahre 1938 zieht die Familie in die Sömmeringstraße 57. Am 10. November wird Moritz Spiro von einer Gruppe marodierender Nazis zusammengeschlagen, als er versucht, seinen Salon vor den Angreifern zu schützen. Der 51-Jährige erleidet schwere Kopfverletzungen und stirbt am 18. November im Israelitischen Krankenhaus. Todesursache laut Sterbeurkunde: „Totschlag durch Schädelverletzung. Erweichungsherd im Gehirn."

Erna und Erich Spiro bleiben zunächst in der Sömmeringstraße wohnen. 1941 müssen sie die Wohnung räumen und werden in ein Ghettohaus in der Moselstraße 6 eingewiesen. Von dort aus werden Mutter und Sohn am 30. Oktober 1941 vom Bahnhof Deutz-Tief in das Ghetto Litzmannstadt deportiert. Erna Spiro wird 1942 weiterverschleppt in das Ghetto Theresienstadt und im Mai desselben

Jahres in der Vernichtungsstätte Kulmhof/Chelmno ermordet. Erich Spiro kommt am 31. Dezember 1942 im Zwangsarbeiterlager Remow in Posen zu Tode.

Zwei Stolpersteine in der Cardinalstraße 9 erinnern an Moritz Spiros Schwestern Helene Riehs (Jg. 1882) und Flora Netter (Jg. 1885). Sie wurden 1941 in das Ghetto Litzmannstadt deportiert und nach jüngsten Erkenntnissen im Mai 1942 in der Vernichtungsstätte Kulmhof/Chelmno ermordet.

Entfernung: 620 Meter
zurück auf Vogelsanger Straße (40 Meter)
links abbiegen auf Vogelsanger Straße (90 Meter)
rechts abbiegen auf Ehrenfeldgürtel (240 Meter)
links abbiegen auf Venloer Straße (210 Meter)
rechts abbiegen auf Schönsteinstraße (40 Meter)

Schönsteinstraße 1a (früher Nr. 7): Hans Steinbrück

Sein größter Coup gelingt ihm am 1. September 1944. 26 Zentner Butter erbeuten Hans Steinbrück und seine Männer in jener Nacht. Schwarzmarktwert der fetten Beute: rund 123 000 Reichsmark.

Hans Steinbrück ist gut vernetzt in der Trümmerlandschaft Ehrenfelds. Gemeinsam mit seiner Lebensgefährtin Cilly Serve und drei Kindern wohnt er in einer Notunterkunft im Hinterhof der Schönsteinstraße 7, der heutigen Nummer 1a. Der 23-Jährige bestreitet seinen Lebensunterhalt mit kleinen Bauaufträgen, Gelegenheitsdiebstählen und Raubzügen. Zu seinem Umfeld gehören entflohene Zwangsarbeiterinnen und Zwangsarbeiter, Kleinkriminelle und Jugendliche, von denen einige Kontakte zu den Edelweißpiraten haben. Sie alle eint ihr Hass auf das NS-Regime und der feste Wille, diesen Krieg zu überleben. Bis zu 100 Personen umfasst das lose Netzwerk, das im September 1944 als „Gruppe Steinbrück“ ins Visier der Gestapo gerät.

Geboren wird Hans Steinbrück am 12. April 1921 in Roßla bei Sangerhausen im Harz. Nach dem Tod der Eltern kommt der Fünfjährige in ein Waisenhaus in Osterburg, in dem er die nächsten zehn

Jahre verbringt. Es folgt ein Leben im Ausnahmezustand, regiert von den Zwängen des NS-Regimes und einem Krieg, der keine Normalität erlaubt. Mit 15 Jahren reißt Hans das erste Mal aus dem Heim aus und heuert als Schiffsjunge auf einem Frachter an. Er wird jedoch schnell aufgespürt und zurückgebracht nach Osterburg. 1937 unternimmt er den nächsten Fluchtversuch, diesmal mit Erfolg. Zwei Jahre fährt er zur See. Anschließend geht er als Hafenarbeiter nach Düsseldorf. Im August 1941 wird der 20-Jährige zum Kriegsdienst eingezogen und wenig später wegen einer Malaria-Erkrankung wieder entlassen. Eine Bewerbung bei der Düsseldorfer Gestapo im Januar 1942 scheitert. Hans Steinbrück wird abgelehnt.

Es folgen mehrere Monate Haft wegen Amtsanmaßung im Polizeigefängnis Düsseldorf und im Konzentrationslager Buchenwald. Hans Steinbrück hatte sich bei der Wohnungssuche gegenüber einer Vermieterin als angehender Gestapobeamter ausgegeben. Im September 1942 wird er in das Lager Köln-Deutz überstellt, eine Außenstelle des KZ Buchenwald, und meldet sich für ein Bombenräumkommando. „Bombenhans", so nennt man den jungen Mann in dieser Zeit. Im Oktober 1943 ist es auch damit vorbei. Hans Steinbrück gerät in Schwierigkeiten, weil er die Besitztümer eines verstorbenen Mithäftlings an sich genommen haben soll, und flieht erneut.

Im Dezember 1943 scheint der inzwischen 22-Jährige zur Ruhe zu kommen. Er zieht in die Schönsteinstraße 7 zu seiner Freundin Cilly Serves, die ein Kind von ihm erwartet. Inzwischen haben die Luftangriffe der Alliierten auf Köln weiter zugenommen. Der Krieg geht in seine Endphase, und das schwer zerstörte Ehrenfeld wird mehr und mehr zu einem Sammelbecken für Menschen jenseits der geltenden Rechtsordnung.

Im April 1944 verlieren Cilly Serves und Hans Steinbrück bei einem Bombenangriff ihre Wohnung im Vorderhaus der Schönsteinstraße und ziehen in eine Notunterkunft im Hinterhof. Für Hans Steinbrück bedeutet der Verlust der Wohnung eine erneute Zäsur. Er beginnt, im Keller des Hauses Waffen zu horten, und begeht zahllose Einbrüche, bei denen er unter anderem Baumaterial, Lebensmittel und mehrere Fahrzeuge erbeutet. Von der normalen Lebensmittelversorgung der Kölner Zivilbevölkerung sind die illegal Lebenden abgeschnitten.

Im Herbst 1944 eskaliert die Lage in „Räuberfeld". Am 28. September wird der Ehrenfelder Ortsgruppenleiter Heinrich Soentgen

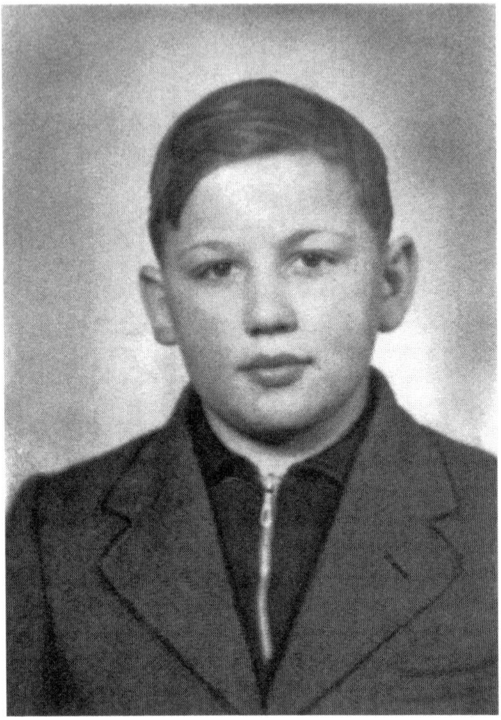

Günther Schwarz
um 1940
NS-DOK Köln, N 411,19

auf offener Straße erschossen. Die Kölner Gestapo reagiert darauf mit verschärften Kontrollen und Razzien. Schnell geraten auch Hans Steinbrück und seine Gruppe ins Visier der Beamten. Das Waffenlager in der Schönsteinstraße wird ausgehoben, und Hans Steinbrück muss erneut fliehen. Mehrfach gelingt es ihm, sich mit Waffengewalt einer Festnahme zu entziehen. Zwei Menschen, ein SA-Mann und ein Streifendienstführer, werden dabei erschossen, drei weitere schwer verletzt. Schließlich wird er am 11. Oktober in der Wohnung einer Freundin verhaftet und in das Gestapogefängnis Brauweiler überstellt.

Er habe alles tun wollen, um den Krieg möglichst schnell zu beenden, begründet Hans Steinbrück gegenüber der Gestapo seine Aktionen. Daher auch das Waffenlager. Sobald die Front näher gerückt sei, habe man kriegswichtige Betriebe und Bahnanlagen sprengen wollen. So jedenfalls steht es in den Verhörprotokollen. Eine Woche nach seiner Verhaftung unterschreibt er nach tagelangen Misshandlungen ein „Geständnis“, in dem es unter anderem heißt, er habe die Zentrale der Kölner Gestapo im EL-DE-Haus in die Luft sprengen wollen.

Am Morgen des 10. November 1944 wird Hans Steinbrück ohne Gerichtsverhandlung zusammen mit zwölf weiteren Mitgliedern seiner Gruppe am Ehrenfelder Bahnhof, Ecke Schönstein- und Hüttenstraße, öffentlich gehängt. Darunter ist auch der 18 Jahre alte Günter Schwarz, an den ebenfalls ein Stolperstein vor dem Haus erinnert.

Weitere Stolpersteine für Mitglieder der Gruppe findet man in der Leyendeckerstraße 113 (Johann Müller, Jg. 1928), am Fröbelplatz 15 (Adolf Schütz, Jg. 1926), in der Platenstraße 28 (Günter Schwarz, Jg. 1928), am Melatengürtel 86 und 90 (beide für Gustav Bermel, Jg. 1927), in der Lichtstraße 47 (Franz Rheinberger, Jg. 1927), in der Keplerstraße 21 (Roland Lorent, Jg. 1920), in der Keplerstraße 33 (Bartholomäus Schink, Jg. 1927). Die Männer wurden gemeinsam mit Hans Steinbrück am 10. November 1944 hingerichtet.

Entfernung: 330 Meter
weiter auf Schönsteinstraße (130 Meter)
links abbiegen auf Marienstraße (70 Meter)
rechts abbiegen auf Senefelderstraße (130 Meter)

Senefelderstraße 72: Anonym

Vier namenlose Stolpersteine liegen vor dem schmalen Klinkerbau in der Senefelderstraße 72. „Hier wohnte ein Romm“, steht darauf, und „Hier wohnte eine Rommni“. Die Steine erinnern an zwei männliche und zwei weibliche Personen, von denen wir nur das jeweilige Geburtsjahr kennen: 1902, 1905, 1928, 1930. Die Daten legen nahe, dass hier eine vierköpfige Familie mit zwei heranwachsenden Kindern lebte. Auch drei Todesdaten sind vermerkt. „Ermordet am 30. 9. 1943 in Auschwitz.“ „Ermordet am 10. 7. 1943 in Auschwitz.“ „Ermordet am 18. 10. 1943 in Auschwitz.“ Auf dem vierten Stein fehlt das entsprechende Datum. Doch auch dort steht: „Ermordet in Auschwitz.“

Nur wenige der mehr als 120 Stolpersteine für Sinti und Roma in Köln nennen die Namen der Verfolgten, an die erinnert werden soll. Auf Wunsch von Betroffenen und Nachfahren wurde ein Großteil der Gedenksteine anonymisiert und verzeichnet neben der Bezeichnung Romm/Rommni und Sinto/Sinteza lediglich die Lebensdaten der Verfolgten. Auch vor anderen Häusern in Ehrenfeld – in der Wißmannstraße 1a, in der Klarastraße 24, in der Körnerstraße 28 und in der Simrockstraße 32 – erinnern anonymisierte Stolpersteine an Menschen „artfremden Bluts", wie rassistisch Verfolgte in der NS-Zeit genannt werden.

Vor 1933 leben – mehr geduldet als willkommen – einige hundert Sinti- und Roma-Familien in Köln. Einige von ihnen haben hier ihren festen Wohnsitz. Für die fahrenden Händler, Musikanten und Schausteller, die nur wenige Wochen oder Monate in der Stadt bleiben, gibt es in fast jedem Viertel Wohnwagenstellplätze. Nach der Machtübernahme der Nazis beginnt für sie eine Zeit sozialer Ausgrenzung und Verfolgung, die für bis zu 500 000 Männer, Frauen und Kinder in ganz Europa mit dem Tod endet.

In Köln wird 1934 an der Venloer Straße 888 mit der Errichtung eines zentralen „Zigeunerlagers" begonnen – ein Vorgehen, das bald auch in anderen Städten Schule macht. Nach dessen Fertigstellung 1935 werden die Wohnwagenstellplätze in den einzelnen Stadtvierteln aufgelöst und deren Bewohnerinnen und Bewohner in das neue Lager zwangseingewiesen.

Mit dem Beginn des Zweiten Weltkriegs verschärft sich die Situation weiter. Das Reichssicherheitshauptamt im Berlin plant die Verschleppung aller „Zigeunermischlinge, Rom-Zigeuner und nicht deutschblütigen Angehörigen zigeunerischer Sippen balkanischer Herkunft" in das besetzte Polen. Köln ist von dieser Aktion unmittelbar betroffen. Am 16. Mai 1940 werden mehr als 900 Sinti und Roma aus dem Kölner Regierungsbezirk, aus Aachen, Bonn, Koblenz und Trier in ein Sammellager in der Kölner Messe gebracht und von dort aus am 21. Mai in Ghettos und Lager deportiert. Gunter Demnigs „Erinnerungsspur" durch Köln gemahnt an den Leidensweg der Betroffenen. Mit einem „Druckrad" hatte der Künstler 1990 die Strecke zum Bahnhof Deutz-Tief nachgezeichnet; heute erinnern Messingplatten an ausgewählten Orten an die Kunstaktion.

Mit dem sogenannten Auschwitz-Erlass vom 16. Dezember 1942 ist das Schicksal von hunderttausenden Sinti und Roma besiegelt. In Köln gehen im März 1943 die ersten Transportzüge in das Vernichtungslager Auschwitz-Birkenau ab. Man kann davon ausgehen, dass sich in einem dieser Züge die vier Bewohnerinnen und Bewohner aus der Senefelderstraße 72 befanden.

Bislang neun Stolpersteine für Sinti und Roma tragen die Namen der Verfolgten. Am Sülzgürtel 43 wird an Ilga Grünholz (Jg. 1939), Hugo Rose (Jg. 1938) und Gertrud Rose (Jg. 1939) erinnert (siehe Kapitel „Luxemburger Straße"). Am Stavenhof 7 liegen Steine für Emil Herzberger (Jg. 1907), Emma Herzberger (Jg. 1913), Anita Herzberger (Jg. 1938) und Josef Herzberger (Jg. 1940). Am Kleinen Griechenmarkt 33 findet man Steine für Josef Helmuth Weiss (Jg. 1914) und für Gertrud Weiss (Jg. 1922), die das KZ Auschwitz überlebte.

Entfernung: 510 Meter
weiter auf Senefelderstraße (130 Meter)
rechts abbiegen auf Subbelrather Straße (35 Meter)
links abbiegen auf Landmannstraße (300 Meter)
rechts abbiegen auf Eichendorffstraße (45 Meter)

Eichendorffstraße 43: Alfred, Rosa, Helmut, Ilse und Leonore Frank

Die ersten Lebensjahre der Geschwister Helmut, Ilse und Leonore Frank sind überschattet von den Wirren des Ersten Weltkrieges und einer schwierigen, von wirtschaftlichen und politischen Unruhen geprägten Nachkriegszeit. Helmut kommt am 16. März 1913, Ilse am 29. November 1916 und Leonore am 14. Juli 1918 zur Welt.

Wie ihre Eltern Alfred und Rosa Frank die Herausforderungen jener Jahre meistern, lässt sich nur erahnen. Alfred Frank betreibt im Belgischen Viertel zusammen mit seinem Geschäftspartner Sally Levenbach eine „Fabrikation in Korsetten, Büstenhaltern und Korsettbestandteilen". Rosa Frank, geborene Hirsch, ist ebenfalls in der Miederwaren-Branche tätig: Sie ist Mitbesitzerin des Korsetthauses „Juno" in der Kölner Innenstadt.

Leonore (l.) und Ilse Frank,
1930er-Jahre
NS-DOK Köln, Bp 31327

Mitte der 1920er-Jahre hat sich die politische Lage in Deutschland weitgehend stabilisiert, die Inflation ist überwunden, und die Geschäfte der Familie Frank laufen hervorragend. Mitte der 1920er Jahre zieht sie in die Eichendorffstraße 43. Der dreigeschossige Bau, der heute auf der Denkmalliste der Stadt Köln steht, verfügt über sieben Zimmer und einen Telefonanschluss. Die obere Etage bewohnen Alfred Franks Eltern Eduard und Klementine Frank.

Als die Nationalsozialisten an die Macht kommen, ändern sich die Lebensumstände der Familie grundlegend. Weil Rosa Frank kein „arisches" Personal mehr beschäftigen darf, müssen die Töchter im Geschäft der Mutter mithelfen. Helmut wird der Zugang zum Medizinstudium verwehrt. Seit dem 25. April 1933 ist das „Gesetz gegen die Überfüllung der deutschen Schulen und Hochschulen" in Kraft, und an den Universitäten gelten für „Nichtarier" extrem niedrige Zugangsquoten.

Eichendorffstraße 43,
Wohnhaus der Familie
Frank, um 1930
NS-DOK Köln, N 2746,3

Leonore Frank ist die Erste, die Deutschland verlässt. 1936 flieht die 18-Jährige nach England und nimmt in London eine Stelle als Haus- und Kindermädchen an. Kurz darauf lernt sie den Österreicher Robert Bondy kennen. Auch er ist Jude und auf der Flucht vor den Nazis. Das Paar heiratet im September 1939. Im Dezember 1942 wird Tochter Vera geboren, im Juli 1946 Tochter Elfriede. 1955 folgen Zwillinge. Nach Kriegsende lebt die Familie erst in Berlin und später in Wien. Dort stirbt Eleonore Bondy, geborene Frank, 2013 im Alter von 95 Jahren.

1937 geht auch Ilse Frank nach England. Sie heiratet nach dem Krieg Illtyd Lesley Pope aus Wales und bekommt mit ihm zwei Söhne. Im Dezember 1993 stirbt sie in Leeds.

Helmut Frank flieht 1937 nach Kolumbien und lässt sich in der Hauptstadt Bogota nieder. Nachdem seine Ehe mit einer gebürtigen Deutschen gescheitert ist, geht er zurück nach Europa und lebt abwechselnd bei seinen Schwestern. Helmut Frank stirbt 1978 in Wien.

Alfred und Rosa Frank bleiben mit Großmutter Klementine Frank in Köln zurück und müssen sich das Haus in der Eichendorffstraße mit bis zu zwölf jüdischen Bewohnerinnen und Bewohnern teilen. Am 7. Dezember 1941 werden sie in das Ghetto Riga deportiert. Alfred Franks weiteres Schicksal ist unbekannt. Rosa Frank wird am 1. Oktober 1944 abtransportiert in das KZ Stutthof bei Danzig und dort am 12. Dezember 1944 ermordet.

Klementine Frank, geborene Koch, wird am 16. Juni 1942 in das Ghetto Theresienstadt deportiert. Zwei Wochen später stirbt die 85-Jährige an einer „Lungenentzündung". Auch an sie erinnert vor dem Haus ein Stolperstein. Eduard Frank ist bereits 1929 verstorben.

Zwei weitere Stolpersteine erinnern an Johanna Callmann, geborene Blumengardt (Jg. 1911), und Max Callmann (Jg. 1904). Das Ehepaar wurde 1941 in das Ghetto Litzmannstadt deportiert.

Entfernung: 290 Meter
weiter auf Eichendorffstraße (200 Meter)
links abbiegen auf Ehrenfeldgürtel (90 Meter)

Ehrenfeldgürtel 171: Klara Caro

„Der Untergang" – so überschreibt Klara Caro, geborene Beermann, 1950 einen Artikel in der Zeitschrift „Frau und Politik". Eindringlich schildert die Frauenrechtlerin darin die Gewaltmaßnahmen der Nationalsozialisten gegen die jüdische Bevölkerung in Köln. Anders als Ehemann Isidor Caro und der gemeinsame Sohn Hermann Wolfgang (auch an diese beiden sowie an Tochter Ruth Melamid erinnern Stolpersteine vor dem Haus) hat sie den Holocaust überlebt.

Klara Caro, am 6. Januar 1886 in Berlin geboren, ist das jüngste Kind von Michael und Johanna Beermann. Mit drei Brüdern wächst sie in bescheidenen Verhältnissen auf. Ihre Erziehung übernimmt weitgehend ihr 13 Jahre älterer Bruder Max Mordechai Beermann.

Klara Caro,
1946 in der Schweiz
NS-DOK Köln, N 1178,3

Der angehende Rabbiner sorgt dafür, dass Klara eine jüdische Schule besucht, und bringt sie in Kontakt mit Zionisten wie Alfred Klee und den späteren Publizisten Heinrich Loewe.

Zum Bekanntenkreis der Geschwister gehört auch Klaras späterer Ehemann Isidor Caro. Als er 1908 als Rabbiner an die Kölner Synagogengemeinde berufen wird, geht Klara mit ihm nach Köln. Am 17. Februar 1915 wird ihr gemeinsamer Sohn Hermann Wolfgang, am 29. Dezember 1918 Tochter Ruth geboren.

Klara Caros Leben ist geprägt von ihrem sozialen und frauenpolitischen Engagement. Sie sitzt im Vorstand des „Israelitischen Frauenvereins", setzt sich für die Resozialisierung straffällig gewordener Frauen, für Psychiatriepatientinnen und jüdische Gefängnisinsassinnen ein. 1926 gründet sie in Köln eine Ortsgruppe des „Jüdischen Frauenbundes" und kämpft darum, dass auch Frauen in die Gremien der Synagogen-Gemeinde gewählt werden dürfen.

Nach der Machtübernahme der Nationalsozialisten geraten die jüdischen Frauenverbände zunehmend unter Druck. Sowohl die Orts-

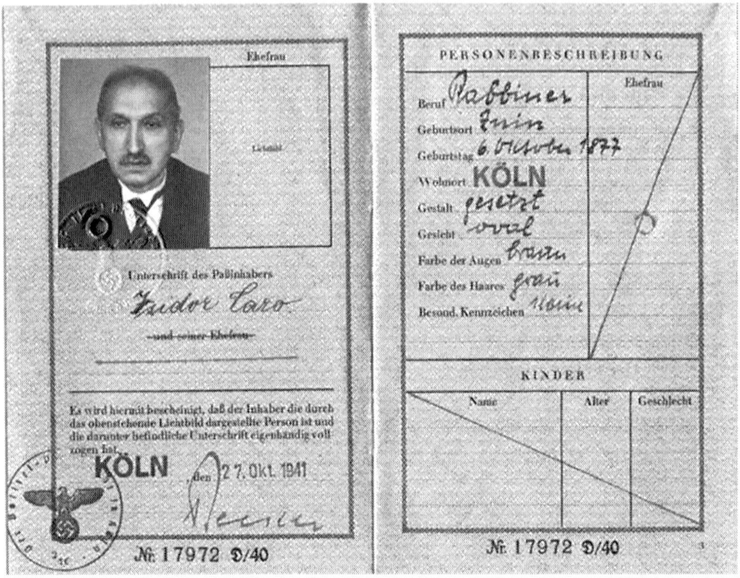

Seiten aus dem Reisepass von Isidor Caro, ausgestellt am 27. 10. 1941
NS-DOK Köln, N 1178,1/2

gruppe des Frauenbundes als auch der „Israelitische Frauenverein“ lösen sich auf. Die judenfeindliche Politik der Nationalsozialisten bestimmt mehr und mehr auch das Privatleben des Ehepaares. Sohn Hermann Wolfgang lebt bereits seit 1933 in Großbritannien und zieht später aus gesundheitlichen Gründen in die Niederlande. 1943 wird er von dort aus in das Vernichtungslager Auschwitz-Birkenau deportiert und am 25. Januar 1943 ermordet. Tochter Ruth arbeitet seit 1936 als Kindermädchen in England. Sie flieht 1944 gemeinsam mit ihrem Ehemann Alexander Melamid in die USA.

1940 müssen Klara und Isidor Caro ihre Wohnung am Ehrenfeldgürtel 171 verlassen, in die sie fünf Jahre zuvor eingezogen sind. Seit einigen Monaten gilt das „Gesetz über Mietverhältnisse mit Juden“, das „arischen“ Vermietern die Kündigung jüdischer Mieter erleichtert. „Wir wurden mit 13 Personen in die Wohnung des verstorbenen Rabbiners Dr. Rosenthal im Hinterhaus der Synagoge Roonstraße 50 kaserniert“, schreibt Klara Caro in „Der Untergang“. Ihre Möbel seien von der Gestapo beschlagnahmt worden, dem Ehemann habe man als Amtszimmer eine ehemalige Abstellkammer zugewiesen. Sie selber wird zur Zwangsarbeit in der Marmeladenfabrik „Opekta" in Köln-Nippes abkommandiert.

Am schlimmsten seien die drohenden Deportationen gewesen. Seit Oktober 1941 sind tausende Jüdinnen und Juden vom Bahnhof Deutz-Tief in die Vernichtungslager im Osten verschleppt worden. Im Juni 1942 bekommt auch das Ehepaar Caro die Aufforderung zum Packen. „Wir hatten drei Stunden Zeit, die erlaubten 50 Pfund Gepäck zusammenzuraffen." In Viehwaggons werden Klara und Isidor Caro am 15. Juni in das Ghetto Theresienstadt abtransportiert, wo Isidor am 28. August 1943 stirbt.

Klara Caro wird drei Monate vor Kriegsende gemeinsam mit rund 1200 Jüdinnen und Juden aus dem Lager freigekauft und am 5. Februar mit dem sogenannten „Zug in die Freiheit" in die Schweiz gebracht. Die einmalige Aktion war von der jüdischen Rettungsorganisation Vaad Hatzalah mit den Nationalsozialisten ausgehandelt worden. Im März 1946 emigriert sie in die USA zu ihrer Tochter Ruth.

Klara Caro, geborene Beermann, stirbt am 28. September 1979 im Alter von 93 Jahren in New York.

Entfernung: 400 Meter
zurück auf Ehrenfeldgürtel bis Eichendorffstraße (90 Meter)
links abbiegen in Eichendorffstraße (230 Meter)
rechts abbiegen auf Ottostraße (80 Meter)

Ottostraße 44: Johanna Weinberg

Viel von ihrem Besitz ist Johanna Weinberg, geborene Rosenberg, nicht geblieben, als sie am 30. April 1941 mit Ehemann Ernst in die Ottostraße 44 zieht. Hinter dem Ehepaar liegen drei Umzüge innerhalb von vier Jahren. Keiner davon war freiwillig. Ernst Weinbergs Geschäft in Erkelenz, das „Konfektionshaus A. Weyl Nachfolger", ist verloren, die Söhne sind zwei Jahre zuvor nach England geflohen. Auch ihre Bleibe in Ehrenfeld werden Johanna und Ernst Weinberg in nur wenigen Monaten verlassen müssen.

Johanna „Hanna" Weinberg, am 5. November 1894 in Ahlen geboren, stammt aus einer begüterten Kaufmannsfamilie. Ihr Vater Isaak Rosenberg ist Vorsteher der örtlichen Synagogengemeinde. Gemeinsam mit drei jüngeren Geschwistern wächst sie in der Oststraße 9 auf, der heutigen Nummer 52. Dort erinnern seit einigen Jahren sieben Stolpersteine an sie, ihre Mutter Anna Rosenberg und weitere Familienmitglieder. Ein Jugendfoto von Hanna zeigt eine hübsche junge Frau mit dunklen Haaren und braunen Augen. Musikalisch sei die Mutter gewesen, schreibt ihr Sohn Alexander in seinen Erinnerungen. Vor allem die Lieder von Franz Schubert habe sie geliebt.

Am 7. August 1919 heiratet Hanna den sieben Jahre älteren Kaufmann Ernst Weinberg aus Erkelenz. Hinter dem 33-Jährigen liegen vier Jahre Kriegsdienst und eine Belobigung wegen außergewöhnlicher Tapferkeit. Nur wenige Tage vor der Hochzeit hat er gemeinsam mit seiner Mutter Friederika das Konfektionsgeschäft „A. Weyl Nachfolger" seines verstorbenen Vaters übernommen. Das Ehepaar lässt sich in der damaligen Hindenburgstraße 4 nieder. Drei Söhne werden geboren: Alexander (1921), Alfred (1923) und Otto (1924).

Die erfolgreiche Kaufmannsfamilie ist in Erkelenz hoch angesehen. Ernst Weinberg engagiert sich in der Lokalpolitik, ist Mitglied in der „Erkelenzer Karnevalsgesellschaft 1832 e. V." und sitzt im Vorstand der Synagogengemeinde. 1928 eröffnet er in der Innenstadt von Erkelenz eine moderne Ausstellungspassage, die über die Grenzen der Stadt hinaus für Aussehen sorgt. Die Machtübernahme der Nationalsozialisten 1933 beendet den wirtschaftlichen Aufschwung des Unternehmens und katapultiert die Familie ins gesellschaftliche Aus. Die Umsätze des Warenhauses „A. Weyl Nachfolger" gehen zurück. Mehrmals werden die Schaufenster der Ausstellungspassage eingeschlagen, bis das jüdische Unternehmen 1937 „arisiert" wird. Kurz darauf zieht die Familie nach Köln und lässt sich in der Aachener Straße 399 nieder, wo seit 2020 fünf Stolpersteine an ihr Schicksal erinnern (siehe Kapitel „Dürener Straße").

Auch Hanna Weinbergs Familie in Ahlen erlebt hautnah den wachsenden politischen Druck der braunen Machthaber. Hannas Bruder Karl Rosenberg wird 1935 als angeblicher Widerstandskämpfer verhaftet und in das Konzentrationslager Esterwegen im Emsland verschleppt. 1936 kann er nach Belgien fliehen. Ihr Bruder Adolf

Johanna Weinberg
NS-DOK Köln, N 168,3

Rosenberg emigriert ein Jahr später mit seiner Familie über die Niederlande und Großbritannien in die USA.

1940 müssen Hanna und Ernst Weinberg ihre Wohnung in der Aachener Straße verlassen und ziehen in die Dürener Straße 270. Vermutlich hat ihnen die Besitzerin des vorwiegend von nichtjüdischen Mietern bewohnen Hauses aufgrund des „Gesetzes über die Mietverhältnisse mit Juden" gekündigt. Die Söhne sind bereits 1939 mit einem Kindertransport nach England geflüchtet.

Die Ottostraße 44, in die sie 1941 eingewiesen werden, ist die letzte Adresse von Ernst und Hanna Weinberg in Köln. Sechs Monate verbringen sie in dem schlichten Drei-Parteien-Haus unweit des „Israelitischen Asyls für Kranke und Altersschwache", dem heutigen Jüdischen Wohlfahrtsamt. Am 30. Oktober 1941 wird das Ehepaar in das Ghetto Litzmannstadt deportiert und von dort aus am 12. Mai 1942 abtransportiert in die Vernichtungsstätte Kulmhof/Chelmno.

Auch zwei von Hanna Weinbergs engen Verwandten werden Opfer des Nazi-Terrors. Ihre Schwester Regina Hertz wird 1943 in das Vernichtungslager Auschwitz-Birkenau deportiert und dort ermordet. Ihr Todesdatum ist nicht bekannt. Ihre Mutter Anna Rosenberg stirbt am 9. Januar 1944 im Ghetto Theresienstadt.

Ein weiterer Stolperstein erinnert an Felix Juda (Jg. 1899). Er wurde 1942 in das Ghetto Minsk deportiert und dort ermordet.

Deutz

Start: Kasemattenstraße 10
KVB-Haltestelle: Messe/Deutz
Länge: 1,2 Kilometer
Stationen: 8
Adressen: Kasemattenstr 10 – Graf-Geßler-Str. 12 – Reischplatz 1 – Reischplatz 6 – Helenenwallstr. 1 – Lorenzstr. 6 – Schaurtestr. 1 – Wahner Str. 6 (Ende)
KVB-Haltestelle: Severinsbrücke

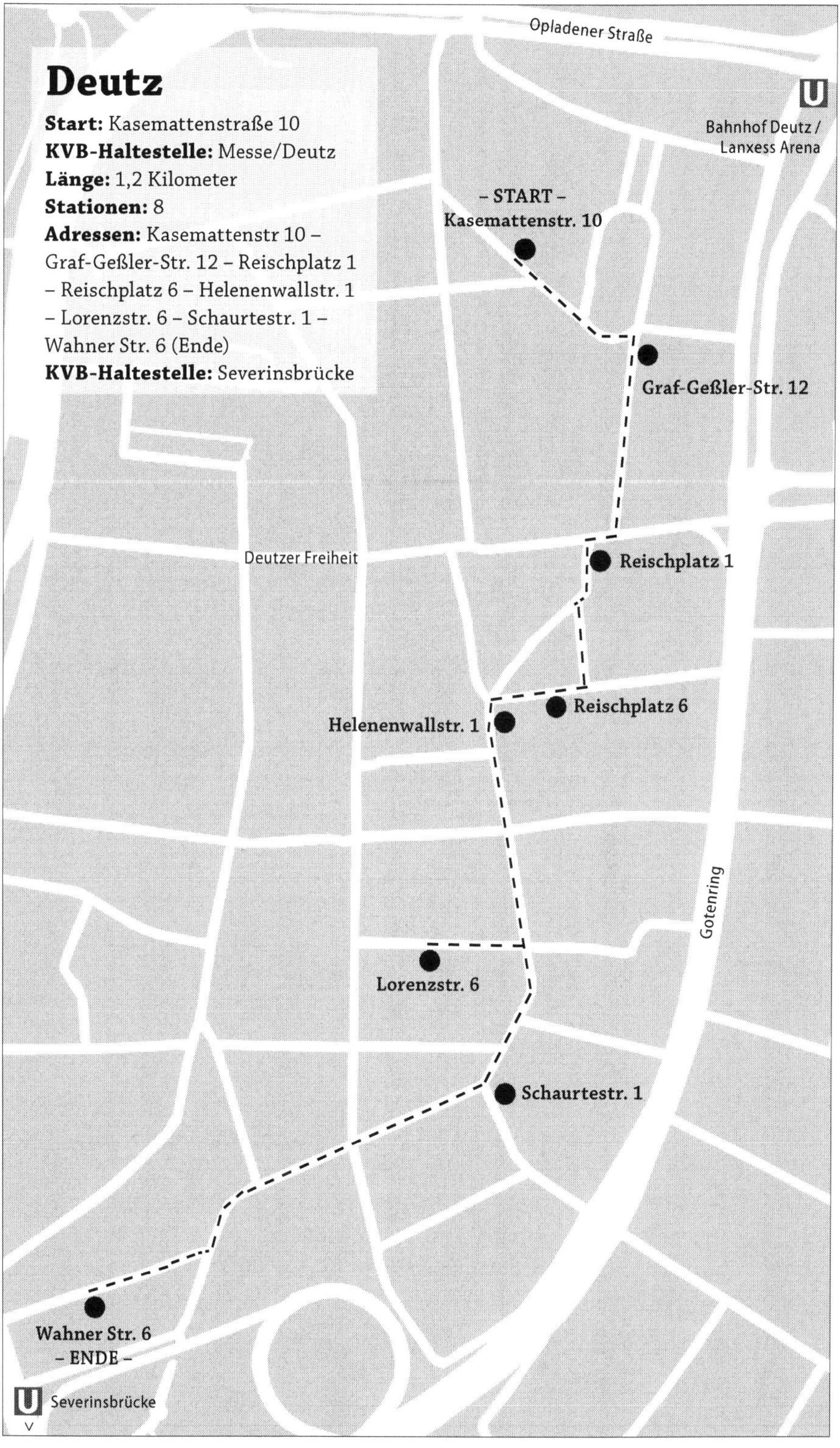

Viertel um die Deutzer Freiheit, um 1905
NS-DOK Köln, N 2252,40

Bereits in der ersten Hälfte des 15. Jahrhunderts ist in Deutz, damals eine selbstständige Stadt, eine jüdische Gemeinde belegt. Nachdem die jüdische Bevölkerung 1424 aus Köln vertrieben wurde, lassen sich viele der Geflüchteten im Rechtsrheinischen nieder. Die meisten von ihnen arbeiten als Geldverleiher, Händler und Metzger, was nicht selten zu Konflikten mit den christlichen Kaufleuten führt. Beerdigt werden sie auf dem im Jahr 1695 eingerichteten Friedhof am Judenkirchhofsweg 6, der nach Rücksprache mit der Friedhofsverwaltung oder der Synagogengemeinde Köln besichtigt werden kann. Auf der circa 18 000 Quadratmeter großen Anlage befinden sich rund 5000 Grabstätten.

Im 15. Jahrhundert entsteht am Rheinufer eine erste Synagoge, die freilich im Winter 1784 beim „großen Eisgang" zerstört wird. 13 Thorarollen versinken in den Fluten. Ein Nachfolgebau aus dem Jahr 1786 muss 1914 einer neuen Rheinbrücke weichen. Ein Jahr später wird am Reischplatz 6 die dritte und letzte Deutzer Synagoge eingeweiht. In der Pogromnacht im November 1938 setzen SA-Leute das Gebäude in Brand. Die Einrichtung und viele rituelle Gegenstände werden zerstört, die Thorarollen zerfetzt. Anschließend dient die ehemalige Synagoge viele Jahre als Polizeidienststelle. An das geschändete Gotteshaus erinnert seit 1984 eine Gedenktafel an der Frontseite des Hauses.

Von 1941 an wird Deutz, seit 1888 ein Stadtteil von Köln, für tausende Jüdinnen und Juden zu ihrer letzten Station in Deutschland. In den Morgenstunden des 22. Oktober 1941 verlässt ein erster großer Deportationszug mit mehr als 1000 Personen den Bahnhof Deutz-Tief. Sein Ziel: das Ghetto Litzmannstadt im besetzten Polen. Die Nacht zuvor haben die Menschen in einem Sammellager in der Köln-Deutzer Messe verbracht. Bereits im Mai 1940 sind rund 1000 Sinti und Roma aus Köln und der Region nach Polen verschleppt worden. Insgesamt werden zwischen 1940 und 1944 etwa 6500 Männer, Frauen und Kinder von Deutz aus in die Konzentrations- und Vernichtungslager in Osteuropa deportiert.

Unser etwa 1,2 Kilometer langer Rundgang führt von der Kasemattenstraße über den Reischplatz bis zur Wahner Straße. Berücksichtigt sind auch zwei nicht-jüdische Opfer: Paul Heising, der in der Wahner Straße 6 wohnt und von den Nationalsozialisten als Homosexueller verfolgt wird, und Leo Schneider aus der Lorenzstraße 6. Er wird 1944 als politisch Verfolgter hingerichtet.

Die Wanderung kann erweitert werden durch einen Besuch des jüdischen Friedhofs am Judenkirchhofsweg 6. Die Strecke von der Wahner Straße zum Friedhof beträgt zu Fuß etwas mehr als einen Kilometer.

Kasemattenstraße 10: Ludwig und Edith Cahn

In den 1930er-Jahren ist Ludwig Cahn ein bekannter und mehrfach preisgekrönter Boxer. Geboren wird er am 24. März 1914 als Sohn von Leo und Henriette Cahn. Mit drei Schwestern wächst er in Köln auf. Sein Vater ist Malermeister und hat sich auf die Beschriftung von Schaufenstern spezialisiert.

Ludwig Cahns frühe Lebensjahre sind überschattet von den Wirren des Ersten Weltkriegs und dessen Folgen. Trotz seiner 36 Jahre zieht der Vater 1914 als Dragoner, als berittener Infanterist also, in den Krieg. Ludwig sieht ihn nur selten. Während der Inflation der Nachkriegsjahre machen wirtschaftliche Schwierigkeiten der sechs-

Ludwig Cahn (links), vom JTV mit einem Boxer vom Verein Colonia
NS-DOK Köln, Bp 30577

köpfigen Familie zu schaffen. 1925 folgt der nächste Schicksalsschlag: Henriette Cahn, die Mutter, stirbt im Alter von 48 Jahren. Da ist Ludwig elf Jahre alt.

Nach seinem Schulabschluss 1928 beginnt der 14-Jährige eine Lehre als Hotelkaufmann und arbeitet bis 1936 in verschiedenen Hotels in Köln und Düsseldorf. Probleme wegen seiner Religionszugehörigkeit habe er nicht gehabt, erzählt Ludwig Cahn 1995 bei einem Besuch im NS-Dokumentationszentrum der Stadt Köln. Natürlich habe es Repressalien gegen die jüdische Bevölkerung gegeben, aber seine Arbeitgeber hätten ihn stets korrekt behandelt.

In seiner Freizeit boxt Ludwig Cahn im „Jüdischen Turnverein" und macht sich schnell einen Namen als „bester Boxer im jüdischen Sport". 1934 wird der 20-Jährige regionaler Landesmeister im Mittelgewicht, ein Erfolg, den er ein Jahr später wiederholt. Im November 1935 folgt der Titelgewinn als jüdischer Reichsmeister. Auch diesen

Edith Jonas bei ihrer Abiturfeier 1934
NS-DOK Köln, N 3109,2

Triumph wiederholt er im folgenden Jahr. Anschließend beendet er seine Karriere.

Kurz darauf wird Ludwig Cahn in eine Schlägerei mit SA-Leuten verwickelt und flieht noch in derselben Nacht in die Niederlande. Zurückkehren nach Deutschland kann er nicht. Seit seinem Zusammenstoß mit der SA wird nach ihm gefahndet. Auch sein Vater gerät ins Visier der „Braunhemden". Ein Jahr lang bekommt Leo Cahn jeden zweiten Tag „Besuch" von der SA, die ihn nach dem Verbleib seines Sohnes befragt.

Wann und wo Ludwig Cahn seine zukünftige Ehefrau kennenlernt, ist nicht bekannt. Edith Jonas, am 27. August 1913 in Köln geboren, ist 1936 oder 1937 mit ihren Eltern Paul und Rosa Jonas und ihrem Bruder Erich in die Niederlande geflohen. Vor ihrer Flucht wohnte die jüdische Familie in der Kasemattenstraße 8–10, der heutigen Nummer 10.

von links: Ludwig Cahn, Edith Cahn geb. Jonas,
Martha Jonas geb. Simons und Erich Jonas
NS-DOK Köln, N 3424,3

Edith und Ludwig Cahn heiraten 1939 in Amsterdam. Nach dem Einmarsch der Wehrmacht in die Niederlande im Mai 1940 bleiben sie und die übrigen Familienmitglieder zunächst verschont von antisemitischen Übergriffen der deutschen Besatzer. Ediths Vater Paul Jonas, von Beruf Schrotthändler, ist Miteigentümer einer Metallschmelzerei, die als kriegswichtiger Betrieb gilt. Das gewährt ihm und seiner Familie einen gewissen Schutz, der freilich im Herbst 1943 endet. Im 25. September werden Edith und Ludwig Cahn, Ediths Eltern, ihr Bruder und ihre Schwägerin Martha festgenommen und vier Tage später in das SS-Sammellager Westerbork gebracht.

Die nächste Station von Edith und Ludwig Cahn ist das Konzentrationslager Auschwitz. Dort wird Edith das Opfer radiologischer Experimente, überlebt die Eingriffe aber zunächst. Ludwig wird im Januar 1945 nach Buchenwald und kurz darauf in das KZ Groß-Rosen verschleppt. Auch er überlebt. Nach Kriegsende trifft sich das Ehepaar in Amsterdam wieder.

Im Mai 1947 emigrieren Ludwig und Edith Cahn mit ihrem einjährigen Sohn Johnny aus den Niederlanden nach New York und lassen sich im Stadtteil Queens nieder. Ludwig Cahn wird Teilhaber an der Metzgerei eines Kölner Freundes. Nur fünf Jahre später, am 13. September 1952, stirbt Edith Cahn an Leukämie, vermutlich eine Folge der Strahlenbelastung, der sie im KZ ausgesetzt war. Ludwig überlebt seine Ehefrau um mehr als ein halbes Jahrhundert. Er stirbt am 21. Juni 2005 in New Jersey.

Edith Cahns Bruder Erich Jonas und ihre Schwägerin Martha, geborene Simons, emigrieren 1947 ebenfalls in die USA. Ihre Eltern Paul und Rosa Jonas hingegen werden im Februar 1944 von Westerbork in das Ghetto Theresienstadt deportiert und im Oktober 1944 im Vernichtungslager Auschwitz-Birkenau ermordet. Auch an Erich, Martha, Paul und Rosa Jonas erinnern Stolpersteine vor dem Haus.

Entfernung: 100 Meter
auf Kasemattenstraße Richtung Graf-Geßler-Straße.
Der Stolperstein liegt auf der gegenüberliegenden Straßenseite.

Graf-Geßler-Straße 12: Sieghart Lazarus

Sieghart Lazarus führt ein unauffälliges Leben in der Anonymität der Großstadt. Das zumindest legt die aktuelle Quellenlage nahe. Er ist weder verheiratet noch hat er Kinder. Über Liebschaften ist nichts bekannt. Das wenige, das man von ihm weiß, stammt weitgehend aus den Rückerstattungsakten der Oberfinanzdirektion Köln. Darin erklären sein Bruder Paul Lazarus und weitere Verwandte ihren Anspruch auf ein Bankguthaben und ein Wertpapierdepot. Beides gehörte Sieghart Lazarus. Darüber hinaus findet sich sein Name auf einer Deportationsliste in das Ghetto Theresienstadt vom 15. Juni 1942.

Sieghart Lazarus wird am 19. Juni 1873 als zweites Kind von Raphael und Betty Lazarus in Duisburg geboren und wächst in einem streng religiösen Elternhaus auf. Seine Mutter ist Lehrerin, sein Vater Prediger. Auch zwei seiner drei Brüder schlagen eine theologische Laufbahn ein. Sein ältester Bruder, der Rabbiner und Philologe Felix Lazarus, leitet viele Jahre das Israelitische Lehrerseminar in Kassel. Zuvor war er Rabbi und Religionslehrer in Köln. Sein jüngster Bruder Paul Lazarus studiert jüdische Theologie, Geschichte und

Philosophie. 1918 tritt er eine Stelle als Rabbiner an der Israelitischen Kulturgemeinde in Wiesbaden an. Ludwig Lazarus, ein weiterer Bruder, betreibt in Würzburg ein Antiquariat und ist in den 1930er-Jahren Mitglied im „Kulturbund deutscher Juden".

Sieghart Lazarus schlägt einen anderen beruflichen Weg ein: Er wird Kaufmann und reist als Handelsvertreter über Land. Für wen er arbeitet, lässt sich heute nicht mehr feststellen. In den Kölner Telefonbüchern findet man ihn seit den 1920er-Jahren unter wechselnden Wohnadressen. Im Jahr 1937 oder 1938 mietet er sich in der Graf-Geßler-Straße 12 ein. Es wird seine letzte freiwillig gewählte Adresse in Köln.

Bereits 1939 muss Sieghart Lazarzus erneut umziehen und findet eine Unterkunft in der Bismarckstraße 12. Zwei Jahre später wird das Mehrparteienhaus zu einem sogenannten Ghettohaus erklärt, einer Sammelunterkunft ausschließlich für jüdische Bewohnerinnen und Bewohner. Am 8. Februar 1942 muss der 69-Jährige auch diese Wohnung verlassen. Sieghart Lazarus wird in das Sammellager Köln-Müngersdorf eingewiesen und verbringt dort die nächsten vier Monate. Am 15. Juni 1942 wird er in das Ghetto Theresienstadt deportiert und dort am 24. Juli 1942 ermordet.

Entfernung: 170 Meter
auf Graf-Geßler-Straße Richtung Deutzer Freiheit (120 Meter)
rechts abbiegen auf Deutzer Freiheit (20 Meter)
links abbiegen auf Reischplatz (30 Meter)

Reischplatz 1: Sally und Paula Grünberg

Als Sally und Paula Grünberg 1933 aus ihrer Wohnung am Reischplatz 1 ausziehen, beginnt für das jüdische Ehepaar ein langer Leidensweg, der neun Jahre später mit ihrem Tod im Ghetto Litzmannstadt bzw. im Vernichtungslager Kulmhof/Chelmno endet. 15 Jahre haben sie in dem repräsentativen Mehrparteienhaus schräg gegenüber der Deutzer Synagoge gewohnt, eingebettet in eine kleinbürgerliche, christlich-jüdische Nachbarschaft, die einvernehmlich zusammenlebt. Im Untergeschoss betreibt Oskar Tuchscherer seinen Friseursalon.

Verkleidete Kinder aus Köln-Deutz, rechts Fritz Grünberg, Karneval 1931
NS-DOK Köln, N 743,5

Neben ihnen wohnt der Schlosser Alexander Schmitz. Ein paar Häuser weiter ist Rabbi Julius Simons mit seiner Familie zu Hause.

Sally Grünberg, am 22. Januar 1878 in Witten geboren, ist von Beruf Buchprüfer. Paula kommt am 25. Juli 1879 in Rheine in Westfalen zur Welt, wo ihr Vater Ludwig Baum Lehrer an der örtlichen jüdischen Schule ist. Sally und Paula Grünberg gehen bereits auf die 40 zu, als 1915 ihre Tochter Lotte geboren wird. Im März 1920 kommt ein zweites Kind zur Welt. Fritz, so nennen die Eltern den Sohn. Die Namenswahl ist eine Referenz an Paulas Bruder Fritz Baum, der sechs Jahre zuvor im Ersten Weltkrieg gefallen ist.

1933 wird zum Schreckensjahr für die Familie Grünberg. Im Februar stirbt Tochter Lotte im Alter von nur 18 Jahren. Die folgenden Jahre sind bestimmt von häufigen Wohnungswechseln und beruflichen wie sozialen Demütigungen. Sally Grünberg reist als Handelsvertreter für Textilwaren übers Land, bis ihm das Gewerbeverbot für Juden auch das untersagt. Sohn Fritz muss 1936 das Real-Gymnasium in der Schaurtestraße verlassen, das er seit sechs Jahren besucht, und wird zur Zwangsarbeit an der Köln-Bonner Autobahn verpflichtet. Im Oktober 1939 flieht der 19-Jährige nach Chile.

Ende der 1930er-Jahre findet man Paula und Sally Grünbergs Namen unter der Adresse Falkenburgstraße 32 in Köln-Lindenthal. 1941 werden sie in ein sogenanntes Ghettohaus in der Eburonenstraße 10–12 eingewiesen und am 22. Oktober 1941 gemeinsam mit Paulas Schwester Martha Mildenberg und deren Tochter Lore in das Ghetto Litzmannstadt deportiert. Dort stirbt Sally Grünberg am 29. August 1942. Paula Grünberg wird am 9. September 1942 aus Litzmannstadt in das Vernichtungslager Kulmhof/Chelmno verschleppt und dort sofort nach ihrer Ankunft in einem Gaswagen ermordet.

Entfernung: 90 Meter
weiter auf Reischplatz (70 Meter)
rechts abbiegen und weiter auf Reischplatz (20 Meter)

Reischplatz 6: Julius und Veronika Simons

Am Reischplatz 6 gelten feste Regeln. Punkt 13.15 Uhr steht bei Familie Simons das Mittagessen auf dem Tisch. „Die ganze Familie saß zusammen, und dann wurde über die Lehrer geschimpft", erinnert sich Ernst Simons, einer der Söhne von Veronika und Julius Simons, in einem Gespräch mit dem NS-Dokumentationszentrum der Stadt Köln. Anschließend sei es ernst geworden. „Die Hausaufgaben mussten gemacht werden. Die älteren Brüder halfen mit und hörten die Vokabeln ab." Doch stets habe in der Familie eine freundliche und gute Atmosphäre geherrscht, geprägt von Toleranz und Offenheit.

Julius und Veronika Simons sind im Gedächtnis ihres inzwischen verstorbenen Sohnes als „gute Eltern" verankert: aufgeschlossen, den Menschen zugewandt und liebevoll im Umgang mit ihren fünf Kindern. Julius Simons, am 26. Juli 1887 in Rheydt geboren, wächst mit drei Geschwistern auf und beginnt nach dem Schulabschluss eine Ausbildung zum Volksschul- und Religionslehrer am Jüdischen Lehrerseminar in Köln. Nach Ende des Ersten Weltkriegs folgt ein mehrjähriges Studium an verschiedenen Universitäten, das er 1924 mit

Reischplatz 1927, ganz rechts ist ein kleiner Teil Teil der Synagoge sichtbar
Wolfram Hagspiel

einer Promotion abschließt. Ab 1908 ist er in Deutz als Lehrer, Seelsorger und Prediger für die jüdische Gemeinde tätig. In die Geschichte des rechtsrheinischen Vororts wird der Sohn eines jüdischen Metzgers als „der letzte Rabbiner von Deutz" eingehen.

Veronika Simons, geborene Mohl, kommt am 30. Juni 1888 in Köln-Mülheim zur Welt. Die Metzgertochter ist die Jüngste von acht Kindern und weitläufig mit Julius Simons verwandt. Sohn Ernst erinnert sich noch an die häufigen Besuche bei der verwitweten Großmutter Elisabeth Mohl in Mülheim. Jedes Kind habe es von den Eltern einen Groschen Fahrgeld für die Straßenbahn bekommen. „Natürlich sind wir nicht mit der Bahn gefahren, sondern haben uns ein Eis gekauft und sind gelaufen."

Das Geld ist knapp in dem Sieben-Personen-Haushalt. Fleisch gibt es nur am Sabbat. „Fleisch mit viel Soße", die im Laufe der Woche immer wieder verlängert worden sei, erzählt Ernst Simons. „Wir waren froh, wenn wir bei einer Familie in Poll Äpfel pflücken und uns noch etwas Gemüse mitnehmen durften." Die Familie wohnt in der

Dr. Julius Simons inmitten seiner jüdischen Religionsschüler, Köln-Deutz 1929. Auf dem Foto u. a. seine Kinder Martha (oberste Reihe l.), Kurt (2. Reihe von oben, 2. v. l.) und Ernst (linker Junge hinter dem Schild)
NS-DOK Köln, Bp 487

dritten Etage der Deutzer Synagoge. In den unteren Etagen sind die Religionsschule, der Gemeindesaal, ein Sitzungszimmer und die Bibliothek untergebracht.

Rabbi Simons ist beliebt bei den Gemeindemitgliedern. Zu seinem Freundeskreis gehören auch katholische Geistliche. Zum örtlichen Pfarrer hat er ein gutes Verhältnis. Der Vater habe immer gesagt, „alle haben einen Gott“, erinnert sich der Sohn. „Bis 1933 gab es praktisch keine Brüche, die man gemerkt hätte.“

Danach verändert sich die Atmosphäre in Deutz rapide. Mit jedem Jahr sei es schlimmer geworden, so Ernst Simons. 1937 flieht er in die Niederlande, seine Brüder Hermann und Kurt sind bereits 1935 und 1936 nach Belgien geflüchtet. Während Ernst zu den Überlebenden des Holocaust zählt, wird Hermann 1942 im Vernichtungslager Auschwitz-Birkenau ermordet. Kurt stirbt im August 1945 in Köln bei einem Verkehrsunfall, nachdem er mehrere Konzentrations- und Arbeitslager überlebt hat.

Familie Simons im Garten des Wohnhauses in Köln-Deutz Ende der 1920er-Jahre, von rechts: Ehepaar Simons, Hermann, Kurt, Ernst, Martha und Ruth Simons
NS-DOK Köln, N 2906,2

Im Herbst 1938 erreichen die Gewalttaten gegen die jüdische Bevölkerung eine neue Dimension des Schreckens. In der Nacht vom 9. auf den 10. November dringen SA-Männer in die Synagoge am Reischplatz ein und zerstören das Mobiliar. Rituelle Gegenstände werden zerschlagen oder geraubt. Selbst vor den Thora-Rollen machen die Eindringlinge nicht Halt. Veronika Simons gelingt es am nächsten Morgen, einige Fetzen der heiligen Schriften zu retten. Sie beerdigt sie auf dem jüdischen Friedhof in Deutz.

Julius Simons wird nach der Pogromnacht festgenommen und fünf Tage später in das Konzentrationslager Dachau verschleppt. Dort hält man ihn mehrere Tage fest. Seine Freilassung am 2. Dezember ist mit der Auflage verbunden, Deutschland so schnell wie möglich zu verlassen. Anfang 1939 flieht der 51-Jährige mit Ehefrau Veronika und den Töchtern Martha und Ruth in die Niederlande.

Mit der finanziellen Unterstützung niederländischer Rabbiner lässt sich die Familie in Amsterdam nieder. Dort trennen sich die

Wege von Julius und Veronika Simons und ihren Töchtern. Martha heiratet Erich Jonas, einen Experten für Metallverarbeitung aus Köln-Deutz, und überlebt den Holocaust (siehe „Kasemattenstraße 10“). Ruth beginnt, als Krankenschwester in einem jüdischen Krankenhaus zu arbeiten. Auch sie zählt dank niederländischer Helfer zu den Überlebenden.

Julius und Veronika Simons werden am 29. September 1943 in das SS-Sammellager Westerbork verschleppt und von da aus am 8. Februar 1944 nach Auschwitz-Birkenau deportiert. Drei Tage später sterben der letzte Rabbiner von Deutz und seine Ehefrau in den Gaskammern des Vernichtungslagers.

Ein weiterer Stolperstein erinnert in der Kasemattenstraße 10 an Martha Jonas, geborene Simons (Jg. 1920). In der Schaurtestraße 1 findet sich ein weiterer Stein für Julius Simons und zwei Steine für seine Söhne Hermann (Jg. 1913) und Kurt (Jg. 1917), die hier zur Schule gingen.

Entfernung: 85 Meter
weiter auf Reischplatz bis Helenenwallstraße (45 Meter)
links abbiegen auf Helenenwallstraße (40 Meter)

Helenenwallstraße 1: Frida, Joseph, Herbert und Inge Markuse

Hinter Frida Markuse, geborene Sklarek, liegen Jahre voller Angst, als sie am 3. September 1950 in Israel ankommt. Vor sechs Monaten ist sie 56 Jahre alt geworden, eine Holocaust-Überlebende, die ihren Vater und die einzige Tochter in den Vernichtungslagern der Nationalsozialisten verloren hat. Ehemann Joseph Markuse ist 1942 in Brüssel gestorben, ausgelaugt von einem Zwangsarbeiter-Einsatz auf den Straßen der Stadt. Einzig Sohn Herbert konnte 1939 aus Deutschland fliehen und hat überlebt.

Frida kommt am 8. März 1894 als Tochter von Louis und Sara Sklarek in Jutschorin, einer Kleinstadt im heutigen Polen, zur Welt. Eine Schwester, Else, stirbt jung. Von einer weiteren Schwester, Hertha, weiß man wenig. Vor ihrer Hochzeit lebt Frida offenbar eine Weile in

Frida und Joseph Markuse in Stuttgart nach ihrer Hochzeit 1919
NS-DOK Köln, N 1149,6

Stuttgart, wo entfernte Verwandte von ihr wohnen. Und ebendort, in Stuttgart, heiratet sie am 30. Dezember 1919 den polnisch-stämmigen Kaufmann Joseph Markuse.

Joseph Markuse, am 18. April 1890 in Kulmsee, dem heutigen Chelmza, geboren, wohnt zur Zeit der Eheschließung in Frankfurt am Main. Anfang der 1920er-Jahre zieht das Ehepaar nach Duisburg-Hochfeld, und Joseph eröffnet in der Wanheimer Straße 113 ein Schuhgeschäft. Am 7. Januar 1923 wird Sohn Herbert geboren, am 23. August 1926 folgt Tochter Inge.

1931 wechselt die Familie erneut den Wohnort: Sie zieht nach Köln-Deutz. In der Justinianstraße 1, einem Prachtbau des Kölner Architekten Wilhelm Riphan aus dem Jahr 1914, eröffnet Joseph eine Seifenhandlung. Die Familie wohnt zunächst am Gotenring. 1935 zieht sie in die Helenenwallstraße 1. Zwei Jahre später muss Joseph Markuse die Seifenhandlung in der Justinianstraße aufgeben. Die Boykott-Aufrufe der Nationalsozialisten haben den jüdischen Kaufmann in den Ruin getrieben. Ein „Arier“ übernimmt das Geschäft und betreibt es bis weit in die 1940er-Jahre.

Die Familie Markuse, ca. Mitte 1927 (v. l. n. r.): Herbert, Joseph, Inge und Frida *NS-DOK Köln, N 1149,8*

Mit dem Jahr 1939 beginnt die schrittweise Auflösung der jüdischen Familie: Der 16-jährige Herbert emigriert mit Hilfe einer zionistischen Jugendorganisation nach Palästina. 1942 tritt er in die britische Armee ein. Joseph und Frida Markuse fliehen vermutlich 1939 oder 1940 mit Tochter Inge nach Brüssel und finden eine Unterkunft in der Rue Terre Neuve. Nach dem Einmarsch der deutschen Wehrmacht in Belgien wird Joseph zu Zwangsarbeit beim Straßenbau verpflichtet und stirbt am 18. März 1942 an einem Herzinfarkt. Frida und Inge tauchen nach seinem Tod in Brüssel unter.

Mutter und Tochter überstehen in den folgenden Monaten mehrere Razzien. Geholfen habe ihnen dabei unter anderem ihr „arisches Aussehen", schreibt Frida Markuses Urenkel Itai Raz 2014 in einer E-Mail an das NS-Dokumentationszentrum der Stadt Köln. Doch im Herbst 1942 endet für Inge die Flucht: Die 16-Jährige wird während einer weiteren Razzia festgenommen und im SS-Sammellager Mechelen interniert. Von dort aus wird sie am 8. September 1942 in das Vernichtungslager Auschwitz-Birkenau deportiert und ermordet.

Frida Markuse gelingt es, bis zum Kriegsende in verschiedenen Verstecken zu überleben. 1950 zieht sie zu ihrem Sohn nach Israel. Herbert „Uri" Markuse ist seit einem Jahr verheiratet, eine Tochter ist geboren. Zwei weitere Kinder werden folgen. Frida Markuse sind noch 28 Jahre im Kreis ihrer Familie vergönnt, ehe sie 1978 im Alter von 84 Jahren stirbt. „Sie hat sich bis ins hohe Alter hingebungsvoll mit ihren Enkelkindern beschäftigt", schreibt Urenkel Itai Raz. „Sie war eine liebevolle Großmutter und wurde von der ganzen Familie geliebt."

Entfernung: 185 Meter
weiter auf Helenenwallstraße (120 Meter)
rechts abbiegen auf Lorenzstraße (65 Meter)

Lorenzstraße 6: Leo Schneider

„In der Zelle ist es heute nasskalt und unangenehm", notiert Leo Schneider am 17. Mai 1944 in sein Tagebuch. Er werde den Tag mit der Lektüre der Bergpredigt zubringen, die ihm vieles gebe. „Auf die Zeitungsneuigkeiten bin ich sehr gespannt, insbesondere, ob nun endlich die Invasion gestartet ist." Es ist Leo Schneiders letzter Eintrag in seinen „liebevollen Begleiter". Drei Monate später ist der 44-Jährige tot, hingerichtet durch das Fallbeil im Zuchthaus Brandenburg-Görden. Leo Schneiders Tagebuch blieb erhalten und liegt heute im Archiv des Kölner NS-Dokumentationszentrums: rund 350 eng beschriebene Seiten, die Auskunft geben über das letzte Lebensjahr des politischen Gefangenen aus Köln-Deutz.

Leo Schneider, am 9. Februar 1900 in Köln geboren, stammt aus einer gutbürgerlichen katholischen Familie und wächst in der Lorenzstraße 6 auf. Sein Vater Christian Schneider hat sich bei der Reichsbahn vom Zugschaffner zum Lokführer hochgearbeitet, und auch Leo strebt eine Karriere bei der Bahn an: Er macht eine Ausbildung zum Reichsbahn-Betriebsassistenten und arbeitet mehrere Jahre in

Leo Schneider, um 1941
NS-DOK Köln, N 2673,1/15,2

diesem Beruf. Sein weiterer Lebensweg verläuft weniger gradlinig. Nach einem Intermezzo beim NS-Verband „Deutsche Arbeitsfront" scheint er sich als Psychologe selbstständig gemacht zu haben. Als solcher jedenfalls firmiert er unter der Adresse Lorenzstraße 6 in den Kölner Adressbüchern der 1930er-Jahre.

Als Leo Schneider 1941 zum Kriegsdienst eingezogen wird, meldet er sich zum Arbeitseinsatz „im Osten" und tritt in Kórnik, einer Kleinstadt in der Nähe von Posen, eine Stelle bei einer Behörde an. Ein Jahr später endet sein Einsatz im besetzten Polen in einer Katastrophe. Der 42-Jährige wird wegen angeblicher „defätistischer" Äußerungen zur Kriegslage verhaftet und im September 1943 in das Gefängnis Berlin-Moabit überführt, wo er die nächsten Monate verbringt. In seinem Tagebuch berichtet er von Zellen-Durchsuchungen, von Hunger und Kälte. „Jetzt muss ich hier wieder mit der Hungerkost mich zufriedengeben", lautet einer seiner Einträge. Er sinniert über die politische Lage in Deutschland und über sein „gegenwärtiges Geschick": „Ist mir mein Leben geträumt oder ist es wahr? So muss ich

Leo Schneider,
um 1943
NS-DOK Köln, N 2673,3/4,1

mit Walter von der Vogelweide sagen, wenn ich an die letzten schweren Monate zurückdenke."

Was Leo Schneider genau vorgeworfen wird, lässt sich heute nicht mehr feststellen. Mitunter reichen bereits einige wenige unbedachte Äußerungen, um als angeblicher „Staatsfeind" ins Visier der NS-Justiz zu geraten. Drei Gesetze erleichtern die Verfolgung potenzieller Regimegegner. Zunächst sind es die „Verordnung des Reichspräsidenten zur Abwehr heimtückischer Angriffe gegen die Regierung der nationalen Erhebung" aus dem Jahr 1933 und das 1934 erlassene „Gesetz gegen heimtückische Angriffe auf Staat und Partei und zum Schutz der Parteiuniformen". 1938 verschärft die „Kriegssonderstrafrechtsverordnung" die Situation der Betroffenen.

Leo Schneider trifft die volle Härte der NS-Rechtsprechung: Am 10. Mai 1944 verurteilt ihn der Berliner Volksgerichtshof wegen „Wehrkraftzersetzung" zum Tode. Ein erster Hinrichtungstermin, festgesetzt auf den 12. Juni 1944, wird verschoben. Leo Schneider hat ein Gnadengesuch eingereicht, das freilich abschlägig beschieden wird.

Am 14. August 1944 wird er im Alter von 44 Jahren im Zuchthaus Brandenburg-Görden hingerichtet. Auf welchem Weg Leo Schneiders Tagebuch den Weg aus dem Gefängnis fand, ist bis heute ein Rätsel.

Entfernung: 200 Meter
zurück auf Lorenzstraße zur Helenenwallstraße (65 Meter)
rechts abbiegen auf Helenenwallstraße (90 Meter)
links abbiegen auf Schaurtestraße (40 Meter)

Schaurtestraße 1: Friedrich Wilhelm Rosenthal, Albert Jakob Mendel, Adolf Salomon

Nach den Osterferien ist es soweit: 50 aufgeregte Sextaner marschieren am 23. April 1908 an der Hand ihrer Eltern durch die Eingangstür des „Kölnischen Realgymnasiums für Jungen zu Cöln-Deutz“ an der Deutzer Freiheit 41. Dort wird an diesem Tag das erste Jungen-Gymnasium im rechtsrheinischen Deutz eröffnet, eine Übergangslösung, die nur fünf Jahre Bestand hat. 1913 zieht der Schulbetrieb um in einen modernen Neubau am Gotenring.

„Deutzer Gymnasium Schaurtestraße“, so heißt die Lehranstalt an der Schaurtestraße 1 heute, und sie pflegt eine beispielhafte Erinnerungskultur. Mehr als ein Dutzend Stolpersteine vor der Eingangstür gemahnen an das Schicksal ehemaliger jüdischer Schüler, die aus antisemitischen Gründen ausgegrenzt, gedemütigt und an ihrer Ausbildung gehindert wurden. Die Geschichten von drei dieser Schüler, von Friedrich Wilhelm Rosenthal, von Jakob Albert Mendel und von Adolf Salomon, sollen im vorliegenden Kapitel erzählt werden.

64 Jungen jüdischen Glaubens besuchen zwischen 1908 und 1938 das Kölnische Realgymnasium. Sie kommen in der Regel aus liberalen Elternhäusern, in denen Wert auf das gemeinsame Lernen von jüdischen und christlichen Kindern und Jugendlichen gelegt wird. Mit der Machtübernahme der Nationalsozialisten beginnen in Deutschland die Repressalien gegen jüdische Schülerinnen und Schüler. Am 25. April 1933 wird das „Gesetz gegen die Überfüllung deutscher Schulen und Hochschulen“ erlassen. Ziel ist, den Anteil der „Nicht-

Hauptportal des Realgymnasiums Deutz
NS-DOK Köln, N 3326,4

Arier“ auf fünf Prozent zu senken – eine Maßnahme, die an dem Deutzer Gymnasium nicht zur Anwendung kommt. Die Betroffenen machen weniger als ein Prozent der dortigen Schülerschaft aus. Dennoch verringert sich die Zahl der jüdischen Schüler in den kommenden Jahren kontinuierlich, und 1938 verlässt der letzte Jugendliche jüdischen Glaubens die Schule. Karl Brünell emigriert mit seinen Eltern in die USA.

Albert Jakob Mendel, am 31. Dezember 1907 als Sohn von Elise und Julius Mendel in Köln geboren, stirbt am 12. Februar 1943 im Vernichtungslager Auschwitz-Birkenau. Der Kaufmannssohn besucht das Realgymnasium nur ein Jahr und kehrt 1919 auf die Volksschule zurück. Albert wächst bei seiner Mutter in der Bertramstraße 18, der heutigen Nummer 12–22, in Kalk auf. Sein Vater ist bereits 1909

Hochzeit von Albert Mendel und Fanny Lohn, Köln 1937
NS-DOK Köln, Bp 1521

gestorben. Julius Mendel hatte am Eigelstein ein Geschäft für alkoholfreie Getränke, das Elise Mendel nach seinem Tod weiterführt. Auch Albert wird Kaufmann, arbeitet jedoch nach Beginn des Zweiten Weltkriegs als Krankenpfleger im jüdischen Krankenhaus in Köln-Ehrenfeld. Verheiratet ist er mit der Krankenschwester Fanny Lohn. Am 15. Januar 1943 werden Albert Mendel, seine Ehefrau und seine Mutter aus dem Sammellager Müngersdorf nach Berlin abtransportiert und am 29. Januar nach Auschwitz deportiert. Dort wird Albert Jakob zwei Wochen später ermordet. Fanny Mendels Schicksal ist ungeklärt.

An das Schicksal des Ehepaares erinnern zusätzlich zwei Stolpersteine in der Aachener Straße 67, der letzten Wohnadresse von Albert und Fanny Mendel, geborene Lohn. Für Elise Mendel, geborene Weinberg, die am 31. Juli 1943 im Ghetto Theresienstadt stirbt, liegt ein Stein in der Betramstraße 12–22.

Friedrich Wilhelm Rosenthal wird am 30. Mai 1921 in Hannover als Sohn von Leo und Helene Rosenthal geboren. Wann genau Fritz und seine Eltern nach Köln ziehen, lässt sich nicht mehr feststellen. Laut den Schülerlisten aus den entsprechenden Jahren wird der Zehnjährige im Frühjahr 1931 in der Schaurtestraße eingeschult und wechselt im Juli 1933 auf die Jawne. Mit ihm verlassen in diesem Jahr zwei weitere jüdische Schüler das Gymnasium.

Am 22. Oktober 1941 wird Fritz Rosenthal gemeinsam mit seiner Mutter Helene vom Bahnhof Deutz-Tief in das Ghetto Litzmannstadt deportiert. Zwei Wochen später wird der 20-Jährige zu einem angeblichen Arbeitseinsatz außerhalb des Ghettos abkommandiert. Sein weiteres Schicksal ist unbekannt. Helene Rosenthal, geborene Cahn, lebt bis 1942 im Ghetto Litzmannstadt und wird Anfang Mai im Vernichtungslager Kulmhof/Chelmno ermordet.

Adolf Salomon macht 1921 am „Realgymnasium zu Cöln-Deutz" das Abitur. Er wird am 30. Mai 1901 in Sürth geboren und studiert nach seinem Schulabschluss Jura. 1927 oder 1928 legt er das Große Staatsexamen ab und schlägt eine Beamtenlaufbahn ein. Bei der Machtübernahme der Nationalsozialisten ist Adolf Salomon Regierungsrat, verliert seine Stelle jedoch aus antisemitischen Gründen und arbeitet bis 1942 beim „Hilfsverein der Juden" in Köln.

Im Dezember 1941 heiratet er Irma Sternberg, geboren am 20. Juni 1918 im westfälischen Plettenberg, und zieht mit ihr nach Rodenkirchen. Bis zu seiner Hochzeit hatte er mit seinem Vater Salomon Salomon in der heutigen Sürther Hauptstraße 74 zusammengelebt, wo ein zweiter Stolperstein an ihn – und ein weiterer an seine Ehefrau – erinnern.

Ende Juli 1942 müssen Adolf und Irma Salomon das Haus in Rodenkirchen verlassen, das sie sich mit zwei weiteren jüdischen Familien teilen, und werden in ein sogenanntes Ghettohaus in der Utrechter Straße 6 eingewiesen. Am 25. September 1942 wird das Ehepaar mit 48 weiteren Personen in das Ghetto Theresienstadt deportiert und am 28. September 1944 weiterverschleppt nach Auschwitz. Dort wird Adolf Salomon vermutlich kurz nach der Ankunft ermordet. Irma Salomon überlebt das KZ und heiratet in zweiter Ehe Herbert Lewin. Der bekannte Mediziner war von 1963 bis 1969 Vorsitzender des Zentralrats der Juden in Deutschland.

Weitere Stolpersteine vor der Schule erinnern an: Walter Behrens (Jg. 1912, 1939 Flucht nach England), Max Graumann (Jg. 1899, ermordet im Mai 1942 in Kulmhof/Chelmno), Moritz Harf (Jg. 1908, ermordet im Mai 1942 in Kulmhof/Chelmno), Manfred Joseph (Jg. 1899, ermordet im April 1943 in Majdanek), Fritz Levy (Jg. 1901, deportiert 1942, ermordet), Walter Linz (Jg. 1899, ermordet im Juli 1942 in Maly Trostinec), Hans Marx (Jg. 1903, ermordet im Mai 1942 in Kulmhof/Chelmno), Erich Marx (Jg. 1904, deportiert 1941, überlebt), Hermann Osser (Jg. 1900, ermordet im Mai 1942 in Kulmhof/Chelmno), Rudolf Salomon (Jg. 1903, ermordet im Januar 1943 in Auschwitz), Josef Schwarz (Jg. 1900, ermordet 1943 in Majdanek), Ludwig Schwarz (Jg. 1901, ermordet im Februar 1943 in Auschwitz), Dr. Hermann Simons (Jg. 1913, ermordet 1942 in Auschwitz), Kurt Simons (Jg. 1917, mehrere Arbeitslager, überlebt), Dr. Julius Simons (Jg. 1887, ermordet 1944 in Auschwitz).

Entfernung: 340 Meter
zurück auf Schaurtestraße zur Helenenwallstraße (40 Meter)
links abbiegen auf Helenenwallstraße (220 Meter)
rechts abbiegen auf Wahner Straße (80 Meter)

Wahner Straße 6: Paul Heising

Die Anschuldigungen wiegen schwer. „45 selbständige Handlungen mit Männern zwischen 1934 und 1935, Unzucht", heißt es in der Anklageschrift der Oberstaatsanwaltschaft Köln vom 15. August 1938. Einen Tag später ist Paul Heising tot. Beamte des Gefängnisses Klingelpütz finden den 32-Jährigen erhängt in seiner Zelle. „Freitod", konstatieren sie.

Paul Heising, am 21. Oktober 1905 in Köln geboren, am 16. August 1938 ebendort gestorben, ist einer von schätzungsweise 100 000 Homosexuellen in Deutschland, die von den Nationalsozialisten als „Jugendverderber", „Asoziale" oder „Berufs- und Gewohnheitsverbrecher" diskriminiert und gerichtlich verfolgt werden. Zum Verhängnis wird ihm am 31. Juli 1938 der Besuch eines Toilettenhäuschens am damaligen Riehler Wall. Laut Anklage hat sich der Schreiner in dem Pissoir von einem anderen Mann unsittlich berühren lassen. Die sogenannte Klappe gilt in Insiderkreisen als Kontaktbörse für schnellen Sex unter Männern und wird seit Tagen von Beamten der Gestapo und der Kripo Köln überwacht.

Vier Stunden wird Paul Heising, Mitglied der Deutschen Arbeiterfront, am 9. August 1938 im EL-DE-Haus am Appellhofplatz „zur Sache" verhört. Der Verhaftete sei geständig und mache einen glaub-

Ein Seitenflügel des Kölner Gefängnisses Klingelpütz, 16. März 1945 (Fotograf: Sgt. McNulty / U.S. Signal Corps)
National Archives and Records Administration, College Park

haften Eindruck, halten die Gestapobeamten Heinrich Stüllenberg und Ludwig Heinemann in ihrem Abschlussbericht fest. Ihren Angaben nach ist Paul Heising als Kind von einem Mann „gewaltsam missbraucht" worden. Mit 18 oder 19 Jahren habe er das erste freiwillige „Erlebnis" mit einem anderen Mann gehabt. Seitdem verkehre er ausschließlich mit Männern. Kontakt zu Frauen habe er nie gehabt und könne sich „das auch gar nicht vorstellen".

Am 13. August wird Haftbefehl gegen Paul Heising erlassen, „begründet wegen Fluchtgefahr und der zu erwartenden hohen Strafe". Drei Tage später erhängt sich der Untersuchungsgefangene mit einem Halstuch an seinem Bett. Beamte finden ihn am 16. August gegen sieben Uhr morgens. Wiederbelebungsmaßnahmen bleiben ohne Erfolg.

Paul Heising ist bereits der dritte Homosexuelle innerhalb der letzten vier Tage, der im Klingelpütz Suizid begeht. Der 62-jährige Anton Schlegel hat sich am 13. August mit einem Handtuch, der 33 Jahre alte Seidendrucker Walter Göres am 14. August mit seinem Hemd am Zellenfenster erhängt. Paul Heisings Leichnam wird noch am Tag seines Todes in die Anatomie überführt. Bei der Durchsuchung seiner Zelle findet man einen Zettel. Die Botschaft ist mit Nadeln hineingestochen. Sie lautet: „Mutter verzeih."

Bibliografie

Adenauer, Konrad/Gröbe, Volker: Lindenthal, die Entwicklung eines Kölner Vororts, Köln 2004.
Bastian, Till: Homosexuelle im Dritten Reich, München 2000.
Becker-Jákli, Barbara (Hrsg.): Ich habe Köln doch so geliebt – Lebensgeschichten jüdischer Kölnerinnen und Kölner, Köln 1993.
Becker-Jákli, Barbara: Das jüdische Köln, Köln 2012.
Becker-Jákli, Barbara: Der jüdische Friedhof Köln-Bocklemünd, Köln 2016.
Bergmann, Klaus (Hrsg.): Lebenserinnerungen Fritz Bergmann 1899–1989, Mannheim 2015.
Bilz, Fritz: August Sanders unbeugsamer Sohn – Erich Sander als Häftling und Gefängnisfotograf im Zuchthaus Siegburg 1935–1944, Berlin 2015.
Busch-Petersen, Nils: Leonhard Tietz – Fuhrmannssohn und Warenhauskönig von der Warthe an den Rhein, Berlin 2014.
Centrum Schwule Geschichte (Hrsg.): Das sind Volksfeinde – Die Verfolgung von Homosexuellen an Rhein und Ruhr 1933–1945, Köln 1998.
Centrum Schwule Geschichte (Hrsg.): Himmel und Hölle – 100 Jahre schwul in Köln, Köln 2003.
Corbach, Dieter: 6.00 Uhr ab Messe Köln-Deutz – Deportationen 1938–1945, Köln 1999.
Daners, Hermann/Wißkirchen, Josef: Was in Brauweiler geschah – Die NS-Zeit und ihre Folgen in der Rheinischen Provinzial-Arbeitsanstalt, Pulheim 2006.
Daners, Hermann/Wißkirchen, Josef: Die Arbeitsanstalt Brauweiler bei Köln in nationalsozialistischer Zeit, Essen 2013.
Dietmar, Carl/Jung, Werner: Kleine illustrierte Geschichte der Stadt Köln, 9. überarbeitete Auflage, Köln 2002.
Erkelenz, Dirk/Kahl, Thomas: Jüdische Schülerinnen und Schüler an Kölner Gymnasien – Ihre Geschichte(n) zwischen Integration, Ausgrenzung und Verfolgung, Köln 2023.

Faber, Manfred: Billige Kleinwohnungen – Ein Vorschlag, Köln 1918.
Feidelberg, Ferdinand: Ein Fall von Lupus erythematosus der Mundschleimhaut, Köln 1922.
Fings, Karola: Sinti und Roma – Geschichte einer Minderheit, 2., aktualisierte Auflage, München 2019.
Fings, Karola/Sparing, Frank: Rassismus, Lager, Völkermord – Die nationalsozialistische Zigeunerverfolgung in Köln (Schriften des NS-Dokumentationszentrums der Stadt Köln, Band 13), Köln 2005.
Gedenkbuch – Die Sinti und Roma im Konzentrationslager Auschwitz-Birkenau, 2 Bände, München 1998.
Goebel, Christine/Hocke, Michaela/Pawelletz, Jörg: „Lebensunwert" – Entwürdigt und vernichtet. Zwangssterilisation und Patientenmorde im Nationalsozialismus im Spiegel der Quellen des Landeshauptarchivs Koblenz, Koblenz 2017.
Goodman, Peter M.: Growing up in my family's iconic Berkeley bakery 1947–1973, Berkeley 2024.
Gutman, Israel (Hrsg.): Enzyklopädie des Holocaust – Die Verfolgung und Ermordung der europäischen Juden, Band 1–3, München/Zürich 1995.
Heilbrunn, Rudolf M.: Meno Lissauer – The First Fifty Years, New York 1954.
Kisch, Bruno: Wanderungen und Wandlungen, Köln 1966.
Kober, Adolf: History of the Jews in Cologne, Philadelphia 1940.
Landeswohlfahrtsverband Hessen (Hrsg.): Euthanasie in Hadamar – Die nationalsozialistische Vernichtungspolitik in hessischen Anstalten, Kassel 1991.
Landeswohlfahrtsverband Hessen (Hrsg.): Verlegt nach Hadamar – Die Geschichte einer NS-‚Euthanasie'-Anstalt, Kassel 2009.
Matz, Reinhart/Vollmer, Wolfgang: Köln vor dem Krieg – Leben. Kultur. Stadt 1880 bis 1940, Köln 2012.
Matzerath, Horst: Köln in der Zeit des Nationalsozialismus, Köln 2009.
Moll, Helmut (Hrsg.): Zeugen für Christus – Das deutsche Martyrologium des 20. Jahrhunderts, Paderborn 2014.
Müller, Jürgen: Ausgrenzung der Homosexuellen aus der Volksgemeinschaft – Die Verfolgung von Homosexuellen in Köln 1933–1945, Köln 2003.

NS-Dokumentationszentrum der Stadt Köln (Hrsg.): Köln im Nationalsozialismus – Ein Kurzführer durch das EL-DE-Haus, Köln 2011.

NS-Dokumentationszentrum der Stadt Köln / SK Stiftung Kultur (Hrsg.), Ulrich Eumann (Bearbeiter): Erich Sander. Gefängnisbriefe 1935–1944, Berlin 2016.

Pluwatsch, Petra: Verfolgt und nicht vergessen. Geschichten hinter Stolpersteinen (Kleine Reihe des NS-Dokumentationszentrums der Stadt Köln, Band 3), Berlin 2023.

Reuter, Ursula: Adolf Kober – Rabbiner und Historiker, in: LVR-Portal Rheinische Geschichte, abgerufen am 12. März 2024.

Roth, Thomas: Kölnerinnen und Kölner vor dem Volksgerichtshof, Vortrag im Begleitprogramm zur Sonderausstellung „Der Volksgerichtshof 1934–1945 – Terror durch ‚Rechts'", 9. Mai 2019 im NS-Dokumentationszentrum der Stadt Köln, https://docplayer.org/184271296-Koelnerinnen-und-koelner-vor-dem-volksgerichtshof, abgerufen am 15. Januar 2022.

Rüther, Martin: Köln im Zweiten Weltkrieg – Alltag und Erfahrungen zwischen 1939 und 1945 (Schriften des NS-Dokumentationszentrums der Stadt Köln, Band 12), Köln 2005.

Rüther, Martin: Und wir werden in alle Winde zerstreut – Ausgrenzung und Ermordung der jüdischen Bevölkerung Kölns aus Perspektive der Betroffenen, Bonn 2024.

Schwering, Leo: In den Klauen der Gestapo, hrsg. von Markus Schwering, Köln 1988.

Stein, Edith: Wie ich in den Kölner Karmel kam. Mit Erläuterungen und Ergänzungen von Maria Mata Neyer, Würzburg 1994.

Weber, Reinhard: Das Schicksal der jüdischen Rechtsanwälte in Bayern nach 1933, hrsg. v. Bayerischen Staatsministerium der Justiz, den Rechtsanwaltskammern Bamberg, München und Nürnberg und der Pfälzischen Rechtsanwaltskammer Zweibrücken, München 2014.

Wieruszowski-Pincus, Ruth: Erinnerungen an Alfred Wieruszowski (1857–1945), New York, 1989.

Wißmann, Josef: Rudy Herz – Ein jüdischer Rheinländer, Weilerswist 2012.

Archive/Internet

Die Biografien beziehen sich größtenteils auf Quellen aus der Datenbank des NS-Dokumentationszentrums der Stadt Köln.

Weitere Quellen:

BArch, R 3017/ (Bundesarchiv Berlin, Akten Max Zienow)

BArch, ZSG 134/ (Bundesarchiv, Abteilung Koblenz, Akten Max Zienow)

https//: www.jugend1918-1945.de, abgerufen am 4. Juli 2024.

https//:www.koenigin-luise-schule/gedenkbuch.html, abgerufen am 15. Oktober 2024

YouTube napomat01, Jüdisches Leben in Bausendorf, abgerufen am 1. August 2024

https//: www.gedenkbuch-wuppertal.de, abgerufen am 28. März 2024

Danksagung

Herzlich danken möchte ich Dr. Hennig Borggräfe, dem Direktor des NS-Dokumentationszentrums der Stadt Köln, und der stellvertretenden Direktorin Dr. Annemone Christians-Bernsee, die dieses Buchprojekt großzügig unterstützt haben. Ebenso herzlich danke ich den Mitarbeiterinnen und Mitarbeitern der Gedenk- und Forschungsstätte, vorweg Ibrahim Basalamah, der sich mit dem Kölner Stolpersteinprojekt vorzüglich auskennt, Dr. Jan Neubauer und Astrid Sürth. Sie alle haben mir bei der Beschaffung von Aktenmaterial, Fotos und Fachliteratur geholfen und mir mit Rat und Tat zur Seite gestanden. Einige von ihnen haben das Manuskript kritisch gegengelesen. Sollten sich dennoch Fehler finden, sind diese allein mir zuzuschreiben.

Allen voran möchte ich meinem Ehemann Martin Oehlen von Herzen danken. Er hat mir stets geduldig zugehört und war der Erste, der meine Texte gelesen hat. Seine Ratschläge waren eine ebenso wichtige Hilfe wie die vielen Tassen Tee, die er mir in den vergangenen zwei Jahren zubereitet und mit einem aufmunternden Lächeln auf den Schreibtisch gestellt hat.